Hongera Afrika

Le décollage par la culture et le sursaut néopanafricain

Fatouma NASSOR HALIFA

Hongera Afrika

Le décollage par la culture et le sursaut néopanafricain

Préface de Nafadji Sory CONDÉ

L'Harmattan

5-7, rue de l'École-Polytechnique, 75005 Paris
http://www.editions-harmattan.fr
ISBN : 978-2-336-44276-1
EAN : 9782336442761

PRÉFACE

Les raccourcis pris pour décrire le non-développement de l'Afrique ont en quelque sorte réussi à falsifier et à étouffer certains faits réels de l'histoire de l'Afrique. Par conséquent, cette manipulation a privé la nouvelle génération originaire d'Afrique de la réalité de leur histoire. Or, ce qui s'est passé et ce qui est en train de se réaliser pour l'avenir du continent africain doivent être compris par toutes les générations. C'est pour cette raison que la Comorienne Fatouma NASSOR HALIA, auteure de ce livre, a fait de son projet la déconstruction des représentations négatives de l'Afrique en véhiculant l'image brillante de l'Afrique que beaucoup ignorent.

Dans ce fascinant ouvrage, *Hongera Afrika. Le décollage par la culture et le sursaut néo-panafricain*, **Fatouma Nassor Halifa** explore avec éloquence les méandres de l'histoire africaine à travers six chapitres englobant des thèmes cruciaux.

D'abord, la symbolique du titre de l'ouvrage HONGERA AFRIKA signifiant « Bravo l'Afrique » ou « Félicitations l'Afrique » dans la langue swahili, a été puisée d'une chanson populaire en Tanzanie et aux Comores pour exprimer la fierté d'être indépendante. Le choix du swahili, langue à vocation panafricaine proposée par le Tanzanien Julius Nyerere pour unir les peuples d'Afrique de l'Est, révèle ici la vision néo-panafricaine de l'auteure qui s'inscrit dans la rectification du panafricanisme primaire des pères de l'indépendance comme le prolongement d'un courant intellectuel prôné par le Sénégalais Cheik Anta Diop, le prix Nobel de littérature, et le Nigérian Wolé Soyinka qui, étant de l'Afrique de l'Ouest en dehors de la zone d'expansion du swahili, langue utilisée dans l'est, le centre et le sud du continent, avaient proposé cette langue pour l'unification politique de l'Afrique.

L'auteure plonge le lecteur dans les dédales de l'impérialisme colonial à travers la ruée vers l'Afrique, l'esclavage, le Congrès de Berlin dévoilant les empreintes profondes sur l'imaginaire africain. Elle analyse avec perspicacité les enjeux et les stratégies de résistance des peuples noirs, offrant ainsi une compréhension approfondie des défis surmontés.

Ensuite, elle propose une réflexion sur l'éducation adaptée en vue d'une prospérité africaine tout en explorant comment une éducation contextuellement pertinente peut catalyser le développement durable du continent en l'affranchissant du modèle de l'école coloniale conçue par Jules Ferry. Après le panorama de différents systèmes éducatifs africains autochtones et étrangers ainsi que de ses avantages et inconvénients, l'ouvrage propose de réconcilier l'Afrique avec son éducation.

Par la suite, Fatouma Nassor Halifa se penche sur l'impact de la culture africaine face aux grandes mutations et dévoile la manière dont la richesse culturelle de l'Afrique contribue à façonner son identité et à répondre aux défis contemporains de plus en plus nombreux et diversifiés.

Par ailleurs, l'auteure retrace l'essor de l'Afrique en envisageant la fin des obstacles géopolitiques au développement et offre des perspectives novatrices sur la voie à suivre pour libérer le potentiel économique du continent dans un monde de plus en plus multipolaire.

Par conséquent, elle offre un regard plein d'espoir sur le sursaut néo-panafricain et nous présente comment ce mouvement émerge comme une lueur prometteuse, unifiant les aspirations de l'Afrique pour un avenir meilleur.

« **À l'ère d'une nouvelle révolution africaine,** le panafricanisme, mouvement qui vise à promouvoir l'unité et la solidarité entre les populations africaines, tant sur le continent que dans la diaspora et qui cherche à surmonter les divisions coloniales, à renforcer l'identité africaine et à promouvoir le développement économique et politique de l'Afrique, est revisité et recontextualisé dans cet ouvrage majeur par une auteure issue d'une génération, née après les chantres connus du panafricanisme. Ce décalage permet à l'auteure de jauger le bilan de l'idéologie panafricaine de ses racines jusqu'à ses orientations actuelles.

Des figures importantes, intellectuelles et scientifiques telles que Cheik Anta Diop, Marcus Garvey, Kalala Omotunde, Lilian Thuram et autres lui ont permis d'aiguiser sa réflexion. Sans tomber dans les excès idéologiques de l'apologie de plusieurs courants néo-panafricains en vogue actuellement sur les réseaux sociaux et dans les médias, Fatouma Nassor Halifa, auteure insulaire comorienne avec le profil de chercheure en géopolitique, nous mène à la redécouverte d'un concept qui est souvent utilisé à tort ou à raison pour justifier les abus d'autorité, mais nous montre aussi avec une lucidité convenante bien documentée et référencée ce qu'il y a de meilleur dans ces concepts de panafricanisme et de néopanafricanisme. »

Également, l'auteure projette une vision vers « L'Afrique du troisième millénaire », où elle esquisse les contours d'une Afrique résiliente, sécurisée, prospère et résolument tournée vers l'avenir.

Fatouma Nassor Halifa, auteure comorienne marquée par l'insularité de son pays et par le processus d'une décolonisation inachevée et de ses conséquences, jette à sa manière un regard objectif sur les forces et faiblesses du panafricanisme des pères des indépendances africaines, analyse le renouveau du panafricanisme du point de vue d'une génération de trentenaires et de quarantenaires possédant un levier culturel, linguistique, scientifique, technique et technologique dans un contexte géostratégique plus favorable à l'Afrique et marqué par la multipolarité.

Enfin, *Hongera Afrika* s'annonce comme une contribution significative à la compréhension du néo-panafricanisme et de son rôle crucial dans le destin de l'Afrique.

Nafadji Sory Condé,
Panafricain sociolinguiste, Conakry
Directeur national adjoint de l'Alphabétisation, de l'Éducation non formelle et de la Promotion des Langues nationales au ministère en charge de l'Éducation nationale de la République de Guinée

PROLOGUE :
LA NAISSANCE DE L'IDÉE DE CET OUVRAGE

Aborder ce sujet de sursaut et des représentations dominantes sur l'Afrique, c'est porter une contribution à la construction d'une image positive de l'Afrique, un édifice auquel tout un chacun est appelé à porter sa pierre, pour mettre en lumière le continent africain. Un apport susceptible de participer au décollage de cette nouvelle Afrique, car il s'agit maintenant de parler d'une nouvelle Afrique, libre, positive, ambitieuse, innovante et structurante. Une Afrique qui gagne, audacieuse, qui osera dire non à ses anciens colonisateurs et à ses valets quand il faut. Une Afrique qui dit ça suffit, stop au système de l'Afrique d'antan, où ceux qui venaient piller et spolier représentaient négativement l'Afrique pour pouvoir tirer profit, et ainsi l'affaiblissant culturellement et structurellement. Ce ne sont pas eux, qui, dans leur langue, nous ont appris qu'on ne crache jamais dans la soupe ?

Ce choix, c'est aussi une manière de présenter des pistes de réponses aux problèmes africains et de ne pas parler que de la face sombre qui résulte souvent de la convention néolibérale.

Mon récit n'est pas une fiction, il résulte de ma confrontation avec la situation de mon pays, les Comores, où je suis née et ai grandi. Venue en France en 1988 pour mes études universitaires, j'ai aussi travaillé avant de retourner aux Comores en 1999 en pleine période de crise séparatiste, pour réaliser un projet dans la restauration. L'environnement des affaires n'était pas propice, surtout dans le domaine choisi, c'est-à-dire le tourisme. L'instabilité politique ne rime pas avec l'essor du tourisme. Mais contre vents et marrées, j'ai cru en mon projet et en un changement meilleur de mon pays. J'ai travaillé sans relâche durant plus de 20 ans jusqu'à ce qu'une maladie grave détectée lors d'un séjour de vacances en 2019 en France m'ait obligée de rester pour me faire soigner, car aux Comores les infrastructures médicales adéquates sont quasi inexistantes. Beaucoup de Comoriens sont contraints d'aller se faire soigner à l'extérieur du pays, à l'île Maurice, à Madagascar, en Tanzanie, au Kenya, parfois en Égypte ou en Inde. Des fois, pour des pathologies qui ne nécessitent pas de grosses interventions, ceux qui n'ont pas ces moyens financiers pour partir perdent leur vie pour le moindre petit bobo.

Ce projet d'écrire a aussi une fonction thérapeutique. Tout au long de mon traitement, je me posais beaucoup de questions sur ma vie d'après, au cas où la maladie ne m'emporterait pas. J'ai eu la rage de rebondir comme la jeunesse et les femmes africaines en quête de sens. Les prières, la lecture et l'écriture, mais surtout la force mentale et les mains tendues m'ont permis de me relever pour une seconde vie. C'est en quelque sorte une renaissance, à l'image de l'Afrique qui se relève après avoir tant souffert. Durant ces années de traitement et de rémission, j'ai cédé mon emploi de gérante d'entreprise et j'ai renoncé à beaucoup de mes projets, car j'étais obligée de rester en dehors du pays. Pour me remonter le moral, j'ai décidé de me lancer dans l'écriture, mais je ne savais pas dans quoi. Je ne suis pas forte en fiction, donc pas de roman. Je ne voulais pas trop m'étaler sur la maladie, donc pas d'histoire personnelle. Et en lisant le livre de Lilian Thuram, ***La pensée blanche***, qui venait juste de sortir, ça m'a fait un déclic. Et je me suis dit qu'après avoir écrit sur un sujet précis de mon pays qui est « le séparatisme aux

Comores et ses enjeux géopolitiques »[1], je pouvais rester dans mon univers géopolitique. Mais cette fois-ci, j'ai décidé de m'ouvrir l'horizon vers le continent africain qui, malgré ses richesses et son potentiel, souffre de clichés et de stéréotypes négatifs.

Pendant ce temps, je me suis focalisée sur le thème des représentations de l'Afrique, de son image manipulée, tronquée et biaisée. Je cherchai comment briser et modifier ces récits stéréotypés. En visionnant un webinaire intitulé : « Les profiteurs de l'Afrique. Ces idées qui gouvernent le monde »[2], il était bien indiqué que l'Afrique ne manque pas d'atouts pour en être un aiguillon du progrès et de développement, mais elle n'en profite pas à la mesure de ses ressources pour diverses raisons. C'est de cette réflexion que j'ai pris ma résolution de parler de la déconstruction de cette fabrique coloniale, en cherchant et en fouillant pour décrocher des vérités. Ce qui fait de ce récit un parcours de recherches d'informations, d'analyses de situations et de documents, de synthèses, de partage et de transmission.

Mon premier ouvrage sur le problème du séparatisme aux Comores et ses enjeux géopolitiques, et à travers mes travaux en master 2 recherche sur « les obstacles géopolitiques du développement du tourisme aux Comores », j'ai compris que mon pays, les Comores, constituait un véritable laboratoire de représentations et enjeux géopolitiques à l'image de l'Afrique noire francophone. On peut bien le constater sur ce que Nicolas Roinsard explique lors d'un webinaire organisé par CAGI YouTube (Centre d'Analyse géopolitique internationale) sur « La fabrique des frontières et leur mise en œuvre à

---

[1] *Le séparatisme aux Comores. Enjeux géopolitiques*, Fatouma NASSOR HALIFA, éditions Cœlacanthes, 2010.

[2] https://www.seneplus.com/seneplus-tv/les-profiteurs-de-lafrique

Mayotte »[3]. À travers l'analyse du sociologue Roinsard, on comprend que dans cet archipel des Comores, les phénomènes coloniaux sont présents encore au troisième millénaire.

Au démarrage de cet ouvrage, j'avais opté pour ne pas trop m'étaler sur l'histoire de mon pays, mais le hasard a fait que le moment où je m'apprête à boucler mon projet coïncide au déclenchement de l'opération Wuambushu[4], un terme dont l'étymologie reste inconnue par les Comoriens. Pour ma conscience, je ne pouvais pas passer sous silence ce qui se passe actuellement sur l'archipel des Comores. Suite à l'indépendance des Comores le 6 juillet 1975, la France, ancienne puissance colonisatrice, décide d'occuper une partie du territoire, l'île comorienne de Mayotte, au mépris des droits internationaux, français et humains.

Cette opération Wuambushu, dite de lutte contre la délinquance, l'immigration clandestine et les bidonvilles, initiée et pilotée par Macron et Gérald Darmanin, a démarré le 24 avril 2023, à l'image d'un spectacle de guerre. Des engins de chantier étaient exhibés autour des cases en tôle pour les détruire. L'opération sert à chasser de Mayotte ses habitants majoritairement comoriens des autres îles. Une situation que certains qualifient de la plus tragique et honteuse de l'histoire postcoloniale, et qui confirme que l'esprit colonial de la France est encore en vigueur en Afrique. Vu le grand basculement de l'Afrique, on a l'impression que la France, rejetée dans toute l'Afrique, vient soulager sa frustration aux Comores. Le président comorien Azali Assoumani, soutenu par la

---

[3] https://www.youtube.com/watch?v=W90z_7iMc-Q, Nicolas Roinsard, sociologue, maître de conférences à l'Université Clermont Auvergne et chercheur au sein du LESCORES.

[4] Définie par « reprise » pour les initiateurs et pour « tuez-les ! » pour certains.

France pour le hisser au rang de la présidence de l'Union africaine, se voit confronté au dilemme de défendre la souveraineté de son pays ou de défendre les intérêts de la France.

Malgré la pression des autorités françaises sur les autorités comoriennes, les insulaires ont manifesté au début de l'opération dans une résistance farouche à ce genre de colonisation en refusant d'accueillir les expulsés de Mayotte. La mise en arrêt de l'opération Wuambushu par le tribunal judiciaire de Mamoudzou a aussi porté un coup de massue aux autorités mahoraises et les pro-Wuambushu. La partie comorienne avait réussi à plomber l'aile de cette opération, un coup dur pour le gouvernement français. Le président comorien Azali Assoumani, actuellement président de l'Union africaine lors d'une interview avec France 24[5], avait avoué ne plus céder au chantage de la France. Il maintint une position ferme en rejetant la responsabilité de la fabrique de cette délinquance à la France qui gère l'île de Mayotte illégalement depuis quarante-sept ans. « Qu'elle assume ses responsabilités », lancera le président comorien. Ce qui veut tout simplement dire « *Eyaliusa nalariye* »[6], signifiant métaphoriquement « la poule doit s'occuper de tout le processus de l'incubation à l'éducation, elle apprend aux poussins à devenir adultes ». Avec toute la grandeur que la France prétend avoir, je me demande comment dans le cas mahorais elle n'arrive pas à suivre ou à faire mieux qu'une poule. C'est triste, non ?

Coup de théâtre, la mise en scène du président comorien et de l'Union africaine a pris fin au lendemain de son discours applaudi par une majorité comorienne. Les

---

[5] https://www.youtube.com/watch?v=lotAC07uSoU, Comores ; le président Assoumani »demande à Macron une pause dans l'opération Wuambushu » à Mayotte.

[6] La poule doit éclore ses œufs

ministres comoriens des Affaires étrangères, de l'Intérieur, de l'Agriculture et le porte-parole du gouvernement ont été convoqués en France pour s'expliquer, et l'opération a repris comme voulue par la France après cette rencontre. Je tiens à souligner qu'au cours de cette opération Wuambushu, aucun pays voisin de l'Océan indien, aucun pays africain, aucun pays musulman ni de la ligue arabe, aucune organisation régionale ou internationale dont les Comores sont membres, n'a soutenu ouvertement les Comores face à cette situation ou condamné l'attaque de la France sur un pays souverain.

Wuambushu était une parenthèse, mais qui valait la peine d'être faite vu que cet événement s'est produit au moment de l'écriture de cet ouvrage et que cela cadrait avec les problématiques que j'y aborde.

J'ai finalement retenu le choix de parler d'une nouvelle image de l'Afrique et de sa face cachée. Celle dont on nous parle timidement ou presque pas du tout, c'est-à-dire le côté positif et innovant de l'Afrique, en passant par l'analyse de l'actuel imaginaire africain sur les réalités de l'Europe et de l'Afrique. J'ai puisé mes premières inspirations dans des ouvrages et articles qui parlent plutôt de la liberté de l'Afrique et de son avenir prometteur, comme *Le temps de l'Afrique* de Jean-Michel Severino et Olivier Ray, *L'Afrique au secours de l'Occident* d'Anne-Cécile Robert, *Les damnés de la terre* de Frantz Fanon, *Les fondements économiques et culturels d'un État fédéral d'Afrique* de Cheick Anta Diop pour ne citer que ceux-là. De fil en aiguille, j'ai rassemblé des idées et des propositions pour mûrir ma réflexion et amener ma contribution à ma manière. J'aurais pu continuer à écrire sur le terrain comorien, car il y a beaucoup à raconter, mais j'essaie aussi par ce récit d'accomplir mon devoir de citoyenne d'Afrique.

Hongera Afrika. Ce titre s'est imposé au fil du temps, du parcours des documents à la découverte de certaines vérités. Je l'ai choisi pour dire bravo à ces braves hommes et femmes du continent. Le courage et la détermination de ces peuples de se battre malgré les obstacles et les pièges tendus, je trouve les peuples africains assez forts moralement pour n'avoir pas sombré durant ces épisodes ou de ne pas disparaître de la planète suite à leur vécu déshumanisé et les tortures et sévices subis, autorisés aux articles 18, 34 à 38, 42 et 58 du Code noir de mars 1685. Pour rappel, ce Code noir donne autorisation « de fouetter, d'enchaîner, de mutiler et d'assassiner »[7]. Plus précisément, l'article 38 du Code noir indique : « L'esclave fugitif qui aura été en fuite pendant un mois, à compter du jour que son maître l'aura dénoncé en justice, aura les oreilles coupées et sera marqué d'une fleur de lys sur une épaule ; s'il récidive pour un autre mois, pareillement du jour de la dénonciation, il aura le jarret coupé, et il sera marqué d'une fleur de lys sur l'autre épaule ; et, la troisième fois, il sera puni de mort. »[8] Ce Code constitue un vrai manuel de cruauté humaine !

Ce titre a une portée panafricaniste. À l'acquisition de l'indépendance, *Hongera Afrika* était une chanson qu'on chantait en Tanzanie, aux Comores, pour exprimer la fierté d'être indépendant.

Hongera veut dire félicitations ou bravo en swahili, il est choisi pour rendre hommage à une langue et une culture africaine. Une langue qui est passée du statut de « dialecte obscur »[9] à celui de la langue africaine la plus parlée au monde. Élevée au niveau d'une langue commune

---

[7] *Codes noirs de l'esclavage aux abolitions*, introduction de Christiane Taubira, éditions Dalloz, 2006, p. XIV.

[8] *Ibid.*, p. 50.

[9] https://www.bbc.com/afrique/region-61632896, Norberto Paredes, BBC News undo, 31 mai 2022.

de culture et de gouvernement comme l'ont souhaité Mwalimu Julius Nyerere [10] et l'illustre chercheur sénégalais Cheick Anta Diop[11]. Selon Ida Hadjivayanis[12], le swahili représente un atout important pour le peuple africain pour plusieurs raisons : cette langue peut unifier le peuple africain comme le président tanzanien, Julius Nyerere, l'a utilisée pour unifier sa nation après l'indépendance dans les années 1960. Pour pouvoir favoriser le commerce à l'intérieur du continent par exemple, pour se comprendre, les Africains ont besoin d'avoir une langue africaine commune pour se parler. Le swahili peut donc être cette langue transcontinentale comme l'avait souhaité l'écrivain nigérian et lauréat du prix Nobel de littérature en 1986, Wole Soyinka[13].

Les auteurs africains doivent privilégier la traduction de leurs ouvrages en langue swahili ou d'autres langues parlées par plusieurs peuples comme le poular, yoruba pour permettre à ceux qui ne parlent pas les langues étrangères de lire et saisir leur message. Beaucoup d'Africains souhaitent que le swahili atteigne le niveau de « *lingua franca* » [14] sur le continent et devienne une alternative à l'anglais, au français ou au portugais, souligne l'article de la British Broadcasting Corporation (BBC) [15]. Qu'elle soit enseignée dans les écoles du

---

[10] Une note sur Nyerere qui ne parlait que swahili même à la tribune des Nations Unies.

[11] Cheikh Anta Diop, *Les fondements économiques et culturels d'un État fédéral d'Afrique noire*, Présence africaine, 1974.

[12] Professeur et spécialiste du swahili à l'Université de Londres, https://www.bbc.com/afrique/region-61632896, « Le swahili : la langue qui est passée du statut de "dialecte obscur" à celui de langue africaine la plus parlée au monde », Norberto Paredes @norbertparedes, BBC News Mundo, 31 mai 2022.

[13] *Ibid.*

[14] Langue véhiculaire utilisée sur une aire géographique assez vaste.

[15] https://www.bbc.com/afrique/region-61632896, « Le swahili : la langue qui est passée du statut de "dialecte obscur" à celui de langue

primaire au secondaire et jusqu'à l'université. En pleine expansion, elle comptabilise près de deux cents millions de locuteurs d'après la BBC[16], répartis dans plus de 14 pays. Elle devient l'une des dix langues les plus parlées au monde. Un rêve africain qui devient réalité. Maintenant, il faudrait mettre les moyens pour faciliter son enseignement et la pratiquer couramment. Nous espérons que d'autres langues africaines suivront le chemin du swahili. Quand il y a une volonté, il y a un chemin.

Et *Hongera Afrika,* car l'Afrique invente et innove.

Ce titre est choisi aussi pour saluer avec gratitude et estime la nouvelle dynamique africaine qui s'installe et s'annonce prometteuse, à une nouvelle génération de courage qui s'active pour inverser l'ordre établi depuis la colonisation, la post-colonisation, à nos jours. Je n'ai pas la prétention de refaire ici non plus l'histoire de ces époques, car beaucoup d'auteurs de renom l'ont déjà fait et bien fait. Je viens juste par ce récit participer activement au débat d'idées et actions sur ce qu'on devrait faire pour déconstruire l'argumentaire colonial et la rhétorique d'idées reçues sur le non-développement en Afrique et pour que les choses changent positivement.

---

africaine la plus parlée au monde », Norberto Paredes @norbertparedes, BBC News Mundo, 31 mai 2022.

[16] *Ibid.*

INTRODUCTION

Depuis des siècles, de l'époque de l'esclavage, de la traite des noirs, du colonialisme et même du néo-colonialisme, le continent africain et sa population sont victimes d'une représentation destructrice de son image forgée par des Européens et d'autres venus d'ailleurs. Des clichés du genre, le continent sans espoir, l'Afrique maudite, Afrique corrompue, Afrique des immigrés, l'Afrique qui va mal, Afrique et ses maladies tueuses et endémiques (Sida, Ebola, Malaria et autres). Dans un passé récent, on a cherché à lui coller la Covid-19 en montrant que l'Afrique était beaucoup plus menacée que les autres continents, et que la pandémic risquait de demeurer endémique avec « des répercussions négatives d'une ampleur sans précédent sur les plans économique, financier et social »[17]. On avait commencé à formater les esprits africains sur la dépendance de l'étranger, des besoins pour faire face à cette crise et de la récession généralisée qualifiée d'« onde de choc socio-économique »[18].

Avec quarante pays sévèrement touchés par la pandémie, « plus de trente millions d'Africains ont basculé dans l'extrême pauvreté en 2020 et trente-neuf millions supplémentaires devraient la connaître en 2021 »[19]. Pour lutter contre l'aggravation de la pauvreté causée par la pandémie, l'aide et la dette, « cache-nez » de

---

[17] https://journals.openedition.org/espacepolitique/9945, « L'Afrique à l'épreuve de la pandémie de Covid-19 », Serge Loungou, Guy Serge Bignoumba et Marc-Louis Ropivia, 2021-02.

[18] *Ibid.*

[19] *Ibid.*

l'hégémonie occidentale en Afrique, seront proposées aux pays africains en première ligne par les institutions financières et les grandes puissances avec les conséquences qu'on peut imaginer des risques de surendettement massif. La propagation de la Covid-19 et son endémisation en Afrique, ses vaccins représentent un enjeu géopolitique crucial pour les grandes puissances qui au travers de leurs multinationales peuvent venir exercer leur hégémonie économique et faire triompher à nouveau un néolibéralisme au troisième millénaire. L'exemple du contrat signé entre le président chinois et le Chili ainsi qu'avec d'autres pays en développement pour l'accessibilité des vaccins nous pousse à réfléchir. Il s'agissait d'un « partenariat public-privé au Chili avec la firme chinoise Sinovac qui a réalisé ses essais cliniques pour son vaccin CoronaVac. En échange, le Chili a pu recevoir en priorité des millions de doses, avec un rabais de 25 %. Mais, surtout, la Chine peut continuer à avoir accès au cuivre dont le Chili est le premier producteur mondial. Dotée de capacités de production énormes, la Chine peut ainsi fournir son vaccin à de nombreux pays en développement, l'Indonésie, la Birmanie, le Maroc ou les Émirats arabes, pour consolider ou ouvrir des routes de la soie. »[20] Ces types de contrats peuvent se négocier avec d'autres pays d'Afrique, vaccins contre matières premières (pétrole, gaz et autres ressources…) dont ces puissances auront besoin pour le rayonnement et l'expansion de leurs économies.

En outre, tous ces qualificatifs dévalorisants sont malheureusement les premières images de l'Afrique qui viennent à l'esprit de certains quand on parle du continent. La famine, les maladies, la malnutrition, l'insalubrité, la pauvreté chronique, les aides humanitaires, les camps de

[20] https://reporterre.net/Les-puissants-ont-fait-des-vaccins-anti-Covid-un-enjeu-geopolitique

réfugiés, l'insécurité, le terrorisme, les conflits, les coups d'État, l'instabilité permanente, les guerres, les difficultés économiques, la corruption, le sous-développement, les routes et infrastructures impraticables, les dons et prêts, la sorcellerie, le maraboutage, la sauvagerie, le manque de tout et d'un avenir incertain. C'est ce qu'on inculque aux enfants, même d'origine africaine, pour formater dès le bas âge leur imaginaire et que les parents et familles africains, l'école n'arrive pas à déconstruire pour leur prouver le contraire, car il est fort possible qu'eux aussi ignorent l'histoire de leur continent. Les recherches scientifiques ont démontré que ces narratifs accablants constituent une stratégie souvent utilisée dans une situation d'oppression par le dominant pour bien asseoir et justifier sa politique de domination.

A contrario, aux images qu'on véhicule de l'Occident, d'un pays comme la France qu'on met de l'avant, l'excellence, la culture, l'histoire, la bonne gastronomie, la bonne qualité des produits de tout genre, la cuisine raffinée, la pâtisserie, la propreté, les jolis sites touristiques, les meilleures infrastructures, les bonnes écoles et universités, le savoir et l'intelligence, leur système de santé performant, bref les côtés performants, généreux et luxueux, comme Paris, une des plus belles capitales du monde. Et malgré quelques stéréotypes négatifs qui peuvent être véhiculés à l'encontre de la France et de l'Occident, cela n'a pas pu affecter et détruire totalement leur image positive. Ceci peut s'expliquer par le fait que les Occidentaux, par la force de leurs médias, font tout pour protéger, sauvegarder et projeter leurs belles images qui font de l'Occident le synonyme de richesse et de belle vie, et font de l'Afrique le synonyme de misère et d'ennui.

Cette projection positive de l'Europe est une stratégie pour maintenir l'esprit de domination et faire miroiter aux Africains l'Occident comme un Eldorado pour nourrir de faux espoirs. Inciter des jeunes Africains à venir chercher le bonheur en Europe et leur fermer les frontières tout en les humiliant et les torturant. Certains observateurs pensent qu'en faisant cela, les Occidentaux veulent humilier tout un continent pour qu'on regrette le fait d'avoir demandé l'indépendance. L'histoire de l'île comorienne de Mayotte que la France occupe illégalement en est un exemple patent. L'archipel des Comores, depuis son indépendance en 1975, souffre d'une instabilité politique avec toutes les conséquences qui en découlent.

Pire encore, certains Africains ont intériorisé ces représentations négatives de rapport de dominant-dominé et les reproduisent à leur tour. Nous sommes loin des Africains de l'ancienne époque, des auteurs africains, des pionniers des indépendances à l'instar de Kwame Nkrumah et Julius Nyerere, présidents respectifs du Ghana et de la Tanzanie, de Cheikh Anta Diop le chercheur sénégalais, des écrivains martiniquais, comme Aimé Césaire et Frantz Fanon, ainsi que des milliers d'autres. Avec toute leur force de caractère et mentale, ils glorifiaient les actes de bravoure de leurs ancêtres, les atouts et la force de l'Afrique. Ils affichaient la volonté d'une lutte pour l'émancipation de l'Afrique et de la libération du monde colonisé. Ils ont gagné un combat, celui de « l'indépendance de l'Afrique des années 60 ». Malheureusement ces stéréotypes négatifs et dévalorisants l'emportent et effacent les images positives de l'Afrique. Ils affectent cruellement les bonnes initiatives de développement de l'Afrique, car ils sont perpétués de génération en génération comme un héritage maléfique et font une résistance face aux éventuels changements positifs de l'Afrique que certains Africains peuvent et souhaitent apporter.

De nos jours, l'arrivée et l'utilisation facile des réseaux sociaux n'arrangent pas les choses non plus. Il suffit de consulter Facebook pour voir dans les messages et commentaires comment les Africains s'injurient, se dénigrent et s'autodétruisent pour des raisons politiques et de rivalités de pouvoir. Nous véhiculons nous-mêmes des images destructrices et non valorisantes de l'Afrique et des Africains. C'est souvent ce que l'adversaire va retenir, le prendre pour une généralité africaine et va l'utiliser contre nous. Et quand nous essayons de projeter des représentations positives, on reste hésitant et timide, comme si on est en train de commettre un impair ou un péché.

Cela est bien connu que les stéréotypes peuvent influencer le comportement des groupes stéréotypés, des groupes auxquels on attribue de mauvaises réputations. Par exemple, certaines études ont démontré que « les enfants des groupes stigmatisés ont tendance à agir selon la mauvaise réputation qu'on leur a attribuée ou même à douter de leur intelligence en réponse à l'image forcée que la société a tracée d'eux »[21].

Voilà en quelque sorte ce qui se passe en Afrique avec les classes dirigeantes. Elles trainent ces stéréotypes comme une malédiction, et nous aussi continuons à les traiter de nullards, de grands voleurs et d'incompétents, incapables de rectifier le tir, car dans leurs têtes on n'entend rien de positif de leur part.

En réalité, ces dirigeants, lorsqu'ils sont encore à la conquête du pouvoir, promettent monts et merveilles, croient et se prétendent avoir des solutions pour redresser

[21] Source : ensemble-rd.com, discrimination… Leurs conséquences quand le négatif l'emporte. ENSEMBLE pour le respect de la diversité.

la situation et une fois arrivés au pouvoir, et partant face à la réalité, ils sont souvent dépassés par les événements, car les difficultés sont énormes. Ils peinent à tenir aux promesses électorales et à satisfaire aux besoins de leurs populations, car ils ne sont pas les vrais responsables de leur pouvoir, ils sont juste des représentants locaux des anciennes superpuissances. Par la suite, ils finissent par vendre leurs âmes et céder à la pression souvent venant des forces extérieures au détriment des intérêts du pays, pourvu qu'on les laisse longtemps au pouvoir. Même s'ils ont la volonté, on sait de par ce qui précède que l'Occident n'est jamais loin dans l'installation des dirigeants africains à travers l'instrumentalisation, le contrôle par le financement des candidats favorables à ses intérêts, etc.

La colonisation en Afrique est une histoire très vaste, mais notre ouvrage va principalement se focaliser sur ses empreintes et ses impacts sur la vie actuelle des pays ex-colonisés et leurs populations, plus précisément en Afrique noire francophone. Nous allons tenter d'analyser pourquoi les Français sont venus en Afrique subsaharienne, ce qu'ils ont promis de faire ainsi que ce qu'ils ont fait réellement durant la colonisation de 1880 à 1960, et pour finir ce qu'ils continuent à faire après la décolonisation. L'ouvrage tentera de répondre à la question de savoir pourquoi, plus de soixante ans après la colonisation, l'Afrique peine à décoller. Pour ce faire, notre analyse portera sur trois secteurs qui constituent le socle du développement à savoir l'éducation, la culture et l'économie. La question fondamentale que soulève cet ouvrage est de savoir si la manière dont les pays colonisateurs, en l'occurrence la France, ont traité ces secteurs et pourquoi cela n'a pas abouti au développement et au rayonnement de l'Afrique.

Nous cherchons ainsi à poursuivre l'éveil de la jeunesse africaine sur la question de la colonisation et sa finalité en

Afrique subsaharienne francophone, ses tourments, son esprit, ses legs, ses mythes et ses réalités, et ses effets délétères. Après tant de changements survenus et d'autres qui vont venir, cet ouvrage peut nous servir de piste de réflexion à travers ses analyses et ses illustrations sur ce que la nouvelle génération peut apporter pour le bond en avant du continent africain sur les plans politique, socio-économique et culturel.

CHAPITRE 1

L'IMPÉRIALISME COLONIAL ET SES EMPREINTES DANS L'IMAGINAIRE AFRICAIN : ENJEUX ET STRATÉGIES DE RÉSISTANCE DES PEUPLES NOIRS

1.1. Esprit du colonialisme : rappel historique de la ruée vers l'Afrique

Tout a commencé après la défaite de 1780 dans un contexte de frustration, marqué par la perte de l'Alsace-Lorraine. La colonisation était vue en France par les républicains au pouvoir comme une revanche sur cette défaite de l'Alsace-Lorraine et de Sedan[22]. « La France humiliée après la déroute militaire face à la Prusse en 1870, avait un besoin urgent de redorer son blason. Au même moment, son autre grand rival, le Royaume-Uni, brillait par son empire immense, qui continuait à s'étendre. Comme les Britanniques, les Français allaient chercher leur grandeur dans l'expansion territoriale et y trouver à la fois un moyen de redressement de la fierté nationale et un exutoire pour le nationalisme frustré et l'esprit revanchard de l'après 1870. Ce sera le premier moteur du colonialisme républicain. »[23]

---

[22] https://www.herodote.net/La_parenthese_coloniale_1880_1960_-synthese-471.php, « Afrique la parenthèse coloniale (1880-1960) », André Larané, mis à jour, 03/2022.
[23] *GEO Histoire*, « L'Afrique au temps des colonies » (n° 24).

Selon l'historien Nicolas Bancel[24], la colonisation ne s'assumait pas comme une entreprise de domination. Elle est conçue comme une œuvre de progrès, un besoin de prestige national auquel la France concourait et une façon de faire rayonner leur modèle de civilisation. Cette idée de progrès, le besoin de prestige national, la diffusion d'un modèle de civilisation et cette façon de rayonner vont constituer le discours pro-colonial et inspirer de grands intellectuels, et de grands leaders républicains de gauche comme Victor Hugo, Léon Gambetta et Jules Ferry qui vont initier cet élan colonial depuis la IIIe République. Partisan de la colonisation, le républicain de gauche Léon Gambetta[25] lance un appel à Anger en 1872 à la France de ne pas accepter de se replier sur elle-même. Elle doit reprendre le rang qui lui appartient dans le monde. Cela va de son expansion et de son rayonnement.

En juillet 1885, un discours resté célèbre fut prononcé à la Chambre des députés déclinant les motifs de la colonisation. Jules Ferry, porte-parole de la gauche républicaine lance devant les députés : « Il faut dire ouvertement que les races supérieures ont un droit vis-à-vis des races inférieures. Je répète qu'il y a pour les races supérieures un droit, parce qu'il y a un devoir pour elles. Elles ont le devoir de civiliser les races inférieures. »[26] Selon l'article de Hérodote [27] sur la question de la colonisation au XIXe siècle, la gauche se montre partisane de la colonisation jusqu'au milieu du XXe siècle. Remuée par ses ambitions politiques de la grandeur nationale, la

---

[24] https://www.geo.fr/histoire/l-afrique-au-temps-des-colonies-par-la-ruse-et-par-la-force-161065

[25] https://www.herodote.net/La_colonisation_ses_partisans_et_ses_detracteurs-synthese-44-134.php, « XIXe siècle, La colonisation, ses partisans et ses détracteurs », André Larané.

[26] *Ibid.*

[27] *Ibid.*

France se devait de « répandre son influence sur le monde, et porter partout où elle le peut sa langue, ses mœurs, son drapeau, ses armes, son génie » et la nouvelle mission civilisatrice qui s'énonce comme suit : « Les races supérieures ont le devoir de civiliser les races inférieures. » [28] La France affichait une « mission civilisatrice », d'apport du progrès technique, des bienfaits de la civilisation moderne et d'humanisme. Néanmoins, à travers cette conquête de l'Afrique qui se définit comme une démarche d'abolition de l'esclavage et de transmission de la foi chrétienne, on découvre par la force des choses que la réalité est autre. C'est l'avidité économique qui constitue l'objectif principal de la colonisation de l'Afrique, comme toute colonisation d'ailleurs.

La ruée vers l'Afrique qui allait débuter dans les années 1870 avait comme logique la prise de contrôle des terres et des ressources, sur fond de concurrence exacerbée entre les différentes puissances européennes : « Il fallait planter le drapeau le plus loin possible, avant que les autres n'y parviennent. » [29] En cherchant à multiplier chacune son espace de domination, la France et les autres puissances colonisatrices ont réussi à partager l'Afrique, mais elles ont surtout réussi le modèle de remplacement en imposant leur modèle européen en rupture avec le passé africain.

Cette rivalité de pouvoir sur des territoires et sur les populations qui s'y trouvent constitue le caractère géopolitique de cette conquête. Chacune des puissances européennes usait de tous les moyens et d'arguments pour prouver sa raison de conquérir tel territoire et de le conserver. Dans cette période, les Anglais avaient une dynamique forte de la conquête territoriale. Ils assumaient davantage les motifs économiques et stratégiques de la

---

[28] *GEO Histoire*, « L'Afrique au temps des colonies » (n° 24).
[29] *Ibid.*

conquête contrairement aux Français qui voilaient leur envie et intérêt. Avec la grande dépression économique du dix-neuvième siècle, les Anglais affichaient ouvertement leur objectif de sortir de la crise économique. En effet, la colonisation leur permettait d'avoir un accès aux matières premières et des débouchés pour des produits manufacturés[30]. Les Anglais ont avancé plus vite pour conquérir un maximum de terres et étendre leur empire.

En plus des confrontations des forces politiques européennes et les rivalités de pouvoir de grande envergure, on peut noter la présence dans ces territoires, « des aventuriers cherchant à obtenir une terre pour eux-mêmes, des missions financées par des compagnies privées qui partaient en quête de matières premières et qui installaient des bases sur les rives des fleuves pour contrôler les voies d'acheminement, etc. Et c'est l'armée française qui permit d'abord de dessiner une cartographie un peu plus précise de l'Afrique, et ensuite la délimitation des territoires à explorer et à conquérir. C'est parmi les militaires que l'on trouve les plus célèbres acteurs français de cette phase de conquête », explique Nicolas Bancel[31]. À travers cette analyse de Bancel, nous constatons la volonté et l'intérêt caché des Français contrairement aux Anglais qui assumaient ouvertement leur volonté de promouvoir l'Empire britannique. Car derrière cette idée bienfaitrice et sa mission civilisatrice de la France, la course aux intérêts économiques et l'esprit de domination ont fini par l'emporter avec les conséquences engendrées.

Il y a la lettre, il y a l'esprit. La conquête de l'Afrique s'est effectuée par la ruse et par la force. À la fin du XIXe siècle, les nations européennes entrent en compétition pour

---

30 https://fr.wikipedia.org/wiki/Afrique_occidentale_britannique#Historique

31 *GEO Histoire*, « L'Afrique au temps des colonies » (n° 24).

conquérir et coloniser l'Afrique subsaharienne comme terre nouvelle. C'est « la course au clocher »[32]. Animées toutes par cet esprit de prestige et d'exploitation systématique de ressources et des territoires, elles finirent par se mettre d'accord sur le partage de l'Afrique considérée comme une terre sans maître, et sur le tracé des frontières entre les pays africains, acté à la conférence de Berlin de novembre 1884 à février 1885.

Dans cette conférence de Berlin, il s'agissait de l'organisation et de la collaboration des pays européens pour le partage et la division de l'Afrique et l'établissement des règles officielles de colonisation du continent. Les puissances européennes (l'Allemagne, l'Angleterre, la France, le Portugal et la Belgique) ont envahi l'Afrique après l'avoir découpée comme un gâteau et l'avoir partagée au mépris des peuples africains, de leur histoire, de leur culture et de leur identité.

La France justifie cette conquête coloniale par la « mission civilisatrice », car elle considère que ces peuples sont « sauvages et incultes » et qu'il fallait les éduquer, les soigner. Un autre argumentaire soutenu par tous ces empires signataires de l'acte général de la conférence de Berlin, c'est : « d'aider à supprimer l'esclavage et le commerce de l'esclavage ».

Face à cette représentation de la mission civilisatrice et bienfaitrice de la colonisation, Aimé Césaire, dans son discours sur le colonialisme, déconstruit cette image de protection en dénonçant les abus de la colonisation et l'échec de sa mission : « Et puisqu'aujourd'hui il m'est demandé de parler de la colonisation et la civilisation, allons droit au mensonge principal à partir duquel prolifèrent tous les autres. Colonisation et civilisation ? La malédiction la plus connue en cette manière est d'être

[32] Encyclopédie.fr, l'encyclopédie française : course au clocher, définition.

dupe de bonne foi d'une hypocrisie collective, habile à mal poser les problèmes pour mieux légitimer les odieuses solutions qu'on leur apporte. Cela revient à dire que l'essentiel est ici de voir clair, de penser clair, entendre dangereusement, de répondre clair à l'innocente question initiale : qu'est-ce en son principe que la colonisation ? De convenir de ce qu'elle n'est point ; ni évangélisation, ni entreprise philanthropique, ni volonté de reculer les frontières de l'ignorance, de la maladie, de la tyrannie, ni élargissement de Dieu, ni extension du Droit… »[33] Césaire poursuit son analyse en dénonçant l'hypocrisie de l'esprit de la colonisation et ses abominables conséquences dont les non-Européens (les Indiens, les Jaunes et les Nègres) sont victimes. Il montre à quel point la colonisation civilisatrice est une histoire truffée de mensonges. L'État colonial a plutôt légitimé et fermé les yeux sur les tortures, les viols, l'exploitation des populations, les pillages, et les massacres des colonisés. En fin de compte, l'idée coloniale au nom de principes humanitaires et religieux est un mythe et une pure manipulation, car nous venons de voir à travers ces injustices et ces actes de barbarie son caractère égocentrique.

Aimé Césaire cité par Lilian Thuram déclarait : « Je pense que ces têtes d'hommes, ces récoltes d'oreilles, ces maisons brûlées, ces invasions gothiques, ce sang qui fume, ces villes qui s'évaporent au tranchant du glaive, on ne s'en débarrassera pas à si bon compte. Ils prouvent que la colonisation, je le répète, déshumanise l'homme, même le plus civilisé ; que l'action coloniale, l'entreprise coloniale, la conquête coloniale, fondées sur le mépris de l'homme indigène et justifiée par ce mépris, tendent inévitablement à modifier celui qui l'entreprend ; que le colonisateur, qui, pour se donner bonne conscience,

---

[33] Aimé Césaire, *Discours sur le colonialisme suivi de Discours sur la négritude*, éditions Présence africaine, Paris, 1955 et 2004, p. 8-11.

s'habitue à voir dans l'autre la bête, s'entraîne à le traiter en bête, tend objectivement à se transformer lui-même en bête. C'est cette action, en choc en retour de la colonisation qu'il importait de signaler. »[34]

Cette cruauté explique peut-être la raison que cette histoire ne soit pas enseignée véritablement pour cacher ces horreurs. On entend parfois certaines personnes se targuer d'intensions louables des pouvoirs blancs, en parlant des « hommes de bonne volonté qui croyaient faire le bien »[35], des missionnaires et des fonctionnaires animés de bonne foi qui tentaient de mener des actions positives pour améliorer le bien-être de la population, comme l'aménagement des infrastructures de base, le développement économique, l'alphabétisation, l'amélioration des conditions sanitaires, mais ils oublient trop souvent d'évoquer les conditions difficiles dans lesquelles ces travaux étaient réalisés, ainsi que les abus subis par les colonisés. Ces actions sont menées avant tout au profit des colons. Les hôpitaux, c'est pour se faire soigner en premier, les routes et ponts, c'est pour acheminer leurs biens et marchandises vers les ports d'expéditions vers l'Europe, la fondation de l'école elle n'est pas accessible à tous, c'est pour former des cadres subalternes pour aider à faire fonctionner l'administration coloniale. Loin de là l'idée de rendre heureuse la population noire.

Malgré l'acquisition des indépendances, les pays d'Afrique francophone continuent de subir encore les effets de la colonisation, dans leur administration, dans leur économie, dans la vie quotidienne de leurs populations. Ils se trouvent à la traîne et sont devancés par

---

[34] Lilian Thuram, *La pensée blanche*, Paris, Philippe Rey, 2020, p. 262.
[35] *Ibid.*, p. 80.

les pays d'Afrique anglophone, car le principe d'exploitation de l'Afrique francophone persiste. Le changement se situe seulement sur les produits d'exploitations. « À l'époque de Voltaire, c'était le café, le coton, les épices, la soie, le tabac, les bois exotiques… À l'époque contemporaine, nous avons pris l'or, les métaux précieux, le pétrole du continent neuf et que nous les avons ramenés dans les vieilles métropoles. »[36] Seuls les anciens colons tirent profit de la mondialisation de ce commerce international.

Cependant, si les ex-colonies françaises peinent à trouver une autonomie complète, ceci est dû en partie à son héritage colonial, du système politique, économique et culturel. Ce ne pas pour donner bonne conscience aux dirigeants africains et jeter toutes les responsabilités du non-développement à la colonisation, mais c'est bien une vérité, que les deux parties doivent reconnaître pour corriger leurs erreurs.

1.2. L'HÉRITAGE COLONIAL ET SES EMPREINTES

La question de la colonisation française en Afrique et de son héritage s'invite aux débats de toutes les générations africaines. Malgré les impairs, c'est une histoire commune entre les colonisés et les colonisateurs avec ses mythes et ses réalités. La colonisation, après avoir morcelé et exploité l'Afrique, lui a légué un modèle.

Considérée comme étant une relation de domination et d'exploitation, l'aborder suscite souvent de part et d'autre des réactions épidermiques. Ceci s'explique par la profondeur des blessures chez les colonisés et qui sont loin d'être cicatrisées d'une part, et, d'autre part, le refus des colonisateurs de reconnaître les erreurs et d'assumer leurs

---

[36] *Ibid.*, p. 266.

responsabilités. Ils adoptent un comportement de déni parce qu'ils se reprochent peut-être quelque chose sur ce passé lourd de conséquences et ils ont peur de la réaction des pays ex-colonisés et de leur descendance. Ce passé a marqué les esprits et laissé des séquelles dans l'imaginaire collectif des uns et des autres. Aujourd'hui encore plus, les empreintes laissées par cette histoire, ses enjeux politiques, économiques et socioculturels font l'objet de beaucoup des débats et d'analyses, et continuent à passionner et à préoccuper la nouvelle génération africaine. Cette dernière, soucieuse de trouver des solutions en fonction de son époque, espère déconstruire cette représentation du colonisé et de l'ex-colonisé comme l'incarnation du mal.

De ce fait, pour mieux appréhender leur avenir sans complexe et construire leur continent avec sérénité, la compréhension de ce passé colonial et son enseignement dans les écoles africaines s'avèrent importants, afin de fournir à cette jeunesse les outils nécessaires pour relever le défi de son temps. Ce passé colonial doit faire obligatoirement partie des programmes scolaires en Afrique et non seulement de façon superficielle, mais aller au bout des choses. Il est donc indispensable d'éveiller la conscience des jeunes générations africaines sur le contenu de la Conférence de Berlin pour comprendre comment les puissances coloniales se sont partagé l'Afrique et comment ils l'ont exploitée et pillée. Faire connaître le « Code noir » [37] à ces générations pour découvrir l'injustice, la sauvagerie et la barbarie dont les Noirs ont été victimes dans l'histoire coloniale et comment cette histoire impacte les nouvelles générations. Loin de nous l'esprit de vengeance, mais vu son importance, la connaissance de ce passé permettra à cette jeunesse de mieux mener son combat et son projet de vie à l'égard de

[37] Une note sur le « Code noir » s'impose.

son Afrique. Comme le sollicite Lilian Thuram, « cette conférence devrait être l'un de nos jalons historiques »[38].

Nous insistons sur la compréhension de cette histoire et la connaissance de la vérité, car comme le témoigne Valentin Yves Mudimbe, « l'histoire est une légende, une invention de notre présent. L'histoire est à la fois une mémoire et un reflet de notre présent »[39]. Dans ce même ordre d'idée, Jeanheinz Jahn, cité par Valentin-Yves Mudimbe, nous rappelle que : « Le présent et l'avenir sont maintenant déterminés par une autre représentation, celle que la culture africaine contemporaine se fait dans son propre passé. Ainsi la culture néo-africaine se présente comme une continuité de tradition et se proclame légataire légitime du passé culturel africain. Ce n'est que là où il se reconnaît continuateur et héritier légitime de son passé, que l'*individu* [40] trouve la force pour de nouveaux commencements. »[41] Voilà pourquoi nous tenons compte de ces références pour puiser la force et l'inspiration sur l'histoire en général, la meilleure et la pire pour mieux orienter la construction d'une autre Afrique puissante et meilleure.

1.3. La Conférence de Berlin : la source du mal africain

Avec le partage du continent africain, les puissances européennes ont détruit les liens naturels qui existaient entre Africains et ont favorisé ce qui les divise et les déchire : les guerres et les haines. On peut retenir qu'en

---

[38] *Ibid.*, p. 81.

[39] Valentin-Yves Mudimbe, *L'invention de l'Afrique, gnose, philosophie et ordre de la connaissance*, Présence Africaine, Paris, 2021, p. 431.

[40] Changé par l'auteur par « homme » pour le respect des genres.

[41] *Ibid.*, p. 427-428.

plus de ce partage de l'Afrique et l'introduction des nouvelles frontières coloniales édictés à la Conférence de Berlin, de l'exploitation et des pillages, la colonisation a poursuivi son œuvre en détruisant les anciennes structures et organisations sociopolitiques et économiques existantes. Elle a démantelé les anciens empires et royaumes. Elle a procédé à l'effacement de toutes les traces des anciennes structures sociopolitiques qui maintenaient la cohésion sociale comme les chefferies traditionnelles au profit des nouvelles structures à l'image d'une administration coloniale centralisée. Ces actes ont engendré de lourdes conséquences sur la culture et la pensée africaine. C'est ce que Lilian Thuram appelle la mise en œuvre de la culture de l'effacement, « qui ne se contente pas d'imposer de nouveaux standards et croyances ; elle fait disparaître les anciens, qui sont minorés, raillés, ringardés, et s'efforce de supprimer tout ce qui la précédait. L'enracinement dans une culture est une arme qui permet à l'humain de se tenir droit, de ne pas perdre le cap, d'entrer en résistance. Mettre en péril cet enracinement, c'est permettre de le briser, de le rendre docile. »[42] La destruction de ces anciennes structures par la colonisation avait pour objectif de faire disparaître toute trace d'existence d'une histoire et d'une culture africaines. Le fait que ces anciennes organisations étaient susceptibles de former une résistance, ils représentaient un danger pour les colonisateurs, donc il fallait s'en débarrasser. Une fois cette mission accomplie, ils ont fini par imposer par la force et manipulation leur système administratif, leur culture, leur langue, leur religion. Durant toute cette période coloniale, le racisme, l'oppression et le mépris des Noirs étaient la règle. Ces nations occidentales ont agi contrairement à la volonté affichée de leur mission. La seule chose qui comptait pour la colonisation était

[42] Lilian Thuram, *La pensée blanche*, Paris, Philippe Rey, 2020, p. 44.

l'« exploitation économique effrénée, caractérisée par le pillage des richesses naturelles, mais aussi par la violence sous toutes ses formes, réquisitions, travail forcé, cultures obligatoires, impôts, expropriations »[43].

Aujourd'hui, les conflits, les guerres et les tensions permanentes entre pays africains sont pour la plupart d'origine frontalière. De ces frontières établies et imposées arbitrairement par ces puissances coloniales en 1885 à Berlin, sans tenir compte des conséquences que cela pouvait engendrer. Si l'Afrique, après l'accession à l'indépendance, est devenue le théâtre de conflits, cela est dû à la contestation de ce découpage dont les Africains ont été de simples spectateurs, et qu'il est quasiment impossible de revenir aux frontières d'avant la colonisation sans se faire la guerre et s'entretuer. Ces frontières représentent aujourd'hui un des héritages de la colonisation qui empoisonne la vie des peuples africains. Les pays africains peinent à décoller en partie à cause de ces conflits internes, mais alimentés et soutenus par les nostalgiques de l'époque coloniale.

Sur le plan économique, l'Afrique francophone a hérité de son passé colonial des vestiges et du non-développement. La politique coloniale avait promis « de transmettre aux peuples colonisés d'Afrique les valeurs de progrès, afin de les conduire vers une ère de prospérité, de garantir aux populations africaines une part plus large des richesses produites et de mettre en place une politique d'accroissement et d'industrialisation »[44]. Ces promesses sont restées vaines. La révolution économique n'a pas provoqué l'industrialisation comme promis. L'économie est restée agricole, caractérisée par une agriculture d'exportation des produits tropicaux (café, cacao, sucre,

---

[43] https// www.cairn.info/revue-etudes-2006/5 (tome 404), « Le double héritage de l'Afrique », Simon-Pierre Ekanza.
[44] *Ibid.*

thé, épices, coton, caoutchouc, etc.) pour la consommation européenne au détriment des principales productions vivrières. Tous ces produits sont exportés à l'état brut sans aucune transformation. Or, si cela était rendu possible, on aurait pu créer des emplois et une valeur ajoutée pour poser les jalons d'une éventuelle industrialisation dans ces pays. Ce système de production coloniale est jugé aussi comme une des principales causes de la faim en Afrique[45] et de l'extrême pauvreté, car le renforcement de la culture de ces produits d'exportation a engendré un développement de plantations et de confiscation des meilleures terres. Les colons ou les compagnies multinationales ont spolié les communautés locales de leur terre. Se retrouvant sans terre, sans moyens de vivre, les paysans dépourvus de leur citoyenneté foncière ont perdu leur autosuffisance alimentaire et les moyens de subvenir à leurs autres besoins, engendrant ainsi l'extrême pauvreté. Ils étaient et sont toujours contraints d'accepter le statut d'ouvriers agricoles avec des conditions de travail pénibles et des salaires de misère qui ne leur permettent pas d'acheter de quoi se nourrir.

Après l'indépendance, les terres n'ont pas été restituées à leurs propriétaires. Elles ont été, pour la plupart, confisquées par les anciennes puissances coloniales ; d'autres sont devenues des entreprises publiques ou des propriétés privées appartenant aux élites locales. Toutefois, on peut noter que dans certains pays, cette expérience coloniale lègue des bases inspirantes de modernisation que les administrations locales peuvent saisir pour atteindre l'objectif de développement et de progrès. On pourrait imaginer un tel scénario si la fin de la colonisation était effective. Or, la colonisation a cédé sa place à un néocolonialisme dont l'esprit d'exploitation, de pillage et de contrôle du pouvoir en Afrique persiste.

45 *Ibid.*

L'Afrique francophone reste en réalité sous contrôle de son ancienne puissance coloniale.

Avec ce qui va se passer après la fin de la colonisation, on peut constater que le pouvoir colonial français avait apporté son savoir scientifique en Afrique, mais il ne l'a pas transmis à la classe dirigeante locale. La société et l'économie de l'Afrique francophone indépendante restent, de façon générale, toujours archaïques. La colonisation n'a pas entraîné réellement cette partie de l'Afrique sur le chemin de la modernité. Cette dernière reste un leurre. Sur le plan politique, après la fin du colonialisme, le pouvoir français n'a pas favorisé l'émergence d'une classe dirigeante de ses anciennes colonies contrairement à l'occupant britannique. « Les Français, eux, ont imposé l'administration directe (*Direct Rule*) pour gérer les colonies à partir de Paris ou par gouverneurs français interposés recevant leurs ordres de la capitale française. On a non seulement étouffé toute initiative locale, mais également fait en sorte que s'installent, depuis les indépendances et jusqu'à nos jours, des rapports particuliers entre la France et ses anciennes colonies d'Afrique francophone. »[46]

Cependant, « Les régions anglophones ont plus ou moins réussi à instaurer une meilleure gestion politique, de l'économie, du social et du culturel (linguistique) que celle de l'Afrique francophone. L'administration indirecte (*Indirect Rule*) pratiquée par l'occupant britannique dans les colonies africaines a favorisé l'émergence d'une classe dirigeante (politique et économique) locale dont le seul rapport avec le Royaume-Uni était l'allégeance à la couronne royale. Les institutions locales restaient sous l'autorité d'officiers britanniques, mais ce sont les chefs traditionnels qui expliquaient et renforçaient la politique

---

[46] Mohamed Benrabah, *Héritages coloniaux. Devenir langue dominante mondiale* (2009), pages 51 à 73.

coloniale. Ces colonies possédaient leur propre parlement local qui s'inspirait du modèle britannique. »[47] La manière dont les deux grandes puissances s'impliquent et se mêlent dans la gestion des affaires en Afrique postcoloniale marque l'écart de développement de ces anciennes colonies.

D'après les études et le classement réalisés chaque année par la Banque mondiale, les pays anglophones occupent toujours la tête du peloton, tandis que la majorité des pays francophones ferment les classements[48]. On peut noter quelques améliorations sur le Doing Business 2020[49] pour certains pays, mais dans la globalité l'Afrique francophone reste toujours à la traine. On a retenu, en résumé, quelques causes qui plombent l'Afrique francophone. Premièrement, le pacte colonial qui sert en premier les intérêts français et « le mal généré par ce pacte » [50] étouffent considérablement l'avenir des pays africains, car selon ce pacte, « les colonies étaient confinées pour éviter de faire concurrence à la métropole. Leur rôle consistait à procurer à cette dernière les matières premières, éventuellement certains produits artisanaux, qui lui faisaient défaut. La métropole, en échange, se chargeait de la fabrication des produits manufacturés et de la transformation des matières premières »[51]. Les facultés de

---

[47] *Ibid.*

[48] https//www.aa.com.fr, « Afrique anglophone/Afrique francophone : Les raisons d'un écart qui intrigue », Mohamed Hedi Abdellaoui, 06/10/2016.

[49] https://francais.doingbusiness.org/content/dam/doingBusiness/pdf/db2020/DB20-FS-SSA---french.pdf, Doing Business 2020. Données clés : Afrique subsaharienne.

[50] https://blogs.mediapart.fr/jecmaus/blog/270119/afrique-un-pacte-colonial-qui-pese-lourdement-sur-la-destinee-de-plusieurs-pays

[51] https://www.alternatives-economiques.fr/dictionnaire/definition/97618

produire localement et par ricochet de se développer sont totalement restreintes par ce pacte.

Deuxièmement, la zone franc et le franc CFA : cette monnaie franc CFA (« Colonie française d'Afrique ») est créée en 1945 et supprime les monnaies africaines au lendemain de la guerre. Renommé en 1958 franc de la Communauté française d'Afrique, le franc CFA continue à exister après les indépendances. Héritage de la colonisation française, il est un outil de contrôle politique et économique des pays concernés, car cette monnaie perpétue des relations de subordination économique envers l'ancien colonisateur. Il est piloté à partir de la Banque centrale européenne (BCE) qui reçoit les réserves des pays de l'UEMOA (Union économique et monétaire ouest-africaine) et de la CEMAC (Communauté économique et monétaire de l'Afrique centrale). Cette absence de souveraineté monétaire n'est autre qu'une présence néocoloniale, car ce système financier est au service des intérêts économiques et politiques de la France. On peut mieux le comprendre à travers un des principes du système du franc CFA, à savoir « le principe de la centralisation des réserves de change au Trésor public français » [52] et comment ce principe bloque l'économie des pays de la zone franc. Par ce principe, autant d'argent est amputé du budget des États de la zone franc pour être stocké au Trésor public français sur un compte d'opérations. Il est estimé à environ « 8000 milliards de francs CFA soit plus de 12 milliards d'euros venant de la Banque centrale des États de l'Afrique de l'Ouest (BCEAO) et la Banque des États d'Afrique

---

[52] https://survie.org/themes/economie/franc-cfa/article/le-franc-cfa-un-outil-de-controle, « Le franc CFA, un outil de contrôle politique et économique sur les pays africains de la zone franc », publié le 22 mars 2010.

centrale (BEAC) »[53] l'argent que ces institutions africaines mettent à profit à l'institution française au détriment des leurs.

À cet héritage économique vient s'ajouter la complexité de la bureaucratie française. Il est plus facile de créer une entreprise dans un pays anglophone que dans un pays francophone[54]. Sur le plan culturel, « les pays anciennement colonisés par la France ont gardé le pire de ses défauts : l'esprit fonctionnaire. Tandis que l'Afrique anglophone a conservé le meilleur de l'ancienne colonie : l'esprit d'entreprise »[55]. Sur ce volet culturel, on peut rajouter l'avantage de la langue de Shakespeare qui domine le monde, ce qui est un grand atout pour les anglophones dans toutes les négociations. Ils sont jugés mieux armés pour la mondialisation par rapport aux Africains francophones.

En conséquence, ce déphasage entre ces deux Afriques trouve son explication sur l'héritage colonial et ses enjeux politiques, économiques et culturels, car l'Afrique francophone reste sous contrôle de son ancienne puissance coloniale.

---

[53] https://blogs.mediapart.fr/fraternafrique/blog/310715/le-franc-cfa-un-outil-de-controle-politique-et-economique-sur-les-pays-africains-de-la-zone-franc

[54] https://www.aa.com.tr/fr/afrique/afrique-anglophone-afrique-francophone-les-raisons-d-un-%C3%A9cart-qui-intrigue-/659457, « Afrique anglophone/Afrique francophone : les raisons d'un écart qui intrigue », Mohamed Hedi Abdellaoui, 06/10/2016.

[55] https://www.nofi.media/2014/10/afrique-anglophone-vs-francophone/3055, « Pourquoi l'Afrique francophone est moins dynamique que l'Afrique anglophone », par Neo-immigrechoisi.com, 16 octobre 2014.

CHAPITRE 2

ÉDUCATION ADAPTÉE POUR UNE AFRIQUE PROSPÈRE

2.1. De l'éducation précoloniale à l'éducation postcoloniale

À travers notre grille de lecture, des analyses et concepts sur le passé et l'avenir de l'Afrique subsaharienne francophone, la question de l'éducation est omniprésente, avec ses forces et ses faiblesses. Après le partage de l'Afrique et la distribution des terres agricoles entre elles, les puissances coloniales ont développé des politiques éducatives différentes selon leur esprit de l'époque et leurs intérêts.

Étudier l'impact de l'éducation moderne sur le développement en Afrique subsaharienne francophone en se référant à l'éducation traditionnelle africaine avant les premières conquêtes et la colonisation nous permet de comprendre ainsi le lien de causalité entre le système d'éducation et le développement en Afrique francophone afin de pouvoir explorer des voies possibles de sortie de crise de l'éducation en Afrique subsaharienne.

Dans la société contemporaine, quand on parle d'éducation, ce qui nous vient à l'esprit, c'est le système d'enseignement appliqué actuellement dans les écoles des pays africains qui est un des legs de la colonisation. On oublie souvent qu'avant l'introduction de l'école du colon, il existait un système d'éducation propre en Afrique, ce que Joseph Ki-Zerbo appelle « éducation originelle africaine »[56].

L'enseignement pratiqué à présent en Afrique francophone, hérité de l'oppresseur, est censé apporter le développement. Or, la partie du continent sur laquelle on s'est penché, à savoir l'Afrique subsaharienne francophone, demeure toujours mal développée. Malgré le nombre croissant de lettrés et de diplômés après l'indépendance de l'Afrique, ces intellectuels éclairés n'arrivent pas à impulser un développement réel dans la région. Éducation moderne ne rime pas avec développement. Par ailleurs, le Programme d'Ajustement structurel (le PAS) imposé par les institutions de Bretton Woods dans les années 1980, pour les réformes de l'éducation, n'a pas donné non plus les résultats escomptés. Néanmoins, la priorité accordée à l'éducation, par les différents partenaires et donateurs ainsi que les familles, a permis d'enregistrer quelques progrès dans l'éducation de base, la scolarisation et l'alphabétisation, même s'il en reste beaucoup à faire.

On peut émettre ici l'hypothèse selon laquelle l'éducation moderne, comme système de remplacement au système éducatif traditionnel africain, a été inefficace, car il a failli à une de sa mission primordiale, à savoir le développement économique de l'Afrique. Toutefois, pour comprendre la cause de cette faillite, il nous paraît judicieux de jeter un œil sur les principaux facteurs de cet échec de l'éducation en Afrique, de revenir sur le but de l'éducation coloniale et son enseignement. Il est aussi important de voir et de faire savoir le fond et la forme de l'éducation endogène, son canal de transmission, ce

[56] « De l'éthique de l'éducation en Afrique : sur les… » – Éthique en éducation et en formation – Érudit (erudit.org), un article de la revue *Éthique* en éducation et en formation. Numéro 10, hiver 2021, p. 94-107.

qu'elle véhiculait, et comment elle a été abandonnée ainsi que les conséquences de cet abandon.

Pour étayer ces propos, nous nous inspirons principalement des réflexions éclairantes de Joseph Ki-Zerbo, dont on connaît l'engagement pour l'émancipation du continent africain. Sa portée philosophique, sa pensée sur l'éducation et sur l'économie en Afrique, nous aideront à corroborer notre hypothèse sur les origines de ces grands problèmes de l'Afrique contemporaine que nous abordons ici et à donner des pistes de réflexion et éléments de réponse pour relever les présents défis et ceux de l'avenir.

2.2. L'ÉCOLE ORIGINELLE AFRICAINE

Nous retenons la définition suivante de l'éducation selon des philosophes des Lumières comme « l'action de développer un ensemble de connaissances et de valeurs morales, physiques, intellectuelles, scientifiques… considérées comme essentielles pour atteindre le niveau de culture souhaité. L'éducation permet de transmettre d'une génération à l'autre la culture nécessaire au développement de la personnalité et à l'intégration sociale de l'individu. »[57] Cette définition montre que, dans les sociétés traditionnelles africaines, l'éducation ne se résumait pas au fait de savoir compter, lire, écrire, ou d'un cycle d'études ou de formation sanctionné par un diplôme ou un certificat à la fin d'un cursus scolaire ou universitaire. L'éducation doit donc tenir compte de la transmission des valeurs morales, humaines, sociales et sociétales. C'est sous cette même approche que Joseph Ki-Zerbo décrit l'éducation africaine d'antan avant l'arrivée de l'école coloniale et explique aussi que la transmission

[57] https://www.etudier.com/dissertations/l'%C3%89ducation-Selon-Les-Philosophes-Des-Lumi%C3%A8res/246383.html

de ces valeurs était l'affaire de tous pour maintenir sa pérennité. Selon le philosophe Ki-Zerbo, l'Afrique a été le premier continent dans l'histoire à mettre en œuvre l'alphabétisation et la scolarisation[58]. Contrairement à l'image véhiculée par le système colonial d'une Afrique sauvage, sans civilisation, sans culture.

L'éducation en Afrique précoloniale adoptait une façon authentique de penser et d'agir. Il s'agit d'une école de la vie. En ce temps-là, l'éducation se faisait sous une forme collective et orale. Quand il s'agit de l'apprentissage, il se faisait sur le tas et par observation. L'enfant apprenait par l'expérience de ses pairs, et acquérait une expérience par la répétition des tâches sur des activités pratiques comme la pêche, l'agriculture, la chasse et la cuisine, le chant, la danse et la lutte, des activités qui jouaient des rôles importants de rites de passage vers l'âge adulte. En s'imprégnant de son milieu naturel dès le départ, il était averti des aléas de la vie et devenait ainsi un adulte accompli grâce à ce passage d'initiation. Les apprentis étaient assidus, disciplinés et respectaient les règles établies de l'école et de la société. Cette école originelle forgeait, elle s'occupait de la socialisation, transmettait le sens de la responsabilité et permettait de gagner une certaine maturité et un degré ultime de sagesse. Elle était gratuite et ouverte à toutes les catégories sans discrimination. Dans cette conception, le rôle clé que jouaient les femmes âgées, les tantes et les oncles dans le processus d'éducation et de construction des membres de la société mérite d'être souligné.

En tant qu'actrice principale dans la transmission de la vie, la femme africaine précoloniale, dotée d'une solide formation humaine et religieuse, était impliquée dans tous

[58] Dobi Parfait MARE, « Joseph KI-ZERBO et la question de l'éducation en Afrique », https://www.ujkz.bf/joseph-ki-zerbo-et -la-question-de-leducation-en-afrique/

les secteurs ; socio-économique, politique, culturel et même religieux. Grâce à son dévouement et son ingéniosité, elle était une actrice incontournable dans le bon fonctionnement de la famille et de la société pour éduquer, soigner, produire, gérer, maintenir la paix, et se battre, quand il fallait, pour la dignité et la sécurité des siens comme l'atteste l'histoire des femmes guerrières d'Afrique. Si on enregistre actuellement une absence du rôle des femmes africaines dans la société, ceci est dû à « l'implantation du système colonial appuyé par la mission civilisatrice et évangélisatrice des églises chrétiennes »[59] qui ont mis les femmes à l'écart dans l'organisation publique, après avoir effacé ses espaces de pouvoirs et ses privilèges, l'empêchant ainsi d'exercer pleinement son rôle de socle de la communauté.

Cette éducation traditionnelle, bien que basée sur l'oralité et l'observation, a peut-être servi de source d'inspiration lors de la troisième Conférence des Nations Unies sur les pays les moins avancés le 16 mai 2001 à la nouvelle conception de l'éducation qui stipule que « l'éducation ne se limite pas à apprendre à lire, à écrire, à compter ou à s'initier à un métier. Elle doit rendre l'individu capable de répondre à un environnement social, économique, technologique et culturel en constante évolution tout en respectant son identité propre. L'éducation est donc un processus et une arme puissante contre la pauvreté puisqu'elle devrait offrir désormais les capacités, les compétences, les attitudes et les valeurs qui aideront à surmonter les contraintes du monde actuel. »[60]

[59] https://www.erudit.org/fr/revues/theologi/2015-v23-n2-theologi03341/1042750ar.pdf, « Rôle de la femme dans la société et dans l'Église », Albertine Tshibilondi Ngoyi. *Théologiques* 23/2 (2015) p. 203-228.

[60] https://www.ohchr.org/fr/press-releases/2009/10/default-title-169, « PMA et donateurs appelés à reconnaître l'éducation comme

On remarque bien d'ailleurs que les recommandations des Nations Unies de l'éducation pour tous, sans l'avouer, s'inspirent de l'éducation originelle africaine telle que décrite par Ki-Zerbo sur la transmission des savoir-faire et du savoir-être. Plus tard, on retrouve la méthodologie de l'éducation africaine chez les grands pédagogues comme John Dewey avec sa philosophie éducative « *Learning by doing* »[61] (« apprendre en pratiquant »).

Cette éducation accorde une grande importance au savoir traditionnel, au patrimoine socioculturel africain qui couvre l'apprentissage et l'exercice d'un métier, la transmission des connaissances comme les histoires, les proverbes, la phytothérapie, les droits, les devoirs envers les autres et envers la société, le respect et l'honnêteté, le bon comportement face aux aînés jusqu'à la manière de bien se tenir à table. On finit par se rendre compte que cette manière extensive de concevoir l'éducation peut contribuer favorablement au progrès social, économique et culturel. C'est une école professionnelle qui formait des paysans, des artisans capables de produire les biens de consommation et les moyens de production indispensables et utiles à la vie en société.

Malgré le bien-fondé de l'école originelle africaine, elle n'a pas survécu au choc provoqué par l'introduction forcée du système de « civilisation » coloniale et de son école moderne. Heureusement que quelques nids de résistance ont permis de continuer à transmettre certaines valeurs. Ce changement brutal a eu de lourdes conséquences sur la

---

instrument de développement humain durable dans l'économie actuelle fondée sur les connaissances ».

[61] John Dewey, né le 20 octobre 1859 à Burlington dans le Vermont et mort le 1er juin 1952 à New York, est un psychologue et philosophe qui prône la pédagogie de l'expérience. Dewey souhaite réconcilier esprit et action, travail et loisir, intérêt et effort. Il pense que l'enfant doit agir plutôt que d'écouter. C'est pourquoi le terme d'expérience revient dans toutes ses œuvres.

culture, les traditions africaines et le développement socioéconomique, même après le départ de la France. Les pays africains, profondément affaiblis, n'ont pas pu ou n'ont pas tenté de la restituer en la réadaptant aux critères de l'époque, ils ont plutôt continué de fonctionner selon le modèle d'enseignement colonial. La question qu'on continue de se poser, c'est de savoir pourquoi l'Afrique francophone garde fidèlement un système qui lui porte préjudice.

2.3. L'IMPACT DE L'ÉDUCATION COLONIALE EN AFRIQUE FRANCOPHONE

Au départ, l'école coloniale n'était qu'un instrument d'oppression. Pour la puissance coloniale, l'école constituait un moyen puissant d'exploitation et de colonisation. C'est à travers l'école que le pouvoir colonial comptait atteindre ses objectifs. Sur ce terrain, il y a eu une grande différence entre les deux principales puissances qui ont colonisé l'Afrique subsaharienne, dans leurs manières de transmettre leur éducation et de la léguer à leurs colonies. On constate aujourd'hui les conséquences dans les écarts de développement entre l'Afrique francophone et l'Afrique anglophone.

La puissance anglaise, à son arrivée dans ces colonies, prônait un système scolaire décentralisé qui s'adaptait aux structures traditionnelles. Elle s'imprégnait de la culture locale et impliquait les responsables locaux pour fixer ses propres règles en matière de contenu des enseignements. « Pour diffuser les bases de l'enseignement aux populations, elle s'appuyait sur les écoles de missionnaires bien implantées et qui maîtrisaient les problématiques locales. Un autre point important à souligner concerne le contenu éducatif. Même si les programmes scolaires et les examens sont calqués sur ceux dispensés dans la métropole, les Anglais autorisaient l'utilisation de la langue locale et cherchaient à dispenser un niveau d'enseignement basique. »[62] La France, quant à elle, avait une autre stratégie. Elle a adopté la politique d'assimilation. Ce qui suppose que les peuples colonisés devaient forcément adopter la culture et les valeurs françaises et à terme devenir des « citoyens français » à part entière. L'État contrôlait tout et n'impliquait pas les structures traditionnelles dans la transmission des valeurs françaises comme l'a fait la puissance anglaise, ce qui aurait permis d'établir un équilibre entre les deux systèmes de valeurs. L'État enlevait tous les pouvoirs et les prestiges des chefs locaux. Ces derniers se faisaient remplacer par une nouvelle génération d'élites formée à l'école française[63]. En somme, la France, par sa politique d'assimilation, entendait répandre chez ses colonies la langue française, ses croyances politiques et religieuses, ses mœurs et son esprit français, ses habitudes et son mode de vie, ses biens culturels, tout ça au mépris du patrimoine culturel et de la population africains. De par ces analyses, nous comprenons la mission attribuée à cette école coloniale : « (i) assimiler les Africains par la diffusion de la langue et faire d'eux les consommateurs de la culture française, donc les franciser ; (ii) former la main-d'œuvre locale utile aux travaux de colonisation, à savoir la construction de routes, de chemins de fer, de ponts, de bâtiments publics, de camps militaires, de dispensaires, d'écoles ainsi que les exploitants économiques, comme les

---

[62] https://dyabukam.com/index.php/fr/savoir/histoire/item/199-l-ecole-coloniale-en-afrique-occidentale-francaise-ou-histoire-d-un-crime-contre-la-culture-africaine, « L'école coloniale en "Afrique occidentale française" ou histoire d'un crime contre la culture africaine », Afrocentricity Abidjan, lundi 20 octobre 2014.

[63] https://www.lafriquedesidees.org/systeme-educatif-africain-heritage-colonial/, « Le système éducatif africain : un héritage colonial ? », Débora Lesel, 13 septembre 2013.

agents commerciaux, commis, manœuvres, maçons, mécaniciens, moniteurs et ouvriers agricoles, interprètes, instituteurs, infirmiers, etc. »[64] L'Afrique francophone se trouvait en quelque sorte sous l'emprise de la France à travers cette école et sa civilisation.

2.4. AVANTAGES ET INCONVÉNIENTS DE L'ENSEIGNEMENT PENDANT LA COLONISATION

Cette formation dispensée à l'époque est une formation pratique. On apprend à cette main-d'œuvre locale un métier manuel, juste pour répondre aux besoins de la production et de l'exploitation du système colonial. Il s'agissait d'un enseignement de niveau élémentaire. Les colons ont exclu, dans leur politique culturelle, un enseignement de qualité permettant de libérer les peuples colonisés. L'enseignement scientifique, l'enseignement technique et l'enseignement industriel ne figuraient pas dans leur programme, car ils n'envisageaient pas de pousser le « Nègre » à réfléchir. Selon Paulo Freire[65], « ce que veulent les oppresseurs, c'est transformer la mentalité des opprimés et non la situation qui les opprime, pour que ceux-ci, mieux adaptés à cette situation, soient mieux dominés ». Il explique que le but de cette éducation coloniale est de transformer les individus en automates et de faire obstacle à la pensée authentique. Ainsi, l'éducation, en tant qu'outil de développement de l'humain et de la société, est quasiment inexistante.

---

[64] https://dyabukam.com/index.php/fr/savoir/histoire/item/199-l-ecole-coloniale-en-afrique-occidentale-francaise-ou-histoire-d-un-crime-contre-la-culture-africaine, « L'école coloniale en "Afrique occidentale française" ou histoire d'un crime contre la culture africaine », Afrocentricity Abidjan, lundi 20 octobre 2014.

[65] Paulo Freire, *Pédagogie des opprimés suivi de Conscientisation et révolution*, La Découverte & Syros, Paris, 2001, p. 53.

Albert Sarraut, alors ministre français des Colonies, l'a clairement formulé : « Instruire les indigènes est assurément notre devoir. Mais ce devoir s'accorde de surcroit avec nos intérêts économiques, administratifs, militaires et politiques les plus évidents. »[66] Sur cette logique, leur but et leur priorité sont de conquérir et non de libérer ce peuple opprimé. L'acte de transférer, de transmettre des valeurs et connaissances susceptibles de contribuer et d'améliorer le sort des colonisés, est totalement ignoré dans cette éducation coloniale. Cette volonté de maintenir les jeunes Africains à un enseignement de bas niveau, de les empêcher ou de leur interdire d'atteindre un certain niveau d'instruction, de briser leurs rêves de devenir penseurs, chercheurs, scientifiques, techniciens, ingénieurs, médecins, philosophes, etc., prouve le but bien défini de cette école qui n'est autre que la perpétuation de l'esprit colonial de domination et d'exploitation de l'Afrique et des Africains.

Cependant, on ne peut pas balayer d'un revers de la main les avantages de l'école coloniale, car elle n'a pas fait que des dégâts. Elle a eu ses déboires, mais elle présente aussi des avantages. Parmi ces avantages, on peut citer la fabrication d'une partie des dirigeants africains depuis les indépendances et même quelques-uns antérieurement. Par les cadres qu'elle produit, Ki-Zerbo[67] souligne que cette école met l'Afrique à même de communiquer à égalité de compétences sur le forum international avec le reste du monde, elle génère des valeurs que la civilisation africaine n'avait non pas ignorées, mais peu développées comme l'initiative individuelle, l'esprit de compétition, la gestion volontariste du temps et de l'espace.

---

[66] Joseph Ki-Zerbo, *Éduquer ou périr*, Unicef-Unesco, L'Harmattan, 1990, p. 22.
[67] *Ibid.*

Pour Seydou Badian Kouyaté, dans son ouvrage *Sous l'orage*, l'école coloniale permet l'ouverture d'esprit, par la connaissance, l'instruction donne plus de possibilités de choisir sa voie professionnelle, permet d'avoir une culture générale, d'avoir plus de conversation quelle que soit la personne qu'on a en face de nous, de rencontrer des jeunes de différents horizons. L'auteur poursuit en affirmant que l'école peut ouvrir des portes, car les connaissances acquises dans cette école peuvent servir à la personne pour développer son esprit d'analyse et l'esprit critique et se faire une propre opinion sur un sujet donné. Ceci signifie que ne pas faire l'école peut donc être aussi pénalisant.

Amadou Hampâté Bâ soutient le point de vue de Seydou Badian sur cette idée de l'avantage de s'ouvrir aux autres cultures dans son « message universel »[68] dédié à la jeunesse, en insistant qu'à cette ère nouvelle, l'Afrique doit s'ouvrir vers l'extérieur pour à la fois donner et pour recevoir. Il admet que la parfaite connaissance de la langue française permet non seulement aux différentes ethnies africaines de communiquer entre elles et de mieux se connaître, mais elle permet aux Africains de s'ouvrir sur l'extérieur et de dialoguer avec les cultures du monde entier, mais insiste sur l'importance de préserver les langues locales et les cultures africaines. Ceci montre l'esprit ouvert et les capacités d'adaptation de la culture africaine et la reconnaissance de l'altérité. Dans cette optique, on véhicule l'idée de dépasser la peur de l'autre et aller dans le sens de reconnaître et accepter l'autre avec ses différences culturelles. Voilà ce qui fait en général la grandeur d'esprit de l'Africain et de la culture africaine.

---

68 https://www.aprelia.org/index.php/fr/evenements-publications/point-de-vue/1724-lettre-d-amadou-hampate-ba-a-la-jeunesse-soyez-au-service-de-la-vie, lettre d'Amadou Hampâté Bâ à la jeunesse : « Soyez au service de la vie », Geneviève Puiségur, Point de vue, 25 avril 2016.

Même s'il y a eu des déracinés, des acculturés, tout n'est pas perdu. Il reste encore des traces, qu'avec la bonne volonté, on pourrait le rétablir pour la bonne cause.

Nous l'avons déjà évoqué, cette école coloniale touchait une étroite frange de la jeunesse, juste ce qu'il fallait pour former les auxiliaires de l'administration coloniale pour bien servir aux besoins de leurs maîtres. Certes, le système très sélectif a en effet formé une nouvelle élite pour accéder à des postes administratifs, mais il faut aussi noter qu'il a mis une grande catégorie de la population en marge de la société sans encadrement approprié et sans espoir de s'en sortir. Exclues du système à cause de l'analphabétisme, des échecs scolaires ou des formations inadaptées, ces victimes de la logique du marché et de l'accumulation mondiale peuvent devenir les proies des malfaiteurs, du terrorisme, de la prostitution, de toute délinquance et de l'immigration clandestine. D'autres victimes de cette économie libérale de la mondialisation trouvent une solution de survie dans le secteur informel. Ce dernier est considéré comme une activité à risque par certains, mais est sauveur de vies pour les populations défavorisées majoritairement en échec scolaire ou analphabètes, mais qui sont déterminées à braver ces obstacles. Malheureusement, ils sont de plus en plus nombreux à se retrouver dans cette situation.

2.5. Corrélation entre l'éducation et l'emploi dans l'Afrique postcoloniale

L'école coloniale, après avoir essuyé une forte résistance dans certains pays et villages africains due aux facteurs socioculturels et religieux, fut, à l'aube des indépendances, considérée comme voie de réussite. Les dirigeants africains étaient convaincus qu'il ne pouvait pas y avoir un développement sans éducation. Et l'apprentissage de langue héritée de la colonisation considérée comme condition ultime de l'accès à la réussite économique et au pouvoir. Ceci est d'autant plus paradoxal que cette éducation est calquée sur le modèle colonial, ce système sur lequel on avait porté une critique acerbe.

L'accès à l'indépendance n'a pas été accompagné par un changement du modèle de l'éducation en tant que tel, mais le changement fut enregistré au niveau de l'accès à l'école et du remplacement du corps enseignant. La priorité était donnée à la scolarisation de masse et à la formation des enseignants pour combler le vide des enseignants français et surtout pour marquer un symbole de souveraineté. Cet élan d'autonomie est très vite brisé. La situation économique frappée par la crise de 1980 à 1990 ne permettait pas à certains de ces jeunes États de poursuivre leur dynamique des années 1970 pour l'éducation comme ils le souhaitaient.

Trop dépendante de l'environnement extérieur et du marché étranger, l'économie africaine a par conséquent vu sa demande d'exportation et les prix de ses produits de base se détériorer suite aux deux chocs pétroliers de 1973 et 1979[69]. L'arrêt brutal de la coopération entre la France et ses anciennes colonies, en matière d'enseignement universitaire et de moyens financiers, a bouleversé tout le système de l'éducation. Par contre, les effectifs de l'enseignement supérieur n'ont pas cessé de croître. Non seulement le secteur de l'éducation a été sévèrement touché, mais en plus le succès de l'université qui reflétait le progrès politique n'a pas pu raviver l'esprit d'excellence

[69] https://www.cairn.info/la-croissance-de-l-afrique-subsaharienne--1000000148880-page-1.html, « La croissance de l'Afrique subsaharienne : diversité des trajectoires et des processus de transformation structurelle », Clémence Vergne, Antoine Amuseur, Macrodev, 2015, p. 1-50.

en tenant compte des difficultés économiques et structurelles rencontrées.

L'espoir de ces jeunes nations indépendantes s'amenuisait suite à la détérioration continue de la qualité de l'enseignement. Les États réalisaient que le coût de la formation était considérable, ce qui a rendu cette ambition de l'éducation pour tous irréalisable, étant donné les maigres moyens dont disposait l'Afrique indépendante. Malgré ce constat, les universités africaines ont continué à former, mais dans des domaines où les débouchés se faisaient rares. « Les diplômés de ces universités sont en majorité destinés à travailler dans la fonction publique »[70] qui est un secteur saturé et secoué par le népotisme et la corruption. Les nouveaux diplômés viennent donc grossir les rangs des chômeurs, ce qui aggrave la situation de désespoir, la colère et le risque de malaise socioéconomique susceptible de causer une explosion sociale. La voie de sortie pour la majorité est le départ à l'étranger en quête d'opportunité. Or, cette fuite des jeunes n'est pas sans conséquence pour l'avenir du continent. C'est une marque d'échec de l'indépendance et une perte d'une main-d'œuvre importante pour le développement.

L'éducation en Afrique semble être le sujet le plus étudié, mais reste le plus complexe et les rapports d'études restent confus s'agissant de la concordance des statistiques. On entend souvent la phrase : « Parmi toutes les régions du monde, l'Afrique subsaharienne a les taux les plus élevés d'exclusion de l'éducation. Si des mesures urgentes ne sont pas prises, la situation empirera certainement, car la région fait face à une demande

---

[70] https://www.cairn.info/revue-afrique-contemporaine-2010-3-page-101.htm, « L'éducation, enjeu majeur de l'Afrique postindépendances. Cinquante ans d'enseignement en Afrique : un bilan en demi-teinte », Roland Pourtier. *Afrique contemporaine* 2010/3 (n° 235), page 101 à 114.

croissante d'éducation en raison de l'augmentation constante de sa population d'âge scolaire »[71]. Il me semble que les institutions parties prenantes se donnaient comme priorité depuis l'indépendance l'amélioration de l'éducation pour tous en Afrique. Pourquoi les recommandations énoncées ne sont-elles pas mises en œuvre ? On continue de nous annoncer que l'Afrique francophone bat le record d'illettrisme, d'analphabétisme et d'exclusion dans le système éducatif[72]. Les statistiques ne cessent de croître, malgré la priorité accordée à l'éducation en Afrique par les partenaires et bailleurs. « Plus d'un cinquième des enfants âgés d'environ 6 à 11 ans n'est pas scolarisé ; suivi par un tiers des enfants âgés d'environ 12 à 14 ans. Selon les données de l'Institut de statistique de l'UNESCO (UIS), près de 60 % des jeunes âgés d'environ 15 à 17 ans ne sont pas scolarisés. »[73]

On peut constater que, bien qu'il y ait une augmentation du taux de scolarisation des jeunes, leur éducation ne va pas plus loin que l'école primaire. On a noté aussi des écarts importants en matière d'accès à l'enseignement secondaire entre l'Afrique anglophone, l'Afrique lusophone et l'Afrique francophone. À titre d'exemple, « 80 % des élèves de Botswana, d'Afrique du Sud et du Cap-Vert fréquentent l'école secondaire contre 20 % en République centrafricaine, au Tchad et au

[71] https://uis.unesco.org/fr/topic/education-en-afrique, « Éducation en Afrique ».

[72] https://www.dvv-international.de/fr/education-des-adultes-et-developpement/numeros/ead-802013-lapres-2015/articles/lalphabe%CC%81tisation-en-afrique-repose-entre-nos-mains, « L'alphabétisation en Afrique repose entre nos mains », Gorgui Sow, spécialiste de l'éducation au Sénégal.

[73] https://uis.unesco.org/fr/topic/education-en-afrique, « Éducation en Afrique ».

Niger. »[74] Cinquante ans après les indépendances, le thème de l'inadéquation et de la dégradation entre les formations, les cursus universitaires et le marché de l'emploi en Afrique demeure toujours d'actualité, car d'après le géographe, professeur Roland Pourtier : « la recommandation selon laquelle il conviendrait de réorienter les flux d'étudiants vers des disciplines professionnelles, adaptées aux besoins des entreprises est plus facile à énoncer qu'à mettre en œuvre de façon pertinente »[75] . Ceci signifie le manque de volonté politique d'adaptation de ces réformes à la réalité et aux besoins des sociétés africaines depuis l'indépendance. Le sujet de l'inadéquation entre le cursus universitaire, le besoin et le marché de l'emploi est loin d'avoir été résolu.

La mise en place des Programmes d'Ajustement structurel (PAS) des années 1980 n'a pas non plus favorisé le secteur de l'éducation à se mettre sur les rails. Le secteur a plutôt payé le prix fort au point que l'UNESCO a fait un rapport sur le caractère destructeur de ce programme. L'UNESCO a dû intervenir en menant des activités de sensibilisation auprès des institutions de Bretton Woods[76] pour les inciter à atténuer les effets néfastes du Programme d'Ajustement structurel qu'elles

---

[74] https://learningportal.iiep.unesco.org/fr/blog/les-defis-de-lenseignement-secondaire-en-afrique-subsaharienne#:~:text=Dans%20presque%20tous%20les%20pays,le%20syst%C3%A8me%20d'enseignement%20secondaire, « Les défis de l'enseignement secondaire en Afrique subsaharienne ».

[75] https://www.cairn.info/revue-afrique-contemporaine-2010-3-page-101.htm, « L'éducation, enjeu majeur de l'Afrique postindépendances. Cinquante ans d'enseignement en Afrique : un bilan en demi-teinte », Roland Pourtier, *Afrique contemporaine*, 2010/3(n° 235), p. 101 à 104.

[76] La Banque mondiale (BM) et le Fonds monétaire international (FMI).

imposaient aux pays les plus pauvres[77]. Selon toujours les recherches menées par l'UNESCO[78] sur l'Ajustement structurel et ses effets sur le secteur éducatif, le rapport fait apparaître, dans les pays soumis au PAS, les signes de détérioration des performances éducatives, et du secteur social en général et l'application des PAS. On constate en effet que ce programme, en détériorant la situation éducative des pays impliqués, a ralenti leur développement socio-économique. Le rapport indique clairement que le PAS a détruit le développement de ces pays.

Ces effets néfastes ont été dénoncés par d'autres auteurs comme Etim, Ekei[79]. Ce dernier souligne le côté discriminatoire du PAS envers les femmes. Selon l'auteur, pour réduire la dette, le PAS a entraîné des coupes sévères dans les subventions à la santé, l'éducation et les projets de développement rural. Dans tous ces domaines, la dégradation affecte prioritairement les femmes dans la mesure où elles sont les premières bénéficiaires, en tant que reproductrices, et qu'elles s'occupent traditionnellement des enfants. L'effondrement des services de santé a touché les femmes beaucoup plus que les hommes. S'agissant de la scolarisation, les effets négatifs du PAS sur l'enseignement ont lésé les filles plus que les garçons. Dans la mesure où en Afrique subsaharienne, lorsque les moyens sont limités et que les frais scolaires sont conséquents, les familles choisissent souvent d'investir dans l'éducation de leurs fils au détriment des filles. Sur ce même registre des effets du PAS, le Bureau international du Travail (BIT) signalait

---

[77] https://unesdoc.unesco.org/ark:/48223/pf0000101383_fre, « Effets des programmes d'ajustements structurels sur l'éducation et la formation. Conférence générale vingt-huitième session », Paris, 1995.
[78] *Ibid.*
[79] https://unesdoc.unesco.org/ark:/48223/pf0000101383_fre, « Dette et programme d'ajustement structurel, conséquences pour les femmes en Afrique », 1993.

dans un rapport publié en 1996 que la compression des dépenses publiques issue des Programmes d'Ajustement structurel hypothéquait les traitements des enseignants et les effectifs des classes[80]. Toujours selon ce rapport du BIT, pendant la période allant de 1980 à 1990, d'une manière générale, la situation s'est détériorée concernant les traitements des enseignants, les dépenses par élève, la taille des classes, les taux de scolarisation, la qualité et la quantité du matériel pédagogique.

De surcroît, la contrainte imposée par ces programmes aux pays concernés à réduire les dépenses et leurs budgets pour l'éducation a entraîné des licenciements et une baisse des salaires des enseignants fonctionnaires remplacés par des contractuels, ce qui a occasionné une démotivation des enseignants et une tendance à la baisse de la qualité de l'enseignement. La réforme du secteur a aussi causé des fermetures des salles de classe faute d'enseignants et un grossissement des effectifs de classes dépassant de deux à trois fois la capacité d'accueil. Ceci ne fut pas sans conséquences au niveau des résultats des élèves. La défaillance de l'école publique a entraîné la multiplication des écoles privées au détriment des écoles publiques qui vinrent accroître les inégalités et faire de l'école publique l'espace éducatif réservé aux enfants des pauvres aggravant ainsi leur marginalisation. La plupart des pays africains depuis les années 1990 ont réduit leurs dépenses par élève à tous les niveaux de l'enseignement public, primaire, secondaire ainsi que dans l'enseignement supérieur d'après le rapport du BIT susmentionné.

Depuis les années 1980 jusqu'à présent, on navigue de stratégie en stratégie avec des productions de rapports de suivi et d'évaluation des acquis qui, *in fine*, annoncent qu'en Afrique subsaharienne, plus de la moitié des enfants

---

80 https://www.ilo.org/global/about-the-ilo/newsroom/news/WCMS_008831/lang--fr/index.htm

n'ont pas acquis l'apprentissage de l'éducation de base. Un rapport d'étude va donner naissance à une nouvelle étude, un nouveau projet avec le maintien des mêmes stratégies et des mêmes recommandations, sans propositions d'alternatives susceptibles d'améliorer considérablement la situation. Le nouveau rapport de l'UNESCO, mis à jour en février 2023, reprend le même refrain des rapports sur l'éducation en Afrique. En parcourant les études et rapports sur l'éducation en Afrique, vous retrouverez ce même fond du discours exprimé différemment : « De nombreux pays du continent africain prennent des mesures importantes et significatives pour atteindre leurs objectifs en matière d'éducation, et certains ont fait des progrès considérables dans ce domaine. Toutefois, il reste beaucoup à faire, car l'Afrique subsaharienne abrite la plus grande population non scolarisée du monde. Un enfant sur cinq en âge de fréquenter l'école primaire et bien plus de la moitié des adolescents en âge de fréquenter l'école secondaire supérieure ne sont pas scolarisés. »[81]

Ce que le rapport apporte de nouveau est que la pandémie de la Covid-19 vient perturber les services éducatifs en Afrique en provoquant des abandons de scolarité pour des millions d'enfants et des fermetures d'écoles. Une situation susceptible de fragiliser les systèmes éducatifs assez vulnérables et qui met les gouvernements en difficulté quant au respect des engagements en matière d'éducation. Pour améliorer le système éducatif et surmonter les difficultés et les crises à venir, les solutions envisagées consistent à « investir dans les TIC (technologies de l'information et de la communication) pour les infrastructures scolaires, de

---

[81] https://www.unesco.org/fr/articles/faq-comment-les-pays-africains-ameliorent-ils-la-qualite-de-leur-education, « FAQ : Comment les pays africains améliorent-ils la qualité de leur éducation ? ».

former les enseignants aux compétences numériques et à l'apprentissage à distance »[82]. L'UNESCO fait de l'accès à l'apprentissage numérique public l'une de ses priorités selon ce rapport. N'est-ce pas encore un choix erroné pour lutter contre les problèmes de l'éducation en Afrique ? C'est mettre la charrue avant les bœufs. Comment peut-on faire de l'apprentissage numérique une solution prioritaire dans une région où l'accès à internet et l'accès à l'électricité sont problématiques et représentent des produits de luxe pour la majorité de la population cible ? Penser à une stratégie de « placer l'équité au cœur d'une éducation de qualité pour tous en Afrique est un moyen de construire un avenir meilleur et prospère pour les enfants du continent »[83]. C'est louable, mais ne pas tenir compte des conditions préalables d'accès me semble être une erreur capitale où l'échec de la nouvelle approche est prévisible. C'est encore ignorer la réalité du continent et ses besoins réels. L'éducation en Afrique, trente-trois ans après les effets néfastes des Programmes d'Ajustement structurel, risque de subir les effets de la crise de la Covid-19 avec le genre de propositions saugrenues des bailleurs et partenaires de l'éducation en Afrique. En dépit de ces études et évaluations régulières, le fond du système éducatif reste le même et produit les mêmes effets. C'est de cette manière qu'on maintient l'Afrique dans ce cercle infernal de la dette. Plus d'un demi-siècle après les indépendances, on constate que le retard pris en matière d'éducation en Afrique francophone ne fléchit pas. On peut noter aussi que beaucoup de jeunes chômeurs en Afrique francophone sont diplômés du secondaire ou universitaires, mais ne trouvent pas d'emplois parce qu'ils ont soit une formation trop théorique, soit une formation inadaptée aux besoins du marché du travail local.

---

[82] *Ibid.*
[83] *Ibid.*

Du point de vue de l'emploi, selon les dernières prévisions de l'Organisation internationale du travail (OIT) en 2023, « le chômage dans le monde devrait retourner à son niveau d'avant la pandémie. Le nombre de personnes sans emploi devrait ainsi passer de 192 millions en 2022 à 191 millions en 2023. Cette reprise est enregistrée dans les pays riches d'Europe occidentale. En Afrique subsaharienne, le taux de chômage est de 6,3 % en 2023 contre 5,7 % en 2019. »[84] Ce décalage nous rappelle que dans un monde confronté à des défis tant sociaux, économiques, qu'environnementaux, la créativité, la technologie et l'innovation sont plus que jamais nécessaires en Afrique pour lancer de nouvelles idées sur le marché et favoriser le changement social et économique.

Le chômage des jeunes en Afrique est plus complexe que dans les autres régions du monde parce que les structures d'insertion et d'encadrement font défaut. « L'Afrique a la population la plus jeune au monde, 200 millions qui sont entre 24 et 35 ans constituent 20 % de la population et 40 % de ceux qui sont en âge de travailler, ils représentent 60 % des chômeurs. »[85] Cette jeunesse désœuvrée est considérée comme une bombe à retardement qui, si on ne la désamorce pas, finira par exploser comme on le constate dans certains pays où la jeunesse est instrumentalisée par les politiques. Cette situation est exacerbée par la lente croissance des économies qui n'arrivent pas à créer suffisamment d'emplois pour le grand nombre de diplômés du secteur tertiaire, appelé aussi secteur des services, qui arrivent

---

[84] https://news.un.org/fr/story/2023/05/1135677#:~:text=Selon%20les%20pr%C3%A9visions%20du%20rapport,%2C7%25%20en%202019). La fracture mondiale en matière d'emploi s'accentue, selon l'OIT.

[85] https://www.peresblancs.org/chomage_jeunes_africains.htm, *Voix d'Afrique* n° 94, « Le chômage des jeunes Africains ».

chaque année sur le marché. Pour s'assurer un minimum de subsistance, la grande majorité de ces jeunes accepte d'être sous-employée avec un manque de conditions de travail décentes.

En outre, la fonction publique est saturée quand elle n'est pas gangrenée par la corruption et le trafic d'influence, sans oublier qu'il n'existe pas de secteur privé à proprement parler, car les quelques multinationales viennent avec leurs cadres et recrutent sur place la main-d'œuvre non qualifiée pour les « sales boulots ». Ces multinationales restent fidèles à l'esprit colonial d'exploitation. C'est aussi le résultat d'un manque de corrélation entre le système éducatif et les niveaux de performances économiques exigés sur le marché du travail contrairement aux pays anglophones. Ces derniers adaptent leurs formations aux besoins de leurs populations, comme par exemple l'Ouganda [86] . Cette ancienne colonie britannique a misé sur l'éducation de masse permettant d'améliorer la productivité agricole, ce qui a entraîné une hausse des salaires et une amélioration des niveaux de vie des producteurs. La formation de base qui est adaptée aux besoins des fermiers leur a permis de mieux utiliser les engrais, et par ricochet améliorer la productivité et se développer d'une manière durable.

Voici en résumé ce qui peut expliquer en partie le déphasage entre l'Afrique francophone et l'Afrique anglophone. Le système éducatif, bâti sur des fondements coloniaux en Afrique francophone, représente une des sources du retard de son développement économique. Pour remédier à toutes ces dégradations de l'école en Afrique, « l'éducation pour tous » demeure un slogan. Il ne s'agit pas de construire des bâtiments et de demander aux

---

[86] https://www.lafriquedesidees.org/systeme-educatif-africain-heritage-colonial/. « Le système éducatif africain : un héritage colonial ? », Debora Lesel, 13 septembre 2013 .

parents d'envoyer leurs enfants à l'école. Il faut remettre l'école en première ligne prioritaire, lui donner les moyens nécessaires pour un enseignement approprié et non au rabais. En maintenant le même système éducatif de l'oppresseur colonial et ses principes, l'Afrique francophone continue de fabriquer des administrateurs, des théoriciens et bureaucrates et néglige la formation professionnelle pourtant utile pour fournir des techniciens, des employés qualifiés dont les pays ont vivement besoin, mais aussi pour permettre une meilleure insertion sur le marché du travail à ceux qui n'ont pas eu la chance de poursuivre des études secondaires ou universitaires. C'est à partir de cet enseignement adapté aux besoins de l'Afrique et qui tiendrait compte de son patrimoine culturel et ses valeurs sociales qu'on va faire décoller l'économie du continent et faire stopper la politique économique de la colonisation qui asphyxie l'Afrique, en exploitant et en pillant l'Afrique de ses ressources.

2.6. Perspectives du système éducatif dans les pays francophones : de mal en pis

Malgré l'enregistrement de ces quelques progrès, les études menées par les bailleurs et les partenaires restent toujours alarmantes sur les abandons, les redoublements et les retards scolaires, qui alimentent les stéréotypes négatifs et les préjugés sur l'éducation et le développement en Afrique.

Jusqu'en 2015, selon un rapport de l'UNESCO[87], 50 millions d'enfants sur le continent ne seraient toujours pas scolarisés et des millions d'autres abandonneraient l'école avant de terminer leur cycle primaire. L'UNICEF, en collaboration avec la Commission de l'Union africaine, a

---

[87] http://carly1.over-blog.coml, « Les causes de l'échec scolaire en Afrique », Université de Laval, 12 mai 2011.

publié dans un rapport [88] que d'ici 2050, le continent compterа un million d'enfants et d'adolescents âgés de moins de 18 ans, soit près de 40 % du total mondial. On peut imaginer que l'éducation de la majorité de ces enfants est quasi incertaine et que les objectifs de l'éducation pour tous sont loin d'être atteints au risque de devenir un mythe. Vient ensuite le rapport de la Banque mondiale dans l'édition de 2018 sur le développement dans le monde qui décrit la situation de crise de l'apprentissage en Afrique ainsi : « Trente-sept millions d'enfants africains apprendront si peu à l'école qu'ils ne seront pas beaucoup plus avancés que ceux qui n'ont jamais été scolarisés. L'institution estime que, même si les pays poursuivaient leurs progrès au rythme le plus rapide enregistré au cours des dernières décennies, il serait impossible d'éliminer la pauvreté de l'apprentissage d'ici 2030. » [89] En 2023, l'UNESCO a publié une analyse sur l'accès des enfants à une éducation et un apprentissage de qualité, qui indique que « 58 % des adolescents du deuxième cycle du secondaire en Afrique subsaharienne ne sont pas scolarisés » [90]. Cela laisse penser que cette pauvreté deviendra de plus en plus endémique et que les pays concernés doivent redoubler d'efforts pour pouvoir l'éradiquer. Investir lourdement dans l'éducation afin d'améliorer les conditions d'apprentissage, ce qui sous-entend encore avoir de plus en plus besoin des moyens financiers dont ces pays ne disposent pas, mais qu'ils doivent faire appel à la Banque mondiale et au FMI pour un prêt supplémentaire.

[88] https://www.unicef.org, « Transformer l'éducation en Afrique : un aperçu basé sur des données probantes et des recommandations pour des améliorations à long terme ».
[89] *Ibid.*
[90] https://unesdoc.unesco.org/ark:/48223/pf0000384481. « L'éducation en Afrique, placer l'équité au cœur des politiques », rapport continental, 2023.

À travers ces résultats pas trop brillants et les pronostiques d'avenir, tenant compte du rôle majeur que joue la Banque mondiale en termes d'aide et de prêt, son influence depuis des décennies sur la politique éducative et les programmes de l'éducation en Afrique nous pousse à conclure que les actions et les orientations de la Banque mondiale demeurent inefficaces. Nos inquiétudes sur sa mission sont dès lors légitimes et nous amènent à nous demander s'il n'y a pas une volonté de nuire plutôt que de construire.

Dans un article intitulé « Repenser l'influence de la Banque mondiale sur les politiques d'éducation de base en Afrique de l'Ouest francophone »[91], nous avons pu relever à travers cette analyse quelques explications sur l'implication et la part de responsabilité de l'institution sur l'échec de l'éducation en Afrique subsaharienne francophone, sans oublier la part de responsabilités des dirigeants de ces États. Dans cette optique, on peut noter : (i) son intervention financière par les prêts et les dons accordés à ces pays estimés à environ 40 à 50 % destinés à l'éducation et qui représentent 25 % de l'ensemble des prêts ; (ii) de par cette intervention, la Banque mondiale participe ouvertement à l'élaboration des politiques éducatives nationales en imposant un certain nombre de conditions liées aux crédits ; (iii) toujours selon cette analyse, la Banque mondiale représente une force de décision dans le cadre des politiques éducatives en Afrique subsaharienne et réduit le rôle de l'État comme acteur décisionnel dans l'éducation. Vu qu'une grande partie de l'aide internationale dans ces pays provient de la Banque mondiale, cette dernière a beaucoup d'influence sur toutes les décisions, même sur celles qui peuvent coûter cher à ces pays.

---

[91] https://www.researchgate.net/publication/246546247, Thibaut Lauwerier & Abdeljalil Akkari, Université de Genève.

Cela va sans dire, la marge de manœuvre des pays pour influer sur les orientations reste très faible. Un autre élément important à saisir est la mise en avant du « tout-économique ». Ce qui est prioritaire pour l'institution, c'est le retour sur son investissement, ce qui explique le peu d'importance accordé au rôle pédagogique ou socioculturel de l'éducation. La stratégie de l'institution reste formellement dans l'optique néolibérale avec une logique purement économique, que l'on peut qualifier de « coloniser autrement », car la Banque mondiale prive ces pays de leur souveraineté. Si l'Afrique est devenue une priorité pour la Banque mondiale, ce n'est pas pour la charité, car l'institution est loin d'être une structure bienfaitrice et porteuse d'efficacité au débiteur.

Comme toute banque, la priorité repose sur les intérêts et la récupération de son argent. Les crédits octroyés par la Banque mondiale aux pays concernés ont pour but d'acheter les produits ou services des pays donateurs et de garantir leur accès à des sources de matières premières bon marché (dans notre cas ici, ce sont les manuels scolaires, par exemple). Selon l'ONG britannique Action Aid[92], la quasi-totalité de l'aide des bailleurs retourne dans les pays donateurs. Seul un tiers de l'aide octroyée par le G7 en 2003 était réel et le reste retourne d'une manière ou d'une autre au pays donateur. Dans la foulée de sa part de responsabilité sur l'échec de l'éducation, on a noté aussi qu'au sein de l'organisation, la construction des orientations éducatives est réalisée par des non-spécialistes de l'éducation, ce qui n'est pas sans conséquence sur le traitement d'ordre pédagogique.

D'emblée, les causes de l'échec de l'éducation souvent avancées en première ligne sont : la corruption, la défaillance des politiques publiques de ces États, l'absence

---

[92] https://cjf.qc.ca/revue-relations/publication/article/lafrique-prise-au-piege/, « L'Afrique prise au piège », Demba Moussa Dembele.

d'une vraie politique de l'éducation, la mauvaise gestion des indépendances, les conflits et les guerres, la démographie galopante, et autres raisons géopolitiques. On oublie d'imputer l'origine de ces maux et de cette résistance à l'inadéquation de l'école coloniale aux conditions propres à cette région et surtout le coup porté à l'éducation africaine et les valeurs africaines par l'enseignement colonial et sa politique d'assimilation. La métamorphose du système éducatif et organisationnel qui existait auparavant en Afrique a laissé des empreintes dont les conséquences sont ressenties jusqu'aujourd'hui dans l'enseignement et dans la vie en général. On ne peut pas écarter non plus les orientations inappropriées que la Banque mondiale impose aux politiques nationales de ces pays ainsi que son influence sur leur politique dans le secteur éducatif. Voilà comment cette institution de Bretton Woods a plombé en partie l'éducation dans cette partie de l'Afrique.

2.7. Penser l'éducation autrement et agir efficacement

Tout le monde s'accorde sur le fait qu'on ne peut pas construire l'Afrique en continuant de faire de l'éducation la dernière de ses priorités. Il est temps de comprendre que pour l'élan nouveau des pays africains il faut changer aussi les mentalités et les manières de penser et d'agir. Pour y parvenir, les Africains devraient accorder plus d'intérêt à l'éducation et à l'enseignement de qualité. Bien structurer les écoles et les universités pour créer les programmes d'éducation professionnelle pour former des agriculteurs, des marins pêcheurs, des artisans, des maçons, des carreleurs, des peintres, des médecins, des avocats, des philosophes, des penseurs, des cadres, des techniciens, des chercheurs. Il s'agit de former dans tous les secteurs confondus les activités utiles et nécessaires et surtout de former des patriotes.

En faisant de l'éducation le parent pauvre des priorités de leurs gouvernements, les dirigeants africains ne mesurent pas le danger qu'ils font courir à leurs populations, car les enfants de ces nantis sont scolarisés en Europe ou dans des établissements privés, mais surtout dans les écoles françaises mises en place à travers le continent. Ceux qui fréquentent ces établissements sont appelés à quitter le pays prématurément pour poursuivre leur scolarité et études à l'étranger avant même leur maturité (*raha wedja iva ankili*)[93]. Souvent, c'est après leur brevet d'étude du premier cycle (BEPC) avant d'obtenir leur baccalauréat pour les enfants des familles aisées d'Afrique qui font l'école française de la maternelle au collège. En partant, ils amènent très peu de culture africaine, d'expérience de la vie et de savoir-être africain. Ils vont alors décrocher de bons diplômes en Europe qui leur permettront d'être efficaces et employables dans les grandes sociétés étrangères.

Lorsqu'ils reviennent en Afrique après leurs études, ils sont des adultes étrangers chez eux, car formatés à l'occidentale. L'absence ou l'ignorance de la culture africaine dans leur mode de vie les empêche de saisir et d'être sensibles aux réalités africaines. L'imaginaire européen de l'Afrique que l'école française inculque à ces jeunes implicitement et subtilement est tellement ancré en eux qu'ils n'arrivent pas, dans certains cas, à prendre du recul. Il faut agir vite, car il y a péril en la demeure ! Commencer à inciter nos enfants à aimer et défendre les valeurs du continent, tout en étant sensibles à ses réalités pour pouvoir comprendre ses besoins réels. Les parents dont les enfants fréquentent les écoles à l'étranger doivent

[93] En comorien : « Avant d'acquérir une maturité intellectuelle ».

être sensibilisés pour apprendre à leurs enfants le patriotisme, la culture et le patrimoine africains.

S'agissant des établissements publics, leur enseignement ne fait pas mieux. Aucun programme sur l'histoire africaine n'y figure ou alors elle occupe la seconde zone derrière l'histoire de la France. L'histoire de l'Afrique reste malheureusement inconnue et ignorée par nos enfants, ce qui peut expliquer, pour certains, leur détachement par rapport aux problèmes de l'Afrique. Les écoles et les enseignants doivent prendre conscience de cela et le ministère de l'Éducation, en tant que premier responsable, revoir sa politique éducative. Il faut rehausser l'image de nos écoles et universités en enseignant prioritairement l'histoire de l'Afrique et en adaptant nos formations aux besoins du continent.

Pour les jeunes évoluant à l'étranger, des périodes d'immersion peuvent se faire en Afrique en permettant aux élèves et étudiants africains de partir partout en Afrique, se former, vivre des expériences, découvrir et voir ce qui se passe dans les autres pays du continent. Cette démarche peut aider la jeunesse africaine à comprendre que le bonheur peut se trouver aussi en Afrique et ils peuvent travailler, évoluer et faire fortune en Afrique. Voir aussi que l'Afrique peut être pour eux un eldorado. Oui c'est possible ! Les dirigeants africains doivent se mettre ensemble pour établir les préalables. Les institutions africaines et les dirigeants de ces pays doivent montrer leur raison d'exister. Par témoignage anecdotique, beaucoup des jeunes Comoriens qui ont fait leurs études dans un autre pays en Afrique restent attachés à leur pays d'accueil et gardent de très bons souvenirs. Certains finissent par y rester et construire leur vie et d'autres rêvent d'y retourner un jour.

2.8. La nouvelle école africaine et son apport

Avec l'école précoloniale, coloniale et postcoloniale, on a enregistré des imperfections, mais aussi des prouesses. Mais le retard pris sur l'éducation dans la région de l'Afrique subsaharienne est l'image qu'on projette en passant sous silence les efforts déployés par ces États et les progrès réalisés en termes d'investissements, de formation, de construction d'écoles et d'équipements de première nécessité pour ces établissements. On parle des taux plus élevés d'exclusion de l'éducation dans la région, mais pas vraiment des programmes d'enseignement, des innovations et loin de tout ça l'incompatibilité du système éducatif hérité du modèle colonial. Or, d'autres études montrent qu'il faut dépasser les idées reçues sur l'éducation en Afrique subsaharienne comme « l'éducation qui ne progresse pas, les conditions d'études dégradantes, la qualité des apprentissages qui s'effondre, l'éducation qui n'est pas un investissement rentable »[94] et montrent que contrairement à ce qu'on véhicule sur l'éducation en Afrique subsaharienne, c'est dans cette région qu'on enregistre dans le secteur éducatif les rendements les plus importants au monde en termes de scolarisation pour les filles et les garçons et pour les cycles primaires, secondaires et supérieurs. Toujours d'après le document de Rohen d'Aiglepierre et Valérie Tehio, et sur la base des données de l'ISU (Institut de Statistique de l'Université) de 1999 à 2015 sur l'éducation en Afrique, on enregistre des améliorations sur des points cités en haut. On note par exemple des capacités d'accueil qui ont presque doublé dans le primaire, qui ont été multipliées

---

94 https://www.lepoint.fr/afrique/education-afrique-subsaharienne-sortir-des-idees-recues-29-01-2018-2190565_3826.php, « Éducation-Afrique subsaharienne : sortir des idées reçues », Rohen d'Aiglepierre, et Valérie Tehio pour theoconversation.com.

par 2,5 pour l'accès au 1er cycle du secondaire et triplé pour le 2e cycle du secondaire avec une progression rapide de la durée moyenne de scolarisation qui passe de 6,5 années en 1999 à 8,8 années en 2015. Cette croissance peut aussi s'expliquer par l'engouement des familles pauvres à scolariser leurs enfants dans l'espoir d'acquérir une vie meilleure après avoir fait des études. L'école symbolise la réussite pour certaines catégories. Ils ont compris la rentabilité de l'investissement dans l'éducation, surtout que le diplôme d'un individu profite à toute sa famille.

Il faut retenir qu'actuellement, l'investissement prioritaire des familles africaines reste l'éducation de leurs enfants. Même les parents à faibles revenus font des sacrifices des fois au-delà de leurs moyens pour payer la scolarité de leurs enfants, parce qu'ils jugent qu'investir pour l'éducation c'est important pour eux et pour leurs enfants et que les retours sur investissement sont positifs et appréciables en termes de revenus, de compétences et de débouchés ainsi qu'en termes de prestige.

S'agissant de la qualité de l'éducation en Afrique Francophone, le PASEC (Programme d'analyse des systèmes éducatifs de la Confemen) [95] a mené une évaluation en 2014 sur un échantillon de 40 000 élèves de deuxième et cinquième année dans 1800 écoles sur dix pays. L'enquête réalisée sous forme de tests révèle que la plupart des enfants qui ont passé le test n'ont pas les compétences de base, en lecture, écriture et calcul. La mise en exergue de ces énormes lacunes dans les systèmes éducatifs en Afrique francophone nous amène à réfléchir au modèle d'école à développer pour l'Afrique. Ici à

---

[95] https://pasec.confemen.org/wp-content/uploads/sites/2/2022/08/Resume_Pasec2014_FR_BD1.pdf, « Performances des systèmes éducatifs en Afrique subsaharienne francophone, compétences et facteurs de réussite au primaire ».

travers les évaluations sur l'éducation, ces institutions restent accrochées à l'éducation qui se limite à « savoir compter, lire et écrire ». Ce champ doit être élargi avec la nouvelle école africaine. Quand je parle d'une école africaine ou d'un modèle d'enseignement approprié, cela ne veut pas dire que l'Afrique doit se replier sur elle-même ou se couper du monde, mais penser à un modèle qui tiendra compte des réalités africaines que les enfants africains se sentiraient dans leur élément, qu'on va apprendre aux enfants leur histoire locale, leur environnement, leurs valeurs culturelles, leurs langues maternelles, leur apprendre à mieux se connaître. Pour qu'un tel projet soit réalisable, il va falloir commencer par former les enseignants, leur donner les outils et les moyens nécessaires pour pouvoir mener à bien leur mission.

Il s'agit donc d'un modèle originel moderne, inspiré du modèle originel traditionnel, adapté au mode de vie de la population locale. Un modèle adapté à la réalité du moment qui peut éduquer et en même temps préparer les jeunes en cas de décrochage ou d'accident de parcours de pouvoir s'insérer professionnellement. Cependant, il ne faut pas confondre originel et archaïque ou moderne et francisé.

On parle d'un système originel moderne, car cette nouvelle conception, tout en gardant les fondamentaux des valeurs africaines, sera adaptée aux valeurs modernes de progrès, et sera ainsi capable de transmettre ces valeurs aux enfants d'une manière raisonnée pas forcément sous un arbre à palabre. La transmission peut se faire en salle de classe, ou dans un atelier sous forme de conférence, de séminaire ou de téléconférence ou tout simplement intégrée dans les curricula scolaires. Avec l'outil informatique et les réseaux sociaux, l'organisation des masters classes sur ces sujets est envisageable. Nous voyons aujourd'hui avec l'arrivée des nouvelles technologies comment la jeunesse africaine s'approprie l'outil informatique avec ses défauts et ses qualités. Malgré la cherté et l'inaccessibilité, il y a toujours l'envie de découvrir, la volonté d'apprendre, d'aller vers l'autre et de s'ouvrir au monde au-delà de ses frontières. Par exemple, depuis l'annonce par le président Macron de la restitution des biens culturels à la République du Bénin et à la République du Sénégal, on a enregistré « une montée en flèche exponentielle des visiteurs de musées en Afrique et une soif de se reconnecter avec leur patrimoine »[96]. Cette prise de conscience et cet engouement se font aussi via les réseaux sociaux. Ces derniers ont permis la vulgarisation, une opportunité pour la nouvelle génération de découvrir ce patrimoine et de s'en inspirer.

Toutefois, dans une époque où le monde en général et les sociétés africaines en particulier sont en pleine mutation, le moment est propice de jeter un regard objectif sur ces cas d'écoles, pour voir ce qu'il faut prendre et ce qu'il faut abandonner en matière de contenu pour construire une nouvelle voie et une éducation propre susceptible d'amorcer le développement durable en Afrique. Reconnue pour sa richesse en enseignements par plusieurs institutions, l'école originelle doit, pour être efficace, dépasser sa sphère artisanale et ses méthodes empiriques. Elle doit être testée dans des cas pratiques sous forme de projets pilotes pour un temps bien défini desquels des leçons apprises seront tirées. Cette démarche audacieuse permettra à l'Afrique de passer du mythe à la réalité de l'école originelle.

Il est temps pour les institutions « porte-drapeau » de la lutte contre la pauvreté, contre les inégalités et les discriminations, de prioriser la restructuration et l'organisation de cette nouvelle voie de l'école vu son

---

[96] https://www.ledevoir.com/culture/542202/restitution-d-oeuvres-a-l-afrique-les-musees-ne-doivent-pas-etre-otages

caractère polyvalent, sa vocation solidaire et humaine. Cette école traditionnelle qui mise en général sur la cohésion sociale, le développement des aptitudes, la transmission des connaissances pratiques et des connaissances théoriques, en faisant constamment appel au travail manuel comme au travail intellectuel. Sa restructuration nécessite un appui institutionnel et financier des principaux acteurs de l'éducation pour lui permettre de jouer un grand rôle pour le développement de l'employabilité et l'insertion socioprofessionnelle. Ceci concerne surtout les jeunes vendeurs à la sauvette qu'on rencontre dans les rues de toutes les capitales africaines dont la majorité a quitté l'école sans qualification ni apprentissage d'un métier. Pour ces cas, les partenaires internationaux, bailleurs et les acteurs nationaux doivent être pragmatiques, en alliant apprentissages théoriques et éducations pratiques. Avec cette nouvelle stratégie, l'Éducation pourrait contribuer à corriger les erreurs commises par l'école coloniale puis par les partenaires et bailleurs de fonds qui voulaient améliorer les conditions socio-économiques des Africains sans se préoccuper de leur avis ni tenir compte des réalités socioculturelles des pays colonisés.

D'après les évaluations de l'éducation en Afrique francophone, nous avons constaté que les défis de **la nouvelle école africaine à relever** sont énormes. Des améliorations en matière d'orientation s'avèrent nécessaires. On a relevé les causes principales du chômage en Afrique francophone qui s'expliquent surtout par le manque de qualification ou par des diplômes inadaptés, ou par les formations qui n'ont pas de débouchés. Sarah Agnang Agbor, commissaire de l'Union africaine (UA), chargée des ressources humaines, de la science et de la technologie le confirme en ces termes : « La cause profonde du problème est une inadéquation entre l'éducation qu'ils reçoivent et les besoins du marché de l'emploi. »[97]

Selon les études réalisées sur le sujet, il ressort qu'une grande majorité des étudiants de la région d'Afrique subsaharienne francophone sont diplômés en sciences sociales, en droit, en commerce. Les secteurs qui recrutent comme l'ingénierie et la transformation ne les attirent pas. Or, ce n'est pas par désintérêt que les Africains n'investissent pas sur les secteurs rentables comme l'ingénierie, ces choix sont a priori faits en fonction des moyens, de la position sociale des candidats et de la facilité d'accéder à ces écoles spécialisées qui sont pour la plupart onéreuses dans les pays où les bourses d'études manquent cruellement. Les raisons économiques s'avèrent être un facteur qui influence beaucoup les décisions des familles modestes qui n'ont pas souvent le choix que d'écourter la scolarité de leurs enfants. La nouvelle école africaine aura comme principal défi à relever la réduction des inégalités dans le système éducatif en instaurant un système juste et équitable permettant aux laissés-pour-compte d'avoir droit aux formations susceptibles de répondre à leurs besoins, à mieux les positionner sur le marché de l'emploi, et leur permettre ainsi de construire des projets de vie.

À travers ces cas d'écoles que nous venons d'analyser, nous constatons que l'éducation traditionnelle africaine répondait aux conditions socioéconomiques et culturelles des sociétés. Son enseignement reste d'actualité et représente une piste de sortie de crise de l'éducation en Afrique. Il est temps de lui accorder une place importante.

---

[97] https://www.un.org/africarenewal/fr/magazine/avril-2019-juillet-2019/pr%C3%A9parer-les-dipl%C3%B4m%C3%A9s-africains-aux-emplois-d%E2%80%99aujourd%E2%80%99hui, « Préparer les diplômés africains aux emplois d'aujourd'hui », *Afrique Renouveau*, avril 2019-juillet 2019, Raphael Obonyo.

Pour rendre l'enseignement pertinent, il faut l'adapter à la population concernée et surtout le mettre en phase avec sa culture. Ceci ne signifie pas abandonner le système d'enseignement colonial ni vivre en autarcie, mais tenir compte du rôle important que l'enseignement de l'école traditionnelle peut jouer pour réduire les échecs qui se répercutent sur l'économie, la culture, la politique et le social.

Transmettre un savoir ou enseigner une compétence peut aussi se faire facilement en langue locale, d'où la nécessité de sauvegarder les langues locales et les enseigner officiellement dans les écoles pour donner une opportunité à ceux qui n'ont pas eu la chance de faire l'école occidentale d'acquérir des connaissances et compétences qui leur permettront d'être intégrés socialement et économiquement. Pour illustration, dans les zones rurales par exemple, quand on veut mener une campagne de sensibilisation sur la natalité, les agents de la santé le font en langue locale, quand on fait campagne pour les élections pour convaincre la population, les orateurs s'expriment en langue locale. Cette procédure est valable pour la politique et peut l'être pour l'enseignement, l'économie et tout ce qu'on voudra faire véhiculer comme message peut se faire par les langues locales. Le rapport élaboré par l'UNESCO en collaboration avec l'Union africaine en février 2023 reconnaît que le fait que les enfants subsahariens ne reçoivent toujours pas d'enseignement dans une langue qu'ils parlent à la maison, cela entrave considérablement les résultats d'apprentissage[98]. D'où la nécessité d'adopter

[98] https://www.unesco.org/fr/articles/faq-comment-les-pays-africains-ameliorent-ils-la-qualite-de-leur-education#:~:text=Bien%20que%20ce%20taux%20soit,consid%C3%A9rablement%20les%20r%C3%A9sultats%20d'apprentissage.

un autre paradigme d'enseignement et d'apprentissage aux systèmes éducatifs africains.

Aujourd'hui, l'Afrique adopte une « stratégie continentale décennale de l'éducation 2016-2025 » [99] (CESA 16-25) avec comme ambition de réconcilier le continent avec ses systèmes d'éducation et de formation qui souffrent toujours du lourd fardeau de l'héritage colonial. Cette stratégie est impulsée par la volonté de créer un « système d'éducation et de formation de qualité dont l'objectif est d'offrir au continent africain des ressources humaines performantes adaptées aux valeurs communes africaines et donc aptes à la réalisation de la vision et des ambitions de l'Union africaine ». Une stratégie basée sur l'interconnexion entre éducation-culture et développement. Ce qui signifie que la culture est un facteur d'une importance capitale en tant que moteur du développement durable. D'où la raison pour laquelle l'UNESCO accorde une grande considération sur la diversité culturelle dans sa déclaration universelle[100].

« FAQ : comment les pays africains améliorent-ils la qualité de leur éducation ? », mis à jour 17 février 2023.

[99] https://www.adeanet.org/fr/system/files/resources/cesa_16-25_french_v8_.pdf

[100] https://www.unesco.org/fr/legal-affairs/unesco-universal-declaration-cultural-diversity, « Déclaration universelle de l'UNESCO sur la diversité culturelle », 2 novembre 2001, Paris.

CHAPITRE 3

IMPACT DE LA CULTURE AFRICAINE FACE AUX GRANDES MUTATIONS

ASSIMILATION-ACCULTURATION-REVALORISATION DE LA CULTURE AFRICAINE

En conséquence de l'uniformisation et de l'oblitération culturelle soutenues par la mondialisation, des risques de disparition d'une partie de la culture africaine ont été soulignés par certains chercheurs : « Plus de 200 langues comptent déjà moins de 500 locuteurs. Au cours du présent siècle, 50 % à 90 % des langues parlées actuellement (3000 à 4000 langues) devraient disparaître. »[101]

Il n'y a pas que les seuls biens culturels tangibles qui ont disparu. En plus des lieux de cultes, des documents d'archives, des œuvres d'art, il y a le savoir-faire, les produits de l'artisanat et le savoir-être qui sont en train de disparaître ou qui ont totalement disparu. Or, selon les références précitées, « la santé de l'humanité passe par le maintien d'une riche et prospère diversité de cultures », d'où l'ultime volonté de préserver nos cultures et nos patrimoines afin d'en faire bénéficier à l'ensemble de

---

[101] https://www.erudit.org/fr/revues/ps/2007-v26-n1-ps1859/016443ar/, « Diversité culturelle et mondialisation », Danic Parenteau, revue *Politique et Sociétés*, volume 26, numéro 1, 2007, p. 133-145.

l'humanité. C'est un devoir pour toutes les cultures et pour tous les peuples, car il est connu qu'« il n'y a pas de culture sans peuple, ni de peuple sans culture »[102].

Avec l'éclatement de multiples crises mondiales et la recrudescence de l'ordre international, le concept de diversité culturelle est représenté comme une richesse pour l'humanité, ce qui renvoie à l'image de la standardisation culturelle comme étant un appauvrissement de l'humanité. Face à cette reconnaissance de l'existence des cultures nationales, du mode de vie, d'inventions et de transformations sociétales, il convient d'accepter que toutes les cultures aient le droit d'être sauvegardées. La culture africaine quasiment contestée et condamnée à la clandestinité mérite d'être protégée et défendue dans sa globalité après avoir subi une destruction systématique durant la période coloniale.

3.1. Le concept originel de la culture africaine et son impact

Il est à retenir que c'est dans le secteur de la culture où le colonialisme et le néocolonialisme ont bien laissé des séquelles. L'acculturation qui s'est faite par la force perdure jusqu'aujourd'hui par l'appétence de l'argent et par le pouvoir de l'image véhiculé par les médias publics et privés, puis aujourd'hui par les réseaux sociaux. Les dommages faits aux cultures africaines par l'Occident restent inestimables. Tenter de procéder à un dénombrement de ces dégâts, c'est partir sur une

[102] https://www.unige.ch/campus/numeros/117/invite/, Vincent Monnet, « Le magazine scientifique de l'Université de Genève », *CAMPUS* n° 117.

spéculation. D'après Georges Ngango[103], « le qualitatif prime sur le quantitatif et où la comptabilisation en termes d'inventaire quantitatif s'avère aléatoire, voire impossible et fausse ». Ce qui sous-entend qu'une réparation pécuniaire des préjudices moraux subis par les peuples colonisés ne peut pas se faire d'une manière juste et équitable, car ils sont incalculables. Mais cela n'écarte pas la légitimité de la demande de réparation des dommages à partir du moment où ces dégâts ont causé des préjudices moraux et matériels, et que les conséquences sont et restent traumatiques encore au bout de deux cents ans d'exploitation.

Malgré l'usure progressive et la mise en ghetto de leur histoire par la colonisation, les peuples colonisés n'ont jamais renoncé à leur identité profonde ni confessé à l'infériorité supposée de leurs cultures. Le manifeste culturel panafricain élucide cet attachement des Africains à leur culture en prouvant que : « La culture, dans son sens le plus large et le plus total, permet aux personnes d'ordonner leur vie. Elle n'est non pas reçue, mais édifiée par le peuple. Elle est vision de l'homme et du monde, et par là, elle est système de pensées, philosophies, sciences, croyances, arts et langues. Elle est également action de l'individu sur lui-même et sur le monde pour le transformer, et par là, elle englobe les aspects social, politique, économique et technique. La culture est essentiellement dynamique, c'est-à-dire à la fois enracinée dans le peuple et tournée vers l'avenir. »[104] Cette

---

[103] https://www.jstor.org/stable/24348307, *Colonialisme culturel en Afrique*, Georges Ngango, Présence africaine, nouvelle serie n° 47 (3e trimestre 1963), p. 199-205.

[104] https://ocpa.irmo.hr/resources/docs/Pan_African_Cultural_Manifesto-fr.pdf, adopté par le symposium du premier festival culturel panafricain organisé en 1969 à Alger sous l'égide de l'Organisation de l'Union africaine (OUA).

caractérisation de la culture nous amène à nous poser la question de ce qui reste à une population lorsqu'on lui ôte tous ces sens de la vie. On lui enlève son histoire, sa culture, son identité, sa dignité, son existence humaine et le sens même de jouir de la vie. Pour Anthony Biakolo, « un peuple sans culture est un peuple sans âme »[105]. René Depestre va jusqu'à qualifier l'homme noir colonisé et privé de sa culture de « zombi »[106], c'est-à-dire : « le mort-vivant, l'homme à qui on a volé son esprit et sa raison en lui laissant sa seule force de travail. L'histoire de la colonisation est celle d'un processus de zombification généralisée de l'homme. »[107] On peut imaginer le traumatisme et la souffrance endurés par les peuples qui ont vu la destruction délibérée de leurs patrimoines et la mise à sac des œuvres d'art, des symboles, comme le cas des objets pillés au Bénin et au Sénégal pendant la période coloniale et dont la restitution fait polémique actuellement. Selon l'anthropologue et médecin légiste Philippe Charlier, cette population victime d'un processus similaire à la zombification a le même sort que le zombie, lorsqu'il parvient à s'échapper et à redevenir comme avant[108]. Comme les zombis, la population privée de sa culture revient comme avant, donc libérée ou indépendante, mais diminuée, avec des séquelles, des dégâts neuropsychiatriques, des troubles psychologiques.

---

[105] https://www.facebook.com/100063605896080/videos/un-peuple-sans-culture-est-un-peuple-sans-%C3%A2me-anthony-biakolo/377730871103596/

[106] https://www.lehman.cuny.edu/deanhum/langlit/french/souffles/S1617/26i_16.HTM, « Les fondements socioculturels de notre identité », René Depestre (Haïti), p. 26-31.

[107] *Ibid.*

[108] https://www.lepoint.fr/pop-culture/philippe-charlier-oui-les-zombis-existent-vraiment-15-05-2019-2312780_2920.php, « Oui les zombis existent vraiment », propos recueillis par Victoria Gairin.

De surcroît, il est aujourd'hui prouvé que dans des contextes de post-conflit et de post-catastrophe et rétrospectivement de post-colonialisme, la culture et la créativité peuvent aider les individus et les communautés victimes à guérir des traumatismes. En guise d'illustration, « la reconstruction communautaire des célèbres mausolées en terre de Tombouctou, détruits par des extrémistes en 2021 au Mali, a contribué à promouvoir la réconciliation et la résilience. Les arts du spectacle ont été exploités pour favoriser la guérison et la résilience des personnes déplacées à Port-au-Prince après le tremblement de terre de 2010 en Haïti, ainsi que l'appel au chant et à la danse dans le cadre de l'engagement communautaire des réfugiés congolais. En 2019, l'Organisation mondiale de la santé (OMS) a publié une étude qui explique le lien entre les arts et la santé[109]. Elle montre que les arts ont un impact sur l'amélioration de la santé et du bien-être, qu'il s'agisse de soutenir le développement de l'enfant, de promouvoir des comportements sains, de prévenir et de gérer les maladies mentales ou de soutenir des soins renforcés et de fin de vie. »[110] Dans ce domaine des arts dont les activités peuvent servir de complément aux protocoles thérapeutiques et qui peuvent être aussi plus rentables que des traitements conventionnels, figurent les visites des musées dont on connaît l'impact des objets d'arts africains dans certains établissements à l'instar du musée du quai Branly et la conférence-débat de ce musée sur les métissages culturels au sein de l'hôpital Salpêtrière (service oncologie), à laquelle j'ai eu la chance de participer en novembre 2023, et viennent étayer notre analyse de la culture comme thérapie et comme quoi les

---

[109] https://www.santemagazine.fr/actualites/actualites-sante/pour-la-premiere-fois-loms-etudie-le-lien-entre-les-arts-et-la-sante-428317

[110] https://www.unesco.org/fr/articles/lhorizon-la-culture-le-socle-du-developpement-durable

personnes privées de leur culture peuvent être déséquilibrées et souffrir profondément de beaucoup de maux. Nous verrons dans les chapitres à venir la polémique sur la confiscation de ces objets dans les musées occidentaux.

Ces révélations viennent justifier l'importance des masques, statuettes et autres symboles africains pillés ou détruits par les puissances coloniales et l'impact sur la vie des Africains dépossédés. Ils ne représentent pas chez les Africains de simples objets de décoration, car la valeur de ces objets dépasse l'esthétique. Dans leur concept originel, ils avaient une vocation religieuse, politique et une fonction utilitaire dans la vie quotidienne. Ils servaient de guérison, de protection, de boussole, de contrôle de la nature et contribuaient au bien-être de ces détenteurs. N'est-ce pas ce qu'on essaie de montrer aujourd'hui, dans la thérapie par l'art qui vise à traiter la santé mentale et d'autres pathologies par ces objets ? Ces objets d'art qui constituent des symboles ont presque les mêmes fonctions que ce qu'on appelle aujourd'hui la thérapie par l'art, mais exprimées différemment. Ces objets rendaient heureux, ils aidaient leurs détenteurs à mieux se protéger contre le mauvais sort, à mieux se connecter avec leur environnement, à mieux se comprendre et à se projeter dans l'avenir. C'était aussi une sorte de « thérapie institutionnelle » des sociétés africaines, car ils servaient à l'organisation politique, économique et sociale.

Nous avons vu sur la portée de l'éducation coloniale en Afrique francophone, comment la mission civilisatrice des Occidentaux à travers son école coloniale comme instrument d'oppression a annihilé la culture africaine. Cette privation n'est pas sans conséquences sur ce qui va se passer par la suite sur le devenir de ces anciens pays colonisés : déstabilisation, conflits multiples, fragilité économique et politique, immigration, fuite des cerveaux, etc. Aujourd'hui, dans un monde en pleine conversion, étant donné tout ce qui précède, chaque nation a besoin de sa culture, de son histoire et de son passé pour construire un avenir meilleur. À ce point, l'Afrique tient à vivifier sa culture. Grâce aux auteurs africains comme Ki Zerbo, Cheick Anta Diop, Jacques Som, Fatou Diome et autres, la culture africaine est mise en évidence, gagne de l'espace là où elle était souvent repoussée et considérée sans importance.

Le monde déshumanisé par le système mondial basé sur le tout-économique et la suprématie de l'argent est à la recherche de la façon authentique de vivre et d'agir prônée par la culture africaine. Cette dernière, après avoir été privée de droit de cité, revient au galop dans l'optique de contribuer à la reconstruction du nouvel ordre mondial à travers sa philosophie (par l'importance qu'on accorde à la culture). La contribution de la culture africaine dans ce combat peut aussi s'expliquer par la citation de Jean Vilar[111] : « La culture ce n'est pas ce qui reste quand on a tout oublié, mais au contraire, ce qui reste à connaître quand on ne vous a rien enseigné. » Si l'empire colonial n'a pas laissé la culture africaine émerger dans le temps, autrement dit s'il l'a combattue tout au long de l'époque coloniale, c'est parce qu'il reconnaissait sa force et son pouvoir. Il s'agissait d'une question de rapport de force et de rivalité de pouvoir. Ce qui n'est plus le cas aujourd'hui avec la reconnaissance de la culture africaine et ses enjeux. Le paradigme de développement à l'occidentale en faillite, après avoir essuyé une forte résistance dans certains pays africains due aux facteurs socioculturels et religieux, vient à l'aube du troisième millénaire reconnaître la culture africaine comme éventuelle voie de sortie du marasme. La jeunesse africaine avertie est aussi convaincue que l'Afrique et sa culture ne sont pas

---

[111] Jean Vilar, acteur et metteur en scène français (Le Figaro.fr).

dichotomiques et il ne peut pas y avoir un développement sans identité et sans culture propre.

Ce faisant, les dirigeants africains ne doivent pas refaire l'erreur de sauter cette étape de conscience nationale dont la culture en est la manifestation. Ils doivent en conséquence accorder une priorité à la connaissance et à la promotion de la culture africaine sans tomber sur un repli identitaire. Les pays africains peuvent à leur tour donner de la vitalité à leur culture à travers leurs écoles et universités afin d'éviter les dangers de l'uniformisation culturelle qui n'est autre qu'un modèle à l'identique du système colonial et de la mondialisation économique.

Des programmes bien définis et des cursus de formation pour la culture africaine doivent être introduits dans la politique de l'éducation nationale. Ces programmes doivent surtout être des actions purement souveraines afin d'éviter les embûches similaires aux Programmes d'Ajustement structurel. Ne pas passer d'un PAS à un PAC (Programme d'Ajustement culturel) avec des conditionnalités et conséquences susceptibles d'être autant destructrices aux niveaux culturel et communautaire.

Il est connu que les modifications fondamentales des cultures que les sociétés du Sud sont en train de vivre sont très liées à la mise en place des PAS[112]. Ces cultures mises sous pression par le système néolibéral sont acculées à se conformer aux dogmes des pays occidentaux et aux règles de la mondialisation où la compétition, l'enrichissement et la promotion individuelle représentent les seules valeurs sociales. Ce paradigme basé sur l'individualité a beaucoup contribué à la mise en péril de la cohésion sociale des pays

---

[112] https://www.cairn.info/revue-sante-publique-2003-4-page-503.htm, « Ajustement structurel, ajustement culturel ? », Bruno Dujardin, M. Dujardin, I. Hermans. *Santé Publique* 2003/4 (vol. 15), pages 503 à 513.

africains bénéficiaires de ces programmes selon les témoignages de plusieurs études, des ONG et de la société civile, recueillis lors du sommet mondial sur le développement social à Copenhague en mars 1995[113].

Par ailleurs, il en ressort que par le processus de la colonisation, les Européens, surtout la France, ont tenté par tous les moyens d'assimiler les Africains en leur imposant leur culture. Les pays colonisateurs ont construit des écoles où ils enseignaient aux jeunes Africains leurs langues, leurs religions, leurs lois et leurs histoires. Leur éducation leur avait servi à mener leur mission civilisatrice dont l'impact était de réduire les Africains à des peuples sans histoire, sans art, et sans civilisation à des « morts vivants ». Cette imposition de la culture occidentale comme étant importante et supérieure à la culture africaine était un des arguments majeurs pour maintenir leur hégémonie. Dans cet esprit, l'Afrique, qui a vu sa culture dévastée par la colonisation, se trouvait dépouillée de son patrimoine, son histoire et de sa civilisation. Les Africains victimes de ce déracinement, en voyant leur culture et leur identité reléguées au second plan par les pays colonisateurs, et subissant des valeurs étrangères imposées, étaient en perte de repères. Ils n'arrivaient pas à s'épanouir et à se projeter dans l'avenir. Cette aliénation a créé un traumatisme et des blocages dont l'impact peut se percevoir tout au long de l'époque coloniale et postcoloniale. Aujourd'hui, pour permettre à l'Afrique de repenser son développement et envisager une marche vers le progrès, le retour aux sources de ses valeurs s'avère impérieux. La jeunesse africaine légitime cette idéologie axée sur la valorisation du passé et la reconquête sans tabou de son identité africaine.

Le manifeste culturel panafricain définissant les réalités de la culture africaine précise que : « Ce retour n'est pas

---

[113] *Ibid.*

voulu pour s'y enfermer, mais plutôt pour opérer un inventaire critique, afin d'éliminer les éléments devenus caducs et inhibiteurs, les éléments étrangers aberrants et aliénateurs introduits par le colonialisme et retenir de cet inventaire les éléments encore valables, les actualiser et les faire déboucher sur le moderne et l'universel, sans pour autant tomber dans l'acculturation. »[114] Toujours d'après le manifeste culturel panafricain : « La conservation de la culture a sauvé les peuples africains des tentatives de faire d'eux des peuples sans âme et sans histoire. La culture les préserva. Il est bien évident qu'ils veulent désormais qu'elle leur serve à prendre le chemin du progrès et du développement, car la culture, cette création permanente et continue, si elle définit les personnalités, si elle relie les hommes entre eux, impulse aussi le progrès. »[115] Voilà pourquoi l'Afrique accorde tant d'engouement et de crédit au recouvrement de son patrimoine culturel, son histoire et sa culture pour construire son avenir dans l'époque actuelle minée par plusieurs crises et de grands changements.

« L'écroulement des empires coloniaux et les contradictions inhérentes au système colonialiste entretiennent et renforcent la combativité, promeuvent et donnent force à la conscience nationale. Ces tensions nouvelles, présentes à tous les étages de la réalité coloniale, se répercutent sur le plan culturel. »[116] De cette souveraineté culturelle, la jeunesse africaine ne cherche surtout pas à charmer ni à dénoncer l'oppresseur, mais à s'adresser à son peuple pour

---

[114] https://ocpa.irmo.hr/resources/docs/Pan_African_Cultural_Manifesto-fr.pdf, adopté par le symposium du premier festival culturel panafricain organisé en 1969 à Alger sous l'égide de l'Organisation de l'Union africaine (OUA).

[115] *Ibid.*

[116] Frantz Fanon, *Les damnés de la terre*, éditions La Découverte poche, p. 227, Paris, 2002.

le conscientiser de l'importance de sa culture pour échapper à l'esprit colonial qui demeure endémique et représente un danger perpétuel qui fragilise les sociétés africaines.

3.2. L'ÉVEIL DE LA CULTURE ET SON INTÉRÊT

Dans la conjoncture actuelle, les enjeux de la culture africaine se trouvent au cœur de plusieurs discussions. Le 5 mai de chaque année, on célèbre le patrimoine mondial africain. Une date établie par la conférence générale de l'UNESCO en 2015 pour sensibiliser le grand public à la valeur et au potentiel immenses du patrimoine africain. En 2021, le thème retenu de la journée était « La place de la culture, de l'art et du patrimoine dans le développement du continent africain ». Toutefois, il faut reconnaître qu'il y a un grand fossé entre les discours et la réalité sur le terrain. La reconnaissance de la culture comme étant une ressource économique ne doit pas rester un slogan et un discours fantaisiste lors des conférences des institutions internationales. Elle doit ainsi se traduire par l'investissement de plus en plus pour la sauvegarde et pour la protection des richesses en danger, la construction des infrastructures comme les musées, les salles de spectacles, etc., la mise en place d'un cadre juridique juste et équitable, la restitution des objets de valeurs culturels spoliés, l'identification et protection des sites et patrimoines en péril, la formation des experts et le personnel nécessaire pour assurer la conservation et la préservation du patrimoine culturel ainsi que les autres métiers y afférents.

Nous avons vu que la France et l'Occident en général ont fait de leur culture leur force motrice pour conquérir l'Afrique. Ils ont réussi par leur école et leur stratégie à imposer leur culture et à affaiblir la culture africaine et ses valeurs. Ils ont réussi à faire surgir de nouveaux types de relations sociales et de nouveaux types de dirigeants. Sur ces entrefaites, l'Afrique, pour sauvegarder sa culture, peut emprunter la même méthode à l'intérieur du continent et faire rayonner le savoir-faire africain et la culture au-delà de ses frontières.

Par ailleurs, depuis la colonisation, la culture africaine a manifesté une résistance opiniâtre au modèle occidental, mais les décideurs ont fait fi de la réalité. Les dirigeants africains qui se sont laissé dominer par la culture coloniale n'ont pas donné d'importance à la culture locale. Ce qui a fortement contribué à l'effacement et à la perte de certaines valeurs. De nos jours, avec le nouveau monde qui se dessine, la culture africaine représente un domaine à explorer. L'« émergence » de cette culture peut provoquer un engouement des Africains et des non Africains à l'exploration de cette nouvelle richesse africaine. Et cela ne peut pas se faire sans violence, car il y aura de multiples intérêts en jeu. Pour mieux affronter ce nouveau courant, les dirigeants africains doivent faire de la culture une priorité dans les programmes de l'éducation. Des cours d'éveil à la découverte de l'art et de la culture africaine peuvent être instaurés dans les écoles afin de transmettre, dès le plus jeune âge, la valeur et l'importance de la culture et de l'art africains. Avec la pauvreté et l'ignorance, beaucoup de pièces archéologiques et culturelles sont volées et vendues à des antiquaires locaux pour une bouchée de pain, et ces derniers les revendent ensuite à des collectionneurs étrangers. Il est impératif d'éduquer et sensibiliser les populations locales sur la richesse que représentent ces objets, leur valeur culturelle et patrimoniale. Conscientiser la population sur le fait que ce ne sont pas de simples objets, mais qu'il s'agit de leur identité et de leur dignité.

L'occidentalisation de la société africaine se répand même sur les zones rurales via les réseaux sociaux avec les séries télévisées et les films en plus de son système d'enseignement scolaire. Par ces mêmes canaux d'information, les programmes valorisant la culture africaine sont soit inexistants, soit de moindre importance. Cela n'est pas anodin. Cette démarche d'effacement et de destruction de la culture africaine par le modèle occidental a su mettre à mal cette force de résistance à la domination coloniale. L'Africain parfois complètement aliéné refuse de voir l'image positive de la culture africaine. Celle-ci devient pour lui une prison et la source de ses maux dont il faut à tout prix se débarrasser. Pire encore, les institutions et les dirigeants africains n'arrivent pas à instaurer une stratégie de valorisation des cultures locales. Au niveau des écoles et universités africaines, l'enseignement ne fait pas l'effort de réconcilier son public avec sa propre culture, mais paradoxalement, on continue à perpétuer la culture européenne et à la glorifier au détriment de la culture africaine.

Malgré l'adoption de cette culture occidentale ainsi que la reconnaissance de quelques points positifs comme cette langue qui nous permet de communiquer, elle ne représente plus la solution aux problèmes de développement en Afrique. « Pour les sociétés africaines, se développer c'est d'abord s'assumer avec ses propres valeurs culturelles qui ne correspondent pas à celles du monde occidental »[117]. À l'époque actuelle, l'argent ne peut pas tout faire, car les crises ne sont pas exclusivement financières, mais elles sont multiformes, morales, identitaires et socioculturelles. C'est pour cette raison que l'apport de la culture locale pour le développement doit

[117] https://books.openedition.org/iheid/4345, Ben Yacine-Touré, *Afrique : l'épreuve de l'indépendance*, Graduate Institute Publications, collection : international, Genève, 1983, p. 147-157.

être pris en compte dans les stratégies de lutte contre la pauvreté en plus de la proposition économique et technique. C'est par la base de l'éducation et de la culture que tout doit s'apprendre et se transmettre de génération en génération.

C'est ce qu'Amadou Hampâté Bâ, dans sa lettre à la jeunesse « Soyez au service de la vie »[118] , essaie de nous expliquer sur l'importance de la civilisation traditionnelle de l'Afrique (de la savane) comme étant : « Une civilisation de responsabilité et de solidarité à tous les niveaux. En aucun cas un individu, quel qu'il soit, n'était isolé. Jamais on n'aurait laissé une femme, un enfant, un malade ou un vieillard vivre en marge de la société. On lui trouvait toujours une place au sein de la grande famille africaine. Pour l'étranger de passage, il trouvait gite et nourriture. » Sur cette logique, on comprend que la philosophie traditionnelle africaine prônait l'esprit de partage, l'entraide, le respect de l'autre, le respect de la nature et les animaux, la solidarité et l'hospitalité. L'exclusion sociale en Afrique noire est un phénomène nouveau apparu avec la société moderne et la venue du développement du capitalisme en Afrique noire[119]. La constitution extrêmement rapide d'une bourgeoisie rurale moderne de planteurs a profondément bouleversé dans les régions les secteurs de la vie sociale. Selon Samir

---

[118] https://www.aprelia.org/index.php/fr/evenements-publications/point-de-vue/1724-lettre-d-amadou-hampate-ba-a-la-jeunesse-soyez-au-service-de-la-vie, lettre d'Amadou Ham pâté Bâ à la jeunesse : « Soyez au service de la vie », Geneviève Puiségur, Point de vue, 25 avril 2016.

[119] https://www.persee.fr/doc/homso_0018-4306_1967_num_6_1_1070, « Le développement du capitalisme en Afrique », in revue L'homme et la société, revue internationale de recherche et de synthèses sociologiques, n° 6, octobre-décembre 1967, pp. 107-119. Paris : les éditions Anthropos.

Amin[120], ce changement s'est opéré sur des sociétés traditionnelles et moins disposées à s'adapter aux conditions nouvelles de l'économie capitaliste dominante qui repose sur la maximisation du profit, l'intérêt particulier, l'égoïsme et le corporatisme. Pour cela, la privatisation forcée des terres encouragée par les institutions financières internationales avec leurs programmes de réforme foncière individualiste en remplacement des régimes fonciers coutumiers et collectifs a produit des effets désastreux. Les paysans propriétaires fonciers qui utilisaient leur titre de propriété comme garantie pour emprunter de l'argent à la banque pour investir et lutter contre la pauvreté se retrouvaient dépossédés par le créancier lorsqu'ils se trouvaient en situation de non-paiement, due à une mauvaise récolte par exemple.

La notion occidentale de propriété foncière privée que la Banque mondiale et le Fonds monétaire international (FMI) avaient voulu à tout prix imposer aux communautés africaines dans la logique de développement s'est souvent soldée par un échec. Cette approche ne pouvait pas réussir à produire les résultats escomptés tout simplement parce qu'elle n'était pas du tout adaptée à la pensée culturelle africaine. La sécurité foncière promise par ces institutions contre des régimes fonciers coutumiers a montré ses limites. En se soldant sur des paysans sans terre, appauvris et exclus du système. Naturellement, en Afrique, « la propriété foncière s'appuie sur des moyens non écrits et coutumiers, mais elle ne souffre pas de problème d'insécurité »[121].

---

[120] *Ibid.*

[121] https://www.wrm.org.uy/fr/articles-du-bulletin/pourquoi-refuser-la-privatisation-des-terres-coutumieres, « Pourquoi refuser la privatisation des terres coutumières », 9 mars 2021.

Dans ce même ordre d'idée, Danouta Liberski-Bagnoud[122], dans son ouvrage *La souveraineté de la Terre. Une leçon africaine sur l'habiter*, nous apporte un éclairage sur cette question de la privatisation de la terre. Un phénomène inconcevable pour les sociétés africaines qui ont leurs manières d'habiter la planète entièrement différentes de celles des Européens. Elle prend l'exemple des sociétés voltaïques[123], au Burkina Faso, où la terre organise toute la vie de la communauté villageoise[124]. Pour ces peuples, la terre est un habitat à partager et chacun est appelé à trouver sa place où s'assoir, s'ancrer pour mener une bonne et heureuse vie. Même les étrangers, dès lors qu'ils respectent les rites et les interdits de la terre, sont acceptés parmi eux. Selon Danouta Liberski-Bagnoud, l'introduction de la stratégie de propriété privée dans cette région est le début de la destruction des règles coutumières d'usage de la terre synonyme d'un bouleversement même de la hiérarchie et du modèle de fonctionnement propre qui aspirait à l'équité, à la sécurité, à la paix et à la solidarité. Si la réforme foncière n'a pas pu stimuler le développement en Afrique, c'est le fait que la conception est totalement différente du modèle économique traditionnel africain basé sur la culture du partage, de la solidarité et des relations humaines.

Il s'avère que des couches nombreuses de planteurs ont abandonné leur mode de vie traditionnel et adopté des modes de consommation à l'européenne. Ceci n'est pas étranger aux phénomènes négatifs survenus en Afrique

---

[122] Ethnologue, directrice de recherches au CNRS, membre de l'Institut des mondes africains.

[123] « Voltaïques » adjectif de « Haute Volta » ancien nom du Burkina Faso. C'est Thomas Sankara qui changea Haute Volta en Burkina Faso.

[124] https://reporterre.net/Une-lecon-africaine-sur-l-habiter-un-essai-pour-repenser-le-partage-de-la-Terre, Maxime Lerolle, 30 juin 2023.

noire, explique Samir Amin : « Depuis l'incompétence dans la conception jusqu'à l'échec des plans nationaux de développement, la faillite des partis uniques, les coups d'État militaires, les désordres graves qui s'installent de manière endémique. » L'auteur considère que continuer à traiter l'Afrique d'arriérée et d'immobile, d'un monde sous-développé, c'est certainement l'un des préjugés des plus erronés et un vestige du racisme[125]. La réalité de ce retard trouve son fondement sur la destruction du monde rural, l'urbanisation insuffisante, les traumatismes culturels et les transformations profondes que l'Afrique noire a subis au cours du siècle dernier et continue de subir même. Certes, quelques changements s'opèrent, mais le déroulement des événements n'est pas conforme à l'idéal d'un développement régulier et harmonieux d'après l'analyse de Samir Amin et Danouta Liberski-Bagnoud sur ce phénomène du développement du capitalisme en Afrique noire et l'accaparement des terres en Afrique au profit des projets industriels, miniers ou d'agrobusiness, car il est en contradiction avec les habitudes de ces sociétés.

Par ailleurs, le discours d'Amadou Hampâté Bâ dans sa lettre à la jeunesse complète la pensée de Samir Amin et Danouta Liberski-Bagnoud en y apportant une nuance de taille pour les sociétés aujourd'hui. Tout en reconnaissant le rôle fondamental que peuvent jouer les vieilles valeurs de communauté, de solidarité et de partage, l'auteur reconnaît également les faiblesses et le côté excessif et abusif de certaines coutumes africaines et que pour le bien des sociétés, on peut les abandonner sans tomber dans l'uniformisation culturelle.

[125] https://www.wrm.org.uy/fr/articles-du-bulletin/pourquoi-refuser-la-privatisation-des-terres-coutumieres, « Pourquoi refuser la privatisation des terres coutumières », 9 mars 2021.

De ce qui précède, on peut affirmer que la mondialisation culturelle peut être fatale à la culture et à l'identité africaine, car elle va par son processus d'assimilation sonner le glas des spécificités culturelles de l'Afrique jusqu'à les faire disparaître. La disparition des langues et dialectes, la consommation de produits quasi standardisés, l'adoption des modes vestimentaires et nutritionnels, la diffusion et la consommation des produits culturels occidentaux, tous ces comportements constituent une forme de domination et d'expansion dont les conséquences se traduiront par l'effacement progressif de la culture africaine. C'est une forme de colonisation qui s'installe à travers la nouvelle culture occidentale, raison pour laquelle on doit rester vigilant sur les révolutions futures. L'utilisation non sécurisée des nouvelles technologies peut avoir des conséquences désastreuses sur la jeunesse africaine et sur les valeurs de la culture et de la société africaine.

Demander à contrôler cet outil ne signifie pas condamner la société africaine à l'archaïsme, ni de se replier sur le communautarisme, mais d'éviter les dangers, les dérives et les activités malveillantes auxquels sont confrontés ces jeunes utilisateurs de ces réseaux sociaux comme l'escroquerie, le cyber harcèlement et autres. Il va falloir accepter la diversité, la modernité et l'apport positif des autres cultures, tout en préservant le bon côté de la culture locale en faisant jouer chacun sa partition pour offrir un bon concert à l'humanité.

3.3. Pourquoi la restitution des œuvres d'art africaines fait-elle polémique ?

La culture représente des enjeux socioéconomiques, mais aussi politiques et géopolitiques. Nous l'avons vu ces dernières années avec la problématique sur la restitution des œuvres d'art pillées en Afrique par l'ancienne puissance coloniale. Le rapport sur « La restitution des objets d'art africains »[126], réalisé en 2018 par Bénédicte Savoy, professeure d'histoire de l'art à l'Université technique de Berlin et Felwine Sarr, professeur d'économie à l'Université Gaston-Berger au Sénégal, à la demande du président Macron, révèle des centaines de milliers d'objets détenus en Occident, dont 88 000 sont dans les collections publiques françaises. Le journal *Les Échos*[127] parle de 90 000 œuvres africaines recensées dans des musées français.

Ce rapport est suivi d'une proposition de loi promulguée le 24 décembre 2020 et publiée au Journal officiel du 26 décembre 2020. Cette loi permet de restituer au Bénin et au Sénégal plusieurs œuvres d'art conservées au musée du Quai Branly-Jacques Chirac et au musée de l'armée. Sur la liste de ces objets pour le Bénin, on trouve les statues anthropomorphes du roi Ghézo, du roi Glèlè, du roi Béhanzin, quatre portes du palais royal d'Abomey, un siège royal, un récade, un insigne d'autorité réservé aux soldats masculins du bataillon blu, des calebasses royales grattées et gravées d'Abomey, des prises de guerre dans les palais royaux, un autel portatif aseñ hotagati, un autel portatif aseñ royal ante mortem du roi Béhanzin, un autel portatif aseñ du palais royal incomplet, un trône du roi Glèlè, un trône du roi Ghézo (longtemps dit « trône du roi Béhanzin »), un fuseau, un métier à tisser, un pantalon de soldat, un siège tripode kataklè sur lequel le roi posait ses pieds, une tunique, un sac en cuir.

---

126 https://www.monde-diplomatique.fr/2020/08/BAQUE/62067, Philippe Baqué, août 2020, p. 14 et 15.

127 https://www.lesechos.fr/industrie-services/services-conseils/la-restitution-des-oeuvres-africaines-affole-le-marche-des-arts-premiers-1261930, enquête, « La restitution d'œuvres d'art africaines affole le marché des arts premiers ».

Pour le Sénégal, la liste inclut le sabre avec fourreau d'El Hadj Omar Tall conservé dans les collections nationales placées sous la garde du musée de l'Armée[128]. Selon ces chercheurs, ces biens mal acquis sont sortis d'Afrique pendant la période coloniale. Il n'y a pas eu quasiment de consentement des populations locales lors de l'extraction des objets et on peut considérer que les acquisitions ont été obtenues par la violence, la ruse ou dans des conditions iniques.

Ces biens constituent des butins de guerre, de pillage, de vols, de razzias, mais aussi de dons, de trocs ou d'achats auprès des artisans et artistes locaux. Le rapport Sarr-Savoy proposait un changement du code du patrimoine pour faciliter le retour des objets quand les États africains en feraient la demande. Cette proposition a réveillé chez certains l'esprit impérialiste. M. Stéphane Martin, ancien président du musée du quai Branly, a estimé que ce rapport n'aimait pas beaucoup les musées. Il considère qu'avec ce rapport, les musées seront pris en otage par l'histoire douloureuse du colonialisme.

Pour Jean-Jacques Aillagon, ex-ministre français de la Culture, la mise en œuvre des recommandations de ce rapport aurait pour effet de vider les collections africaines des musées français. Pour eux, l'aboutissement de ce rapport risque d'inverser l'ordre établi. La restitution de ces objets enlèverait le pouvoir au dominant au profit du dominé. Voilà pourquoi le chemin de la restitution risque d'être long et que les pays africains concernés doivent faire front commun pour exiger la restitution de leurs

---

[128] Loi n° 2020-1673 du 24 décembre 2020 relative à la restitution de biens culturels à la République du Bénin et à la République du Sénégal (1), JORF n° 0312 du 26 décembre 2020, texte n°5.

œuvres symboliques. Selon Renner Onana[129], le retour de ce patrimoine sera nécessaire à la reconstruction anthropologique de la dignité africaine. Il ajoute dans son raisonnement que : « Ce n'est pas de la philanthropie ni uniquement et simplement une question économique ou du tourisme. C'est la reconnaissance que quelque chose qui heurte la conscience humaine, c'est-à-dire le vol, le pillage de ce qu'il y a de plus sacré a été commis. » Pour lui, on ne devrait pas exiger des conditions pour le retour de ces objets en Afrique, car la France, quand elle a voulu rendre des objets à la Chine et à l'Algérie, ne s'est pas embarrassée des questions juridiques. Pourquoi pour l'Afrique la restitution est-elle sous condition ? Pourquoi le principe d'inaliénabilité des objets exposés dans les musées est-il applicable exclusivement pour les pays d'Afrique subsaharienne francophone ? C'est tout simplement parce que la France, ancienne puissance colonisatrice, considère toujours l'Afrique comme son pré carré et que tout ce qui se trouve en Afrique lui appartient.

En voici quelques trésors du royaume du Dahomey. « Ces objets ont été pillés lors de la prise de la capitale du royaume du Dahomey par les troupes françaises dirigées par Alfred Dodds. Il s'agit de 26 œuvres d'art, toutes (confisquées) dans le musée du Quai Branly-Jacques Chirac en France. »[130] La question que l'on se pose en voyant ces œuvres est de savoir comment peut-on admettre que le peuple fabricant avec habileté ces œuvres n'est pas intelligent ou soit traité de paresseux et de moins que rien ?

---

[129] https://www.jeuneafrique.com/542095/politique/pourquoi-lafrique-doit-sunir-pour-demander-la-restitution-des-oeuvres-dart-pillees/, Renner Onana, 14 mars 2018.

[130] https://fr.wikipedia.org/wiki/Restitution_des_biens_culturels_du_B%C3%A9nin_par_la_France, « Restitution des biens culturels du Bénin par la France ».

Cette statue royale anthropo-zoomorphe évoque Ghézo, roi du Dahomey. Musée du Quai Branly.
© Source :
https://information.tv5monde.com/international/quoi-ressemblent-les-26-oeuvres-du-tresor-dabomey-restituees-au-benin-par-la-france

Cette statue représente Béhanzin, roi du Dahomey. Ses armoiries comportaient un requin. Musée du Quai Branly. © Source : https://information.tv5monde.com/international/quoi-ressemblent-les-26-oeuvres-du-tresor-dabomey-restituees-au-benin-par-la-france

Cette statue royale anthropo-zoomorphe représente Glélé, roi du Dahomey. Musée du Quai Branly.
© Source :
https://information.tv5monde.com/international/quoi-ressemblent-les-26-oeuvres-du-tresor-dabomey-restituees-au-benin-par-la-france

Détail d'un des quatre panneaux conservés au musée Branly et en voie de restitution au Bénin. Ces portes commandaient l'entrée du palais royal d'Abomey. AP. © Source : https://information.tv5monde.com/international/quoi-ressemblent-les-26-oeuvres-du-tresor-dabomey-restituees-au-benin-par-la-france

Le trône du roi Ghézo à gauche, et celui du roi Glélé à droite, lors d'une dernière exposition au musée du Quai Branly en octobre 2021, font partie des 26 objets des trésors royaux d'Abomey de retour au Bénin. AP.
© Source :
https://information.tv5monde.com/international/quoi-ressemblent-les-26-oeuvres-du-tresor-dabomey-restituees-au-benin-par-la-france

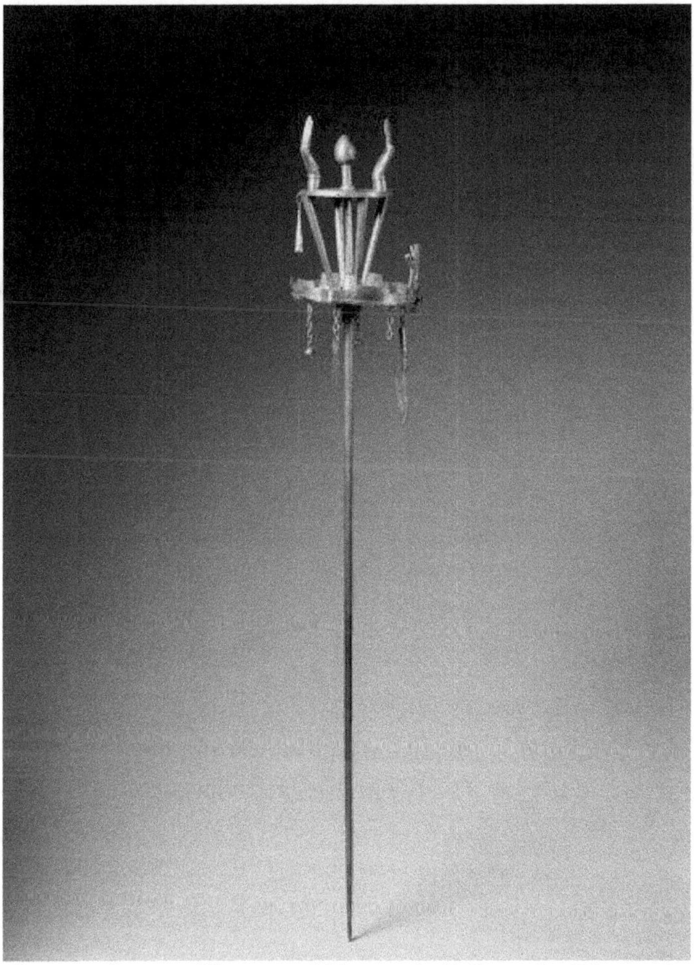

Cet autel portatif aux emblèmes de Béhanzin fait partie du trésor royal d'Abomey. C'est un alliage de cuivre et d'argent. Musée du Quai Branly.
© Source :
https://information.tv5monde.com/international/quoi-ressemblent-les-26-oeuvres-du-tresor-dabomey-restituees-au-benin-par-la-france

Ces portes massives furent sculptées en bois polychrome sous le règne du roi Glélé, dixième roi d'Abomey, par l'artiste Sossa Dede. AP.
© Source : https://information.tv5monde.com/international/quoi-ressemblent-les-26-oeuvres-du-tresor-dabomey-restituees-au-benin-par-la-france

Siège royal de Cana.
© Source :
https://fr.wikipedia.org/wiki/Restitution_des_biens_culturels_du_B%C3%A9nin_par_la_France Restitution des biens culturels du Bénin par la France.

3.4. Le refus de restituer et ses justifications

Ce rapport de forces sur la question de la restitution de ces objets vient nous livrer un message fort de l'histoire de la colonisation, de l'esclavage et de la décolonisation inachevée. Pour Achille Mbembé[131], évoquer le statut des objets africains dans les musées européens, c'est convoquer cette face sombre du colonialisme et de sa violence qui n'a épargné ni les êtres humains ni les biens. Selon l'auteur, accepter une restitution, c'est appeler à reconnaître les dommages causés. Or, beaucoup refusent de reconnaître les torts que la colonisation a causés aux

[131] https://www.jeuneafrique.com/mag/540940/culture/oeuvres-dart-africain-restitution-et-reparation-sont-indissociables/

peuples africains, car qui dit reconnaissance dit aussi justice et réparation. Achille Mbembé poursuit son analyse en disant que les opposants de la restitution ne veulent surtout pas avoir à faire face à la matérialisation du dommage ni à celle de la réparation. Ils veulent que l'Afrique fasse abstraction de cette sombre page de l'histoire et qu'elle cesse de leur demander de réparer.

S'agissant des lobbyings des collectionneurs et des musées européens qui font obstacle à la restitution, ces détenteurs légitimes et illégitimes évoquent toutes les raisons possibles pour bloquer la restitution de ces objets, ils restent fidèles à leur esprit d'infantilisation et de dénigrement des Africains. Ils ont la prétention de faire une œuvre bienfaisante. Un des marchands d'art avance comme argument : « Est-ce que les gouvernements africains ont la même notion que nous de la conservation d'un patrimoine ? Sans les collectionneurs, 99 % des objets qui se trouvent en Europe auraient presque tous disparu, victimes de l'ignorance, des termites, des autodafés des religieux de tous bords. »[132] Ces propos condescendants et infantilisants viennent justifier que certains Occidentaux sont loin de rompre avec la pensée coloniale de civilisation. Ils oublient que ces objets ont vécu en Afrique pendant des décennies, voire des millénaires, durant lesquels ils ont été bien entretenus, car les propriétaires prenaient bien soin d'eux vu leur importance à leur égard. De plus, ces objets, surtout les masques sacrés, n'ont pas vocation à être dans des musées que certains Africains considèrent comme des prisons spirituelles pour leurs ancêtres (Ingeta Solarien Zorobiel) « Bantucratie, la Révolte de l'Esprit ».

Ces objets étaient gardés et entretenus par les communautés propriétaires pour accompagner les activités

---

[132] https://www.monde-diplomatique.fr/2020/08/BAQUE/62067, Philippe Baqué, août 2020, p. 14 et 15.

sociales, économiques et spirituelles[133]. Une autre face de ce refus du côté du pays colonisateur, c'est la peur de perdre une suprématie culturelle que la France exhibe avec orgueil comme étant son patrimoine propre. Pour toutes ces raisons, restituer ces objets signifie affaiblir l'image culturelle de la France et rehausser l'image de l'Afrique, ce qui est contraire à la politique de dé-symbolisation de la vie des Africains menée par la France depuis la colonisation jusqu'à aujourd'hui. Du côté de l'Afrique, les avis sont partagés. Il existe des voix qui s'élèvent contre la restitution immédiate par mesure de sécurité. Ils n'écartent pas ce risque de mise en péril de ce patrimoine, car les conditions de sauvegarde ne sont pas encore réunies. Ils estiment qu'il faut d'abord construire, rénover des structures muséales nationales ou régionales, former des jeunes conservateurs africains afin de les intéresser à la culture de leurs ancêtres et d'assurer leur préservation. On revient ici sur l'idée de l'éducation sur les besoins du continent. Au Bénin, on montre que « le retour de ces œuvres marque une dignité et une fierté retrouvées » certes, mais ce qui prévaut, c'est que le pays récupère un jour le droit à la propriété de ces objets et décide de ce qu'ils deviendront. Après cette restitution officielle, les objets peuvent voyager et être exposés en Afrique ou partout dans le monde, pourvu que ce soit le Bénin qui décide.

Le refus de restituer ces œuvres d'art à l'Afrique marque le refus de voir l'Afrique rayonner et séduire. C'est refuser tout bonnement le développement à l'Afrique, c'est maintenir et perpétuer ce rapport de dominant-dominé, car une fois ces œuvres exposées dans les musées et monuments en Afrique, ils peuvent engendrer des flux touristiques dont on connaît les

---

[133] Ingeta Solarien Zorobiel (2021). *Bantucratie, la révolte de l'esprit*, tome 1, éditions Sydney Laurent.

retombées pour le développement durable. En guise d'exemple, l'expérience du musée de madame Marie-Cécile Zinsou[134] lors d'une exposition organisée en 2006 à Cotonou par sa fondation, consacrée au roi Béhanzin en collaboration avec le musée du Quai Branly. L'événement a connu un grand succès et suscité beaucoup d'engouement pour les Béninois. En trois mois, on a enregistré 275 000 visiteurs[135]. À la fin de l'exposition, les objets devaient retourner en France, ce qui a fait l'objet de plusieurs questions et inquiétudes chez les Béninois qui n'ont pas compris pourquoi les objets de leur patrimoine devaient retourner en France.

Cette réclamation ou ce désir exprimé par les Béninois de vouloir garder leurs œuvres est une marque de fierté et d'envie de découvrir et de protéger eux-mêmes leurs biens. Il y a aussi la question de dignité retrouvée comme le constate l'organisatrice. Cette expérience salutaire peut être reprise par les autres pays afin de permettre à ceux qui ne peuvent pas se rendre en Europe de découvrir ce patrimoine. Ces objets peuvent être une source d'inspiration et de créativité pour la nouvelle génération. Aussi, ces œuvres, éléments des cultures, constituent « le soft power africain », c'est-à-dire la capacité de contrôle par influence culturelle, mais ceci représente un danger pour le dominant qui privilégie plutôt la représentation dépréciative de l'Afrique. Voilà pourquoi on maintient le sous-développement de la culture africaine et la raison pour laquelle l'Afrique doit défendre sa culture et la faire émerger en tant que levier de développement économique, mais aussi en tant que ciment de l'identité africaine.

De cette restitution et de la polémique qu'elle a fait naître, l'image de la culture africaine parle d'elle-même. Ces pièces exposées dans les musées sont d'excellentes

---

[134] *Ibid.*
[135] *Ibid.*

ambassadrices de la culture africaine et véhiculent un message fort sur l'histoire de la colonisation, de l'esclavage et des guerres coloniales ; elles véhiculent également le talent et le savoir-faire africains. J'imagine que certains visiteurs voudront savoir comment ces objets ont atterri dans ces musées, ce qui les amènerait à découvrir l'histoire de la colonisation, surtout pour les plus jeunes.

Peu importe la manière dont les objets ont quitté l'Afrique, il s'agit d'une privation des objets des valeurs symboles de l'identité et de la dignité pour les propriétaires. En plus des 26 pièces du trésor de Béhanzin qu'on vient de citer provenant du pillage du palais d'Abomey en 1892, qui se trouvent au musée du Quai Branly et tant d'autres objets hautement symboliques qu'il est question de restituer, treize mille objets sont en ce moment réclamés par cinq pays africains selon l'enquête des *Échos*. La restitution de ces objets se heurte à un refus catégorique des conservateurs des musées qui craignent de voir les musées français se vider. Ils maintiennent leur logique de « tout rentre, rien ne sort ». Nous voyons que la conquête et la colonisation de l'Afrique persistent sous une autre forme pour perpétuer l'assimilation et le déracinement culturel. La jeunesse africaine a besoin de connaître sa vraie histoire et les enjeux de sa culture pour puiser des forces nécessaires lui permettant de faire son nouveau départ économique et faire face au nouvel ordre mondial. Ces nouveaux panafricanistes ou néo-panafricanistes ont compris que le sursaut économique passera par la reconquête de la culture.

3.5. La culture à la rescousse du développement en Afrique

L'impact multiforme de la culture sur le développement est aujourd'hui incontestable. Les institutions internationales comme l'Organisation des Nations unies pour l'Éducation, la Science et la Culture (l'UNESCO), ainsi que ses partenaires ne cessent de clamer le rôle majeur que la culture peut jouer afin d'atteindre les objectifs du développement durable. Lors du sommet du G20 [136] (principal forum de coopération économique et international pour ces membres) en 2021[137], les dirigeants mondiaux ont pris l'engagement d'accorder une place primordiale à la culture dans les stratégies de relance post-Covid-19, du progrès social et de la croissance économique. Du côté de l'Afrique, pour espérer que sa culture reste en phase et apporte une réponse à la crise actuelle, il est primordial d'amener les Africains à bien connaître leur passé, à apprendre leur histoire, leur patrimoine, leurs traditions et le rôle que la culture jouait auparavant, et le rôle qu'elle peut jouer actuellement sur le développement dans leurs sociétés. Ce qui traduit la thèse de la renaissance de l'Afrique par la culture, une éventuelle révolution culturelle, une nouvelle pensée africaine et une reconnaissance de la valeur intrinsèque de la culture africaine en général.

Le concept de la culture voit son champ s'élargir avec le temps et le progrès. En plus d'être ce que nous sommes et ce qui façonne notre identité, la culture est vue depuis la

---

[136] Les membres du G20 sont : Afrique du Sud, Allemagne, Arabie saoudite, Argentine, Australie, Brésil, Canada, Chine, Corée du Sud, États-Unis, France, Inde, Indonésie, Italie, Japon, Mexique, Royaume-Uni, Russie, Turquie, Union européenne (représentée par le pays assurant la présidence de l'UE et la Banque centrale européenne).

[137] https://www.unesco.org/fr/articles/lhorizon-la-culture-le-socle-du-developpement-durable

première conférence Mondiacult en 1982 à Mexico[138] comme l'ensemble des traits distinctifs, spirituels, matériels, intellectuels et affectifs qui caractérisent une société ou un groupe social. Étant donné les grandes crises survenues, surtout avec l'impact de la pandémie de la Covid-19 et les conflits mondiaux, la culture s'étend inévitablement à d'autres univers, à savoir la santé, la sécurité alimentaire et la réduction des risques de catastrophes, des domaines où ces compétences restaient peu explorées antérieurement.

Lors du forum des ministres de la Culture à l'UNESCO en 2019[139], il a été mondialement reconnu que la culture détient un pouvoir pour relever les défis contemporains et qu'il est désormais temps de tirer le plein de son potentiel au service d'un avenir plus durable pour tous. À travers cette dimension élargie, l'UNESCO veille à ce que le rôle de la culture soit reconnu parmi les objectifs de développement durable (ODD) pour transformer le monde. Ce qui vient renforcer l'importance déjà accordée à la culture lors de la première conférence Mondiacult tenue en 1982, sur les politiques culturelles qui a affirmé « qu'aucun développement n'est envisageable sans tenir compte des valeurs culturelles des sociétés et sur le plus grand respect de la personnalité de chacune d'entre elles et qu'il devrait être centré sur les humains et sur les communautés auxquelles ces individus appartiennent ».

Lors de l'édition de 2019 à la conférence mondiale sur les politiques culturelles, la directrice générale de

---

138 https://fr.unesco.org/news/cent-vingt-ministres-reunis-lunesco-appellent-renforcer-politiques-culturelles-societes-plus, « Construire la paix dans l'esprit des hommes et des femmes », 19/11/2019.

139 https://www.unesco.org/fr/articles/lhorizon-la-culture-le-socle-du-developpement-durable, « À l'Horizon. La culture, le socle du développement durable », 30 novembre 2012, dernière mise à jour 20 avril 2023.

l'UNESCO, Audrey Azoulay, avait ouvert les travaux en réitérant le rôle fondamental que la culture peut jouer pour relever les défis du siècle. Elle déclarait que : « Face aux fractures mondiales et à la paralysie de certaines plates-formes institutionnelles, la culture constitue un langage commun qui fait tomber les barrières. »[140] Ce message explique en partie l'échec de ces institutions de Bretton Woods (FMI et Banque mondiale) et leur incapacité depuis leur création à trouver des solutions face au fléau qui sévit sur le continent africain, parce qu'ils n'ont pas pris en compte les valeurs culturelles des nombreux pays de la région. De ces rencontres, les dirigeants ont manifesté, à l'unanimité, l'intérêt du rôle essentiel de la culture pour atteindre les objectifs mondiaux. Toutes ces manifestations en faveur de la culture viennent prouver en partie le lien de causalité entre destruction de la culture et non-développement en Afrique, qui a vu sa culture et son patrimoine décimés par l'empire colonial. En privant l'Afrique de sa culture reconnue comme source intarissable de richesse et d'épanouissement dans plusieurs domaines, on a bloqué délibérément son envol économique.

La culture, d'une manière générale, se trouve liée avec presque tous les domaines, la santé, la vie sociale, l'éducation, l'industrie, la communication, l'industrie culturelle, la science, la technologie, l'innovation, la coopération. Cette étendue importante de la culture pour le développement atteste de la nécessité aujourd'hui pour de nombreux pays d'investir dans la culture pour construire et édifier leur avenir en tenant compte de leur passé comme source d'inspiration et d'innovation. Nous avons vu que

---

[140] https://fr.unesco.org/news/cent-vingt-ministres-reunis-lunesco-appellent-renforcer-politiques-culturelles-societes-plus, « Cent vingt ministres réunis à l'UNESCO appellent à renforcer les politiques culturelles pour des sociétés plus durables », 19/11/2019.

l'histoire politique, économique et sociale de l'Afrique se concentre essentiellement sur les questions de sa culture. Autrement dit en Afrique, tout est lié à la culture. C'est ce que Verena Tobler Müller nous explique dans son écrit sur la « culture-noyau »[141] , le fond culturel incontournable de l'Afrique subsaharienne, les structures et codes culturels inéluctables pour la survie des membres dans une société donnée.

Il faut admettre que cette culture traditionnelle est toujours présente dans l'Afrique moderne et elle perdure dans certains cas. On peut le constater parfois chez l'Africain en grande difficulté sans espoir de s'en sortir. Il fera toujours appel à la tradition africaine en se rendant chez le sorcier, le marabout, le guérisseur ou le mwalimu[142], bref le devin qui, à son avis, le protège davantage. On peut aussi apercevoir ce phénomène chez beaucoup d'Africains dans la vie politique, mais aussi économique et professionnelle. Beaucoup de ces responsables s'entourent de marabouts ou de devins traditionnels qui leur prédisent l'avenir et les préservent du mauvais sort. L'Africain, quel que soit son degré d'instruction, reste lié à sa culture et ses traditions d'une manière ou d'une autre. Afin de se sentir protégé, il est d'ailleurs vivement conseillé de ne pas trop s'éloigner des traditions et de ses origines, qu'il faut entre autres commémorer les morts pour qu'eux à leur tour, ils protègent les vivants. On entend souvent même chez des Africains jeunes et moins jeunes affirmer que les situations catastrophiques qui prévalent dans le continent

[141] https://www.cairn.info/revue-finance-et-bien-commun-2007-3-page-40.htm, « Culture africaine et développement : un dialogue nécessaire », Bénéz et Bujo, *Finance & Bien commun*, 2007/3 (n° 28-29), page 40 à 45.

[142] Terme swahili pour dire « maître » mais aussi « marabout », l'enseignant ou le devin.

sont engendrées par cet éloignement et le rejet des traditions dû à l'adoption excessive de la culture occidentale, autrement dit à l'acculturation. Ce qui n'est pas insensé, car d'après le concept fondamental de l'anthropologie négro-africaine, « si le développement en Afrique conçu selon le modèle occidental se heurte à une résistance c'est parce que la culture africaine n'a pas été prise en compte dans les différents modèles de progrès économique et technique proposés »[143].

La culture, étant le noyau, est un élément vital pour la société, car elle permet de raconter nos histoires, de nous rappeler le passé, de nous divertir et de nous projeter dans le futur. Elle nous aide à nous définir et à nous faire comprendre. Elle offre également le moyen d'exprimer sa créativité, de se forger une identité propre et de constituer ou de préserver le sentiment d'appartenance à la communauté. En plus de sa valeur intrinsèque, la culture réunit et intègre, elle favorise l'émancipation, la cohésion sociale à travers ses activités, ses créativités, ses expériences et ses espaces partagés. Elle représente notamment des enjeux socioéconomiques, politiques et géopolitiques considérables.

Il n'est pas à démontrer que l'Afrique dispose d'une richesse culturelle à travers ses arts, sa culture et son patrimoine qui peuvent lui servir à assoir une dynamique de développement économique et social. Hormis les habits traditionnels, la mode, la danse, la musique, le sport, le cinéma, les masques, les symboles et autres activités et productions, la culture avec son caractère industriel présente plusieurs avantages économiques par la création directe et indirecte d'emplois et par la promotion du

---

[143] https://www.cairn.info/revue-finance-et-bien-commun-2007-3-page-40.htm, « Culture africaine et développement : un dialogue nécessaire », Bénéz et Bujo, *Finance & Bien commun*, 2007/3 (N°28-29), page 40 à 45.

tourisme en général et du tourisme culturel en particulier. La culture stimule l'innovation et la créativité. En connaissant les multiples activités qu'on peut développer dans la culture à travers la création, la production, la promotion, la diffusion, la commercialisation de biens et services, les activités culturelles, ainsi que les opportunités qui se présentent en Afrique aujourd'hui, il est reconnu partout que l'Afrique ne peut pas se développer sans prendre en compte la portée culturelle de l'expansion économique. Par son effet locomotif, la culture peut tirer les autres secteurs vers le développement en créant des emplois et en réduisant le chômage. À travers son rôle d'insertion socioprofessionnelle, de maintien de la paix et de cohésion sociale, la culture représente une des réponses adéquates aux problèmes socio-économiques que l'Afrique rencontre depuis des décennies. Il est donc important de soutenir son épanouissement afin de permettre aux autres initiatives et stratégies de développement de se concrétiser.

Nous venons de voir comment l'annihilation de la culture africaine, l'assimilation des peuples africains à la culture occidentale, la déstabilisation des communautés par désacralisation des symboles et repères des communautés expliquent en partie pourquoi depuis l'indépendance l'Afrique peine à décoller économiquement, et comment beaucoup de pays africains restent embourbés dans des conflits sans fin. C'est pourquoi il est dorénavant essentiel que le développement se conçoive en s'adossant aux valeurs culturelles. L'Afrique doit également miser sur le développement de l'industrie culturelle et amorcer des projets dans ce secteur longtemps délaissé. Orienter l'argent de la dette là où il va générer des revenus, créer des emplois et des richesses et faire disparaître l'extrême pauvreté.

CHAPITRE 4

ESSOR DE L'AFRIQUE ET FIN DES OBSTACLES GÉOPOLITIQUES DE DÉVELOPPEMENT

4.1. POUR UNE AFRIQUE INNOVANTE ET INSPIRANTE

« L'Afrique n'a besoin ni de charité ni de condescendance. Elle ne cherche à être le fardeau d'aucune nation ou d'aucun groupe de nations, car elle a les capacités et ressources nécessaires pour prendre en charge son propre développement et trouver ses propres solutions, en comptant avant tout sur le génie de ses enfants et ses énormes richesses naturelles ».[144]

Certes, plusieurs facteurs enfreignent le développement en Afrique, mais l'essor est au rendez-vous doucement, mais sûrement. Actuellement partout sur la scène géopolitique et géoéconomique, le dossier Afrique demeure central.

Après tant d'années d'exploitation, de complicité et de mensonges entre les dirigeants africains et leurs anciens colonisateurs, à l'aube du troisième millénaire, la nouvelle génération africaine cherche à écrire une nouvelle page de son histoire tout à fait différente de celle de l'Afrique postcoloniale marquée par l'échec de la gestion des indépendances africaines. Cette nouvelle génération milite pour un réel développement non tronqué. C'est son rêve,

[144] « L'Afrique prise au piège », revue *Relations*, Demba Moussa Dembélé, novembre 2006.

sa bataille. Selon elle, rien ne sera plus comme avant, car le mythe doit finalement devenir réalité. Sa stratégie de développement commence par la détermination à rompre avec l'organisation et l'instrumentalisation de la pauvreté de l'Afrique et à déconstruire les préjugés du système capitaliste occidental. Se débarrasser de ces imaginaires discursifs négatifs sur l'Afrique est un combat titanesque, mais qui vaut la peine d'être mené pour prendre un nouveau départ.

Ces nouveaux acteurs sont conscients que pour y parvenir, l'Afrique doit briser des obstacles géopolitiques et géostratégiques, mais aussi socioculturels en commençant par ce qui n'a pas été fait jusqu'à présent ou par ce qui aurait dû être fait comme l'a souligné René Dumont au lendemain de l'indépendance de l'Afrique dans son livre *L'Afrique noire est mal partie*[145].

Ingénieur agronome, connaisseur de l'Afrique, René Dumont, en liant la théorie et un travail de terrain, tout en tenant bien compte du contexte et de la spécificité des lieux parcourus à l'époque, avait fait une présentation critique de la situation du développement de l'Afrique subsaharienne. Cette vérité dérangeante lui a valu la colère de certains dirigeants africains. Soixante ans après la publication de son ouvrage, l'histoire du développement et du progrès de l'Afrique lui donne raison, si on considère les conséquences de l'intégration de l'Afrique à la mondialisation sans être préparé aux règles du jeu de l'interaction internationale. Soixante ans après, on continue de réitérer ces propos et conseils, car aucune solution efficace n'a été trouvée pour sortir l'Afrique du cercle infernal du mal-développement et de la logique de la main tendue.

---

[145] *L'Afrique noire est mal partie*, René Dumont, éditions du Seuil, octobre 1962, édition originale et octobre 2012, nouvelle édition.

Selon René Dumont, l'Afrique reste sous-développée, car son agriculture reste sous-productive, réalisée par des individus sous-alimentés, sans formation et sans encadrement, sur une terre non fertilisée. L'aide européenne et internationale au développement économique n'a pas servi non plus à redresser la situation de l'Afrique, ou alors elle l'a fait d'une manière superficielle. Plus d'un demi-siècle après la sortie du livre de René Dumont, la situation ne s'est pas trop améliorée et on n'a pas réussi à infirmer la thèse développée dans son livre. Dans son ouvrage, l'auteur soulignait aussi que l'Afrique, dans un contexte de décolonisation optimiste, a fait des choix erronés pour engager sa transformation. René Dumont invitait les Africains à prendre leur développement en main, en repensant leurs systèmes d'éducation et leurs stratégies, par exemple en ce qui a trait au rôle de l'agriculture comme moteur de son développement. Son argumentation se basait sur la situation qui prévalait en Afrique et ce qui constituait la priorité économique postindépendance. Il a démontré que « les pays en retard n'ont pas d'agriculture moderne, les pays à primauté rurale ne mangent pas à leur faim, le retard agricole freine toujours et bloque parfois toute possibilité d'expansion économique rapide »[146].

Le discernement de son analyse reste d'actualité un demi-siècle plus tard. Même si au troisième millénaire, avec les avancés technologiques et le marché des services, l'agriculture ne représente pas la panacée, mais pour envisager un réel développement africain, il faudrait éradiquer la faim et la pauvreté, investir dans l'industrialisation de l'agriculture pour se procurer des moyens modernes de production agricole. Pour la culture commerciale comme l'arachide, le coton, le café, la vanille et les épices, miser sur l'exportation des produits

[146] *Ibid.*, p. 17.

finis afin de créer des emplois localement et arrêter d'exporter la matière première à l'état brut.

Reprendre en main l'agriculture, c'est aussi établir une culture vivrière locale dans le but d'assurer l'autosuffisance alimentaire. Il s'agit également de concilier les Africains avec leurs produits locaux en leur redonnant goût de les manger en mettant en valeur les céréales vivrières, le sorgho, le petit mil, le tarot et l'élevage. Actuellement, presque tous ces produits sont remplacés par les produits importés d'Europe, du Brésil et d'ailleurs, à l'exemple du blé, de la farine, des pâtes et des produits carnés. Cette importation des denrées alimentaires de première nécessité a non seulement rendu l'Afrique dépendante de l'étranger pour se nourrir, mais elle a également contribué à détruire le secteur agricole et l'élevage en Afrique. Le secteur de la pêche artisanale est insuffisant, dû au fait que les moyens rudimentaires continuent à être utilisés dans ce secteur, elle n'arrive donc pas à satisfaire les besoins d'une population galopante. Elle n'arrive pas à rivaliser avec la pêche industrielle pratiquée par les Européens et Asiatiques dans les mêmes océans. Quant aux familles qui n'ont pas les moyens de se payer ces produits importés, elles se trouvent menacées par la famine et la malnutrition. Somme toute, les difficultés africaines de sous-développement sont aussi dues à l'absence d'industrialisation pour réussir son décollage. Malencontreusement, la révolution agricole et l'industrialisation ne faisaient pas la priorité des gouvernements africains postindépendance.

Dès la première heure de l'indépendance, au lieu de répondre aux besoins les plus pressants, les dirigeants africains ont doublé les effectifs des services administratifs et/ou distribué des sinécures à des amis. L'administration était devenue le principal employeur à travers la fonction publique pourtant improductive, mais budgétivore. Pour illustration, 60 % des recettes budgétaires internes du Dahomey (actuel Bénin) étaient absorbées par les dépenses de personnel[147]. On comptait « plus de 150 ministres pour 15 gouvernements, de plusieurs centaines de membres de cabinet, plusieurs milliers de parlementaires »[148]. Ce qui était jugé énorme pour des pays particulièrement moins peuplés et extrêmement pauvres. Vient ensuite l'exemple du Gabon, avec « 450 000 habitants, il comptabilisait 65 députés, ce qui correspond à un député pour 6000 habitants contre un député pour 100 000 en France »[149]. On peut rajouter à tout cela les autres avantages de chaque membre de cabinet, les voitures officielles avec chauffeur, carburant et quota de téléphone gratuits, et les multiples missions à l'étranger qui coûtaient une fortune et dont la plupart ne rapportaient rien au pays. Cette mauvaise gestion de l'administration a par conséquent conduit ces pays à l'abîme économique. Ces comportements sont loin d'être abandonnés par les actuels dirigeants, ce qui explique en partie la ruine de certains États africains actuellement par les détournements et l'accaparement des aides destinées au développement de leur pays sur fond de népotisme et de clientélisme.

Pour envisager l'essor de l'Afrique, les modèles d'inspirations sont multiples, des modèles comme la Thaïlande, la Malaisie, Dubaï, Singapour, Maurice, l'Indonésie, le Rwanda, des pays qui ont réussi à se transformer grâce à la volonté politique des autorités bien déterminées à relever des défis en se fixant des objectifs et en les réalisant. Beaucoup de ces pays ne disposaient pas des ressources naturelles comme la majorité des pays d'Afrique subsaharienne, et pourtant ils ont réussi leur

---

[147] *Ibid.*, p. 63.
[148] *Ibid.*, p. 65.
[149] *Ibid.*, p. 65.

développement par la ferme volonté de leurs autorités et la mise en œuvre des mesures nécessaires, ainsi que l'adoption d'une vision et d'une économie diversifiée. Certains ont misé sur le tourisme, d'autres sur les services, mais leur force reste surtout leur résilience.

En Afrique, un seul pays peut englober plusieurs atouts et se trouver au plus bas des pays pauvres, à l'exemple de l'île continent de Madagascar classée pendant des décennies sous le seuil de pauvreté malgré ses richesses et tout le potentiel y afférent. Selon l'estimation de la Banque mondiale en 2022[150], 81 % de la population malgache vivait avec moins de 2,15 dollars par jour et par personne. Malgré les thérapies de choc de la Banque mondiale, du FMI et de la communauté internationale, qui viennent s'ajouter aux richesses naturelles et minières comme le fer, la bauxite et d'autres atouts qui lui ont valu la qualification d'île rouge. Malgré ces atouts, Madagascar continue de s'appauvrir depuis l'accès à son indépendance, faute de stratégies économiques et de volonté politique d'atteindre des objectifs de développement bien définis par les Malgaches eux-mêmes.

La cause de cette pauvreté réside surtout dans les choix politiques opérés depuis la décolonisation et la prise au piège par l'économie ouverte et l'endettement excessif. La corruption généralisée, l'enrichissement des élites, l'appauvrissement de la population, les inégalités et l'insécurité sont plutôt des conséquences de ces choix générant une crise de gouvernance endémique. Parlant d'indice de pauvreté, il faut cependant souligner le fait que les instruments de la Banque mondiale et du FMI d'évaluation de l'indice de pauvreté sont inadéquats pour mesurer des économies africaines en majorité informelles

---

[150] https://blog.selfrance.org/madagascar-comprendre-pauvrete, « Comprendre la pauvreté à Madagascar ».

où les dépenses d'une famille dépendent des récoltes de leurs champs.

4.2. L'ÉCHEC DE LA GESTION DES INDÉPENDANCES DE L'AFRIQUE

Quel est le combat des fils des pères de l'indépendance d'Afrique ? Qu'est-ce qu'ils ont fait de l'héritage de leurs pères ? N'ont-ils pas trahi leur mémoire et les idéaux nationalistes ? Nous savons que certains parmi eux ont failli à la mission digne de l'Afrique indépendante. Devenus des présidents, ils ont fait des revirements en voulant s'accrocher vaille que vaille au pouvoir éternellement pour leurs propres intérêts, en se liant d'amitié avec les anciens colonisateurs au détriment de l'intérêt du peuple. Par conséquent, ils ont brisé cet élan de l'indépendance et de l'esprit panafricaniste fondé sur l'idée d'une solidarité entre les peuples africains et aux luttes anticolonialistes. Pour avoir une idée de l'échec de cet idéal par ces pères de l'indépendance et leur sort, en voici quelques exemples :

Kenneth Kaunda (Zambie), surnommé « le Gandhi africain » pour son militantisme indépendantiste non violent, il devient le premier président de la Zambie indépendante en 1964. Il dirige le pays pendant 27 ans sous un régime de parti unique. En 1991, après de violentes émeutes, il accepte des élections libres dans lesquelles il est battu.

Kwame Nkrumah (Ghana), né en 1909, il lutte à la fois pour l'indépendance de la colonie britannique « Gold Coast » et le panafricanisme, en prônant la création des « États-Unis d'Afrique ». Premier ministre à l'indépendance en 1957, il devient président du Ghana en 1960 et impose un véritable culte de la personnalité, se faisant appeler « l'Osagyefo » (« Le Rédempteur »).

Destitué lors d'un coup d'État en 1966, il meurt en exil en Roumanie en 1972.

Ahmed Sékou Touré (Guinée), seul dirigeant nationaliste africain à avoir dit non au référendum sur la communauté franco-africaine proposé par Charles de Gaulle, il a gouverné d'une main de fer la Guinée sur fond de violence étatique depuis son indépendance, en 1958, jusqu'à sa mort, en 1984 aux États-Unis.

Léopold Sédar Senghor (Sénégal), premier président du Sénégal en 1960, surnommé le poète-président, il quitte volontairement le pouvoir vingt ans plus tard, avant de se retirer en France où il sera sacré membre de l'Académie française, et où il meurt en 2001 à 95 ans. Comme d'autres acteurs clés de la décolonisation en Afrique francophone, Senghor avait participé à la vie politique française, tout en militant pour l'émancipation de son pays et des Noirs par sa philosophie de la « négritude ».

Félix Houphouët-Boigny (Côte d'Ivoire), ancien député et ministre français, il a dirigé sans partage la Côte d'Ivoire de l'indépendance, en 1960, jusqu'à sa mort en 1993. Celui qu'on appelait « Le Vieux » a été l'un des pionniers de la lutte pour l'émancipation de l'Afrique.

Modibo Keïta (Mali), cet ancien instituteur, devenu le premier vice-président africain de l'Assemblée nationale française, proclame, le 22 septembre 1960, l'indépendance de l'ancien Soudan français, qui devient la République du Mali. Il en prend la présidence et engage une politique socialiste. Il sera renversé huit ans plus tard par le lieutenant Moussa Traoré et placé en détention, où il mourra en 1977.

Julius Nyerere (Tanzanie), il fonde en 1954 le parti indépendantiste Tanu (Union nationale africaine du Tanganyika). Adepte d'un socialisme à l'africaine, le père fondateur de la Tanzanie, surnommé « Mwalimu » qui signifie professeur en swahili, dirige le pays de 1961 à

1985. Il quitte de lui-même le pouvoir et meurt à Londres en 1999. Il se démarque du reste, car contrairement aux autres, il a pu instaurer la paix et la stabilité dans son pays, il a lutté pour l'identité africaine (il parlait swahili même à l'Assemblée générale de l'ONU). Il a mis son pays en ligne de front pour la libération de l'Angola, du Zimbabwe, de l'Afrique du Sud contre l'apartheid, la Zambie, il a été à la ligne de front pour la libération de l'Afrique du Sud, de la Rhodésie du Sud ou actuel Zimbabwe qui a obtenu son indépendance en 1980, etc.

Jomo Kenyatta (Kenya), ancien militant indépendantiste emprisonné plusieurs années, il dirigea le Kenya de l'indépendance de décembre 1963 à sa mort, en 1978. Jomo Kenyatta, en fait son surnom, signifie « Javelot flamboyant du Kenya ». Jomo Kenyatta est fondateur du mouvement de libération MAU MAU (Muzungu Acnde Ulaya, Mweusi Apate Uhuru)[151]. Son fils Uhuru, éduqué aux États-Unis, a été à son tour élu président en 2013 puis en 2017, après un scrutin boycotté par l'opposition.

Kamuzu Banda (Malawi), en 1966, Hastings Kamuzu Banda, alors Premier ministre, devient premier président du Malawi, exerçant un pouvoir sans partage pendant trois décennies. En 1993, sous la pression internationale, il doit accepter un référendum sur le multipartisme. Il est battu en 1994 lors des premières élections démocratiques. Il meurt en Afrique du Sud trois ans plus tard.

Samora Machel (Mozambique), après avoir lutté contre la puissance coloniale portugaise à la tête du Frelimo, mouvement marxiste, il devient en juin 1975 le premier président du Mozambique. Il meurt en octobre 1986 quand son avion s'écrase en Afrique du Sud dans des

---

[151] Du swahili pour dire « Que le blanc retourne chez lui pour que le Noir obtienne son indépendance ».

circonstances non élucidées[152]. Les politiciens africains de l'époque ont soupçonné le pouvoir ségrégationniste de l'Afrique du Sud d'avoir commis cet assassinat, car Samora Machel entretenait des relations avec l'African National Congress (ANC), surtout un de ses leaders en la personne de Nelson Mandela. Plusieurs membres de l'ANC résidaient au Mozambique.

La plupart de ces dirigeants n'ont pas été élus, mais ce sont des personnes choisies parmi d'autres par la puissance coloniale pour leur confier des missions bien déterminées. « Des fonctionnaires formés et sélectionnés par l'ex-puissance en fonction, avant tout, de leur loyauté vis-à-vis d'elle. »[153] Cette tactique a permis aux colonisateurs de garder la mainmise sur leurs anciennes colonies et de continuer à les gérer. Aujourd'hui, ils ont tous disparu, mais leur mentalité de vouloir s'éterniser au pouvoir a créé des antécédents. D'où la nécessité de conscientiser les Africains sur ce danger et le piège tendu à ces précédents acteurs clés de l'indépendance du continent, et qui, malheureusement, ont mordu à l'hameçon causant ainsi leur fin tragique. La plupart d'entre eux ont fini leur vie en exil et d'autres ont été renversés par coup d'État ou tués sauvagement sans scrupule par leurs anciens maîtres lorsqu'ils s'opposaient à leur domination ou leurs intérêts.

Certains dirigeants, en signant des pactes et contrats avec leur prétendu premier partenaire, en l'occurrence le pays colonisateur, ignoraient la relation infernale qui les liait avec leurs chefs. Ces accords marquaient non seulement l'arrêt de l'élan de l'indépendance africaine,

---

[152] « Afrique : ces "pères de l'indépendance" tous disparus », https://information.tv5monde.com/afrique/afrique-ces-peres-de-l-independance-tous-disparus-413401, 18 juin 2021.

[153] Ahmed-Baba Miské, *La décolonisation de l'Afrique revisitée, La responsabilité de l'Europe*, éditions Karthala, 2014.

mais aussi leur fin de vie en cas de défaillance à leurs missions confiées en jouant les serviteurs des colonisateurs au détriment des sociétés africaines. L'intérêt personnel, les rivalités de pouvoir et l'envie de garder le pouvoir à tout prix ont freiné et barré la route au décollage de l'Afrique et rendu l'indépendance de l'Afrique inachevée et chimérique.

La méthode a trouvé écho dans le post-colonialisme et la mondialisation, mais aujourd'hui certains dirigeants loyaux aux anciens colonisateurs sont arrivés à bout de souffle. Ils n'arrivent plus à contenir les populations et les manifestations contre le système colonial qui ne cessent de se multiplier en Afrique noire. Ce malaise grandissant a rendu le continent invivable, surtout pour la jeunesse désœuvrée qui envisage par tous les moyens de le fuir. Hélas ! Cette jeunesse, qui brave les océans à ses risques et périls, représente une partie de la population africaine jeune qui paie des fortunes à des passeurs pour traverser des frontières à la recherche d'une vie meilleure en dehors de leurs pays et du continent. Ils suivent, à leurs risques et périls, le mouvement de la mondialisation, contrairement aux Occidentaux qui peuvent entrer et sortir en Afrique sans aucune contrainte réelle. Pourquoi le mouvement inverse est-il problématique pour les pays du Nord ? Ce faisant, cette fuite de la jeunesse africaine est due à l'inconscience et à l'égoïsme des dirigeants africains, qui continuent à veiller loyalement sur les intérêts de leurs parrains occidentaux, en plombant ainsi les ailes du développement économique et durable de leurs pays. Voici malheureusement l'image politique et économique que nous avons gardée de la gestion des indépendances et du pouvoir des premières générations d'héritiers de la décolonisation de l'Afrique, qui, in fine, sont devenus des laquais de l'impérialisme. Ils ont perdu le sens de la dignité, de la fierté, de l'honneur, de toutes les valeurs historiques et socioculturelles de leurs ancêtres. Ils ont trahi la mémoire africaine et ont brisé l'espoir de tout un peuple.

En outre, René Dumont reprochait aux Africains d'avoir consenti prioritairement l'effort sur l'enseignement supérieur, la formation des juristes, des économistes, des intellectuels ou des médecins au détriment des bons professionnels, ouvriers ou techniciens dans l'agriculture ou l'industrie sous prétexte que la formation de ces premiers n'était pas adaptée aux besoins de leurs pays. Sur ce point, je ne suis pas totalement du même avis que René Dumont, car on sait parfaitement que l'administration avait besoin de ces cadres pour prendre le relais des anciens cadres coloniaux qui venaient de partir. Alors, le besoin était adapté à la réalité du moment. Là où on peut rejoindre la critique de Dumont, c'est d'avoir continué sur cette lancée en formant l'élite et en négligeant la formation professionnelle pour pourvoir des techniciens compétents pour le secteur primaire (agriculture, pêche et mines) et le secteur secondaire ou industriel. Le fait est qu'une fois diplômés, beaucoup d'Africains ont préféré émigrer en Occident ou faire le choix de travailler pour les organisations internationales en laissant le champ libre à des personnes qui ne se souciaient pas du développement ni dévoué au service public. Ils ont contribué indirectement à la faillite et à l'échec des indépendances africaines en abandonnant les pays au moment où on avait besoin d'eux pour les construire.

Aujourd'hui, la joie suscitée par le départ du colonisateur a fait place au désarroi, les Africains sont secoués par la misère qui les empêche de faire briller leurs rêves, en vivant le contraire de ce qu'on chantait à la prise de l'indépendance. « Secouer nos misères pour faire briller nos rêves… »[154] *Hongera Afrika* était un des titres de chansons qu'on chantait fièrement dans les grandes fêtes aux années 1960 pour célébrer l'autonomie et la liberté qu'ils venaient d'acquérir.

Il est à retenir que face à l'esclavage et la colonisation en Afrique, les ancêtres africains se sont battus pour préserver leur dignité et leur intégrité. Ils ont, pendant longtemps, refusé de se soumettre à la domination étrangère. Mais le manque d'armes, de stratégie et d'entente entre les Africains, la loi du plus fort a fini par l'emporter. La bataille était rude. Elle l'est encore aujourd'hui, mais chaque génération a ses armes pour se défendre et pas forcément par des fusils et des bombes. Plus d'une soixantaine d'années depuis la décolonisation, l'éventuel progrès rapide annoncé par les personnes éclairées dès l'acquisition de l'indépendance reste finalement suspendu.

Pourtant, selon une analyse publiée par Hérodote[155], le progrès de l'Afrique subsaharienne après l'indépendance ne fit pas de doute, car elle disposait de certains atouts qui auraient facilité son décollage. « Elle avait une population jeune, mais ne souffrait pas ou presque de surpopulation ; elle bénéficiait de terres bien arrosées et parmi les plus fertiles du monde ; son sous-sol promettait qui plus est de belles surprises en minerais et pétrole. »[156] Ainsi, poursuit-il, « le niveau de vie des populations, quoique très bas, était plutôt meilleur que celui des malheureux Coréens qui souffraient de tous les maux de la terre et de la surpopulation, de la guerre et de la famine ». Tous les signaux du développement en Afrique étaient au vert avant

---

[154] http://www.barapoemes.net/archives/2015/02/17/31542764.html, « Le bar à poème, Bernard Binlin Dadié (1916-2019) : nous avons dansé ».

[155] « Afrique, illusion et désillusions des indépendances ».

[156] *Ibid.*

l'introduction de l'aide au développement. Les désillusions sont parvenues avec l'arrivée de l'aide occidentale de « deux cents milliards de dollars par an »[157] selon la Banque mondiale pour la reconstruction de l'Afrique, ce qui n'est pas sans conséquence face à la souveraineté de ces pays bénéficiaires de l'aide, majoritairement des pays de l'Afrique subsaharienne francophone.

Fallait-il refuser l'aide pour sauver la souveraineté au risque de subir la punition et les lamentations des donneurs, voire les lamentations des Africains qui croyaient dur comme fer aux bienfaits de cette aide publique au développement (APD) pour lancer leur développement ? L'Afrique y a cru pour se rendre compte plus tard que le deal était malhonnête.

4.3. L'aide au développement et ses « ravages »

Historiquement, le concept d'aide publique au développement trouve son origine en 1949. Elle a émergé au sortir de la Seconde Guerre mondiale et désignait une action volontaire par les pays industrialisés pour impulser le développement des pays pauvres. Selon le Comité d'aide au développement (CAD) de l'Organisation de coopération et de développement économique (OCDE), « on entend par aide publique au développement (APD) l'aide fournie par les États dans le but exprès de promouvoir le développement économique et d'améliorer les conditions de vie dans les pays en développement »[158].

L'objectif de base de l'aide était de venir au secours des populations européennes affaiblies par la guerre, dont « plus de la moitié des habitants vivaient encore dans des conditions proches de la misère, dont la nourriture était insuffisante. Ils étaient victimes de maladies, leur vie

[157] *Ibid.*

[158] https://www.oecd.org

économique était primitive et stagnante. Leur pauvreté était un handicap et une menace tant pour eux que pour les régions plus prospères. »[159] L'aide est appliquée en Afrique dans les années soixante afin d'aider à la construction de ces pays qui venaient de sortir du joug de la colonisation. C'est en quelque sorte une reconnaissance des dégâts causés par cette dernière. Elle se recentrait sur les enjeux de la lutte contre la pauvreté et de promotion de la croissance. Soixante-dix ans après cette initiative, la situation en Afrique ressemble à cette époque d'après-guerre, l'extrême pauvreté ne recule pas, la faim, les maladies et la malnutrition sont aussi en progression, et l'aide au développement a failli à sa mission d'atténuer les souffrances des habitants, comme c'était souhaité pour les habitants de la planète depuis la Seconde Guerre mondiale.

Cette aide publique au développement est aujourd'hui sous le feu des critiques en Afrique, car elle est tenue pour favoriser la mainmise sur les ressources des pays en développement par la classe dirigeante des pays favorisés. Après soixante années d'allocation financière venant de l'extérieur, la nouvelle génération est hostile à cette aide publique au développement (APD) parce qu'elle représente, selon la jeunesse africaine, un cadeau empoisonné, une continuité de la pensée coloniale, le néocolonialisme. L'aide en soi est un leurre, car sinon comment se fait-il qu'en Afrique les vrais objectifs de l'aide ne soient presque jamais atteints ? Aujourd'hui, on cherche encore des solutions pour les mêmes problèmes qui datent depuis des décennies, c'est tout simplement parce que le rendement de l'APD laisse à désirer, car son impact reste paradoxal.

---

[159] https://fr.m.wikipedia.org

D'après une publication de Nadia Chahed intitulée *L'Afrique : à qui profite l'aide publique au développement ?*[160], et selon Hamit Kérim, chercheur au Centre national d'Appui à la Recherche (CNAR) du Tchad, l'Afrique subsaharienne depuis les premières indépendances aurait bénéficié de plus de six cents milliards de dollars d'aide auprès des pays membres de l'OCDE. Malgré ces milliards de financements alloués, les conditions de vie de la plupart des pays bénéficiaires ne se sont pourtant pas améliorées. Le taux de pauvreté n'arrête pas de croître et devient même endémique. La question qu'on peut se poser est de savoir où sont passés ces milliards de dollars quand on sait que les rapports des institutions de Bretton Woods qualifient la majorité des pays africains de pauvres.

Pour élucider le paradoxe de l'aide, Dambisa Moyo[161], dans son ouvrage *L'aide fatale*, indique qu'entre 1970 et 1988, quand le taux de l'aide était au maximum, le taux de pauvreté des populations est passé de 11 % à 66 %. Ceci explique que l'augmentation de l'aide ne s'est pas traduite en une réduction de la pauvreté, au contraire l'aide nourrit et développe la pauvreté en Afrique. Toujours sur cette optique de la grille d'analyse, en 2020, selon les chiffres de l'OCDE[162], l'aide aux pays en développement n'a jamais été aussi généreuse. Elle s'est élevée à plus de cent soixante milliards de dollars en cette année, un chiffre record, souligne Angel Gurria, secrétaire général de l'OCDE. Sur la même lancée, la France a nettement accru

---

[160] https://www.aa.com.tr/fr/afrique/afrique-a-qui-profite-l-aide-publique-au-d%C3%A9veloppement, Nadia Chahed, mis à jour le 10/05/2018.

[161] https://controverses.sciences-po.fr/archive/aidedeveloppement/10.html

[162] https://www. Lesechos.fr, « L'aide aux pays en développement n'a jamais été aussi généreuse », Richard Hiault.

son effort pour atteindre plus de treize milliards de dollars[163], mais les ONG chargées de plaidoyer et de défense de l'aide au développement comme ONE[164] en France jugent l'effort de la France encore insuffisant au titre qu'« une grande partie de cette augmentation s'explique par une hausse importante des prêts bilatéraux de l'Agence française de développement, alors que les dons bilatéraux n'ont que très faiblement augmenté ».

Il faudra à ce sujet bien faire la distinction entre l'aide, le don et le prêt. Cette façon de déployer de l'aide est la raison pour laquelle beaucoup d'Africains, y compris des experts, des économistes en plus de la nouvelle génération, remettent en cause l'efficacité de « l'aide-prêt ». Ils se demandent pourquoi les pays de l'OCDE et l'ONU continuent de soutenir l'octroi de ces fonds aux pays africains malgré l'échec probant, et sans exigence de résultats. Pire encore, on fait appel aux membres du Comité d'Aide au Développement (CAD) de l'OCDE pour rehausser l'aide tout en sachant qu'une augmentation de l'aide est une aggravation de la dette qui asphyxie davantage l'économie des pays africains. Pour le cas de la France, qui a fait de l'Afrique sa priorité en matière de l'orientation de son aide, son impact pourrait être évalué négativement en fonction de la situation concrète de développement qui prévaut en Afrique francophone.

L'aide ne sert ni réellement au développement économique ni à la lutte contre la pauvreté. Elle est considérée comme un moyen d'influence et de pression que la France utilise pour faire plier les dirigeants africains en cas de besoin, afin de préserver ses intérêts économiques. On voit actuellement avec ce qui se passe en Afrique, notamment au Niger, au Mali, au Burkina Faso, parmi les premières sanctions qui tombent contre ces pays

---

[163] *Ibid.*
[164] *Ibid.*

après leurs coups d'État militaires, c'est la suspension de l'aide au développement et de l'appui budgétaire par la France. Ces suspensions restent de portée limitée. Malgré le montant d'aide au développement de « 120 millions d'euros en 2022 »[165] alloué par la France, le Niger reste l'un des pays les plus pauvres du monde. Au Burkina Faso le montant des projets de l'aide française au développement est estimé à « 482 millions d'euros en 2022 »[166]. Quant au Mali, dont son aide française au développement s'élevait à « 121 millions de dollars en 2020 »[167] d'après l'Organisation de coopération et de développement économiques (OCDE), a vu la suspension de cette aide, suite à la décision de la junte militaire malienne de s'affilier avec la milice Wagner et accusé de défendre les intérêts russes. On s'aperçoit que les militaires au pouvoir restent intransigeants par rapport à ce chantage budgétaire et financier car, pour eux, son octroi n'a pas servi à améliorer la vie de la population des Nigériens ni permis d'arrêter la dégradation de la situation sécuritaire et économique de leur pays. On retrouve le même argumentaire au Mali et au Burkina Faso et le même scénario de la France de non-poursuite des projets d'aide publique au développement dans ces pays suite à la prise du pouvoir par la junte militaire.

---

[165] https://www.europe1.fr/international/niger-la-france-suspend-son-aide-au-developpement-et-son-appui-budgetaire-4196457, « La France suspend son aide au développement et son appui bugdetaire », Arthur Meuriot, Europe 1.

[166] https://www.lefigaro.fr/international/burkina-faso-la-france-suspend-son-aide-au-developpement-et-son-appui-budgetaire-20230806, « Burkina Faso : la France suspend son aide au développement et son appui budgétaire », Le Figaro avec AFP, publié le 06/08/2023.

[167] https://www.agenceecofin.com/aide-au-developpement/1711-103059-mali-vers-une-suspension-de-l-aide-au-developpement-de-la-france, « Mali : vers une suspension de l'aide au développement de la France ? », Moutiou Adjibi Nourou, 17 novembre 2022.

Par ailleurs, selon les ONG actives dans la coopération au développement, les dépenses de l'aide ne contribuent en rien à la lutte contre la pauvreté ni à l'amélioration du bien-être des populations sur le terrain. Des voix se sont élevées pour dénoncer l'orientation de l'APD. D'après Action Aid International (2005), « deux tiers des flux d'APD fournis en 2003 représentent une aide fantôme ; 20 % de l'aide sont investis dans des projets de coopération technique inefficaces dont les prix surfaits profitent essentiellement aux consultants des pays donateurs ; 14 % de l'ADP sont enregistrés au titre de mesures de désendettement qui ne correspondent qu'à des jeux d'écriture comptable. L'aide se trouve aussi gonflée par des coûts de transaction excessifs liés aux frais administratifs et de coordination. Enfin, une partie croissante de l'APD enregistre les frais d'accueil des demandeurs d'asile dans les pays industrialisés pendant les douze premiers mois de leur séjour. »[168] Voilà donc une partie de vérité de l'APD qui est loin d'être un geste altruiste désintéressé pour le bien-être de la population ou de la solidarité envers les pays pauvres d'Afrique.

L'APD a des enjeux géopolitiques et géostratégiques. Elle permet aux donateurs de promouvoir leurs intérêts commerciaux et de soigner leur image, de conquérir des marchés, maintenir et renforcer leurs aires d'influences. Ce n'est donc pas anodin si la France augmente son aide envers l'Afrique. Celle-ci sert à promouvoir ses intérêts politiques et économiques en lui permettant d'influencer, de récompenser les dociles ou de punir les dirigeants insoumis qui se révoltent contre elle. Certains associent l'aide à une réponse à une culpabilité qui vise à réparer la

---

168 https://journals.openedition.org/poldev/122, « L'aide au développement une fois de plus sous le feu de la critique », Gilbert Carbonnier, p. 141-147.

faute de l'exploitation coloniale. Elle peut aussi être considérée comme étant l'argent de l'Afrique confisqué par les banques occidentales qu'on prête à l'Afrique. Il est clair que sur cette toile de fond de ces rapports, l'aide publique au développement manque cruellement de transparence et nourrit de plus en plus la méfiance et la colère de la nouvelle génération d'Africains qui soutiennent l'idée de refus de l'aide. Elle considère que cette APD contribue à maintenir, depuis sa mise en place, un mécanisme de néo-colonisation qui maintient l'Afrique subsaharienne dans une situation d'extrême pauvreté et de dépendance envers les pays industrialisés. L'APD devient de « l'argent facile » auquel certains dirigeants africains, en panne de projets de développement, ont recours en permanence ; ce qui bloque l'éclosion des initiatives et des projets locaux innovants et autonomes. Quand l'Afrique continue à croire qu'elle ne peut rien faire sans l'APD, en pensant que le décollage du développement se fera au gré des donateurs, c'est souffrir du syndrome de Stockholm.

Cependant, il n'y a pas que des Africains qui pensent que l'APD est un mirage. La Conférence des Nations unies sur le Commerce et le Développement (CNUCED) dans son rapport de 2019[169] sur les pays les moins avancés (PMA) intitulé : « Le financement extérieur du développement, aujourd'hui et demain. Dépendance persistante, difficultés nouvelles » a lancé une mise en garde contre un leurre et contre un faux objectif de l'APD. Selon ce rapport, le CNUCED exhorte les PMA à s'approprier leur programme de développement et à gérer l'allocation du financement extérieur du développement conformément à leurs priorités nationales de développement. Ce rapport souligne l'incohérence de

169 https://unctad.org/system/files/official-document/ldcr2019_fr.pdf, « Le financement extérieur du développement, aujourd'hui et demain-Dépendance persistante, difficultés nouvelles ».

l'aide comme le chef de la section des pays les moins avancés (PMA) de la CNUCED. Rolf Traeger nous l'explique dans les termes suivants : « De plus en plus les liens entre le financement extérieur du développement et les priorités nationales de développement s'affaiblissent »[170]. L'inefficacité et les mauvaises orientations de l'aide sont de mise dans ce rapport. Pour que l'aide soit efficace et réponde aux vrais objectifs immédiats de l'Afrique, elle doit être dirigée vers les secteurs de production économique, or l'APD continue de soutenir les secteurs sociaux qui absorbent 45 % de l'aide totale contre 14 % et 8 % pour l'infrastructure économique et de production. Elle ne participe pas dans de nouveaux secteurs et activités productifs ni à la modernisation technologique et organisationnelle des secteurs et unités de production existants.

Le fait d'octroyer les moyens financiers aux secteurs sociaux qui ne génèrent pas de richesse, les pays bénéficiaires de l'aide ont de plus en plus eu recours à l'emprunt pour financer des projets de développement économique, ce qui fait augmenter l'encours de leur dette extérieure. Beaucoup des pays se trouvent en situation de surendettement tout en étant bénéficiaires d'APD, car les priorités et les plans nationaux de développement ne sont pas pris en compte. Tant que les donateurs ne s'aligneront pas sur les priorités des bénéficiaires et n'orienteront pas leurs allocations au développement de besoins réels des pays, l'aide continuera à maintenir ces derniers dans le sous-développement et l'extrême pauvreté faute de créer

---

170 https://unctad.org/fr/press-material/les-pays-les-plus-pauvres-du-monde-devraient-jouer-un-role-de-premier-plan-et, communiqué de presse, « Les pays les plus pauvres du monde devraient jouer un rôle de premier plan et orienter l'aide extérieure vers leurs priorités de développement », UNCTAD/PRESS/PR/2019/038, 19 novembre 2019.

de la richesse localement. Non seulement l'aide, en priorisant son utilisation sur le social, tue l'économie, mais elle tue aussi l'emploi et crée des chômeurs et des assistés. En général, elle développe la pauvreté, car la transformation structurelle au niveau économique a été déroutée.

En outre, le rapport de la Banque mondiale d'octobre 2018 sur l'extrême pauvreté montre que l'Afrique perd de plus en plus pied : « 80 % des personnes vivant avec moins de 1,9 dollar par jour vivaient en Asie contre 15 % en Afrique en 1990. En 2015, elles sont 57 % en Afrique et très concentrées en Afrique subsaharienne contre 35 % en Asie où la pauvreté tend à reculer. En 1990, elle touchait trois cents millions de personnes, en 2015 quatre cents millions. Ces statistiques démontrent que le continent est en train de perdre la bataille contre l'extrême pauvreté. Selon l'organisation africaine, Institut d'études de sécurité (ISS), « en 2020 avec l'éclatement de la Covid-19, environ trente millions d'Africains de plus sont poussés dans l'extrême pauvreté et viennent s'ajouter aux quatre cent quarante cinq millions de personnes d'avant la pandémie. »[171] Avec cette tendance, l'Afrique n'atteindra pas la cible des Objectifs de développement (ODD) en 2030. D'après cette étude de l'ISS, l'aide toute seule ne peut pas éliminer l'extrême pauvreté en Afrique, seul le développement du secteur agricole qui représente quatre-vingt-cinq pour cent des moyens de subsistance des Africains pourrait sortir cent dix millions de personnes de l'extrême pauvreté à l'horizon 2043. Pour finir, on retient que l'APD trouvera son sens de développement si elle est orientée dans les secteurs prioritaires et adaptée aux besoins des bénéficiaires et non aux besoins des donateurs. L'agriculture, même si elle ne représente pas seule la

[171] https//issafrica.org, Enoch Randy Aikins et Jacobus Du Toi Mclachlan, 13 juillet 2022.

solution au développement, son industrialisation reste le secteur prioritaire vers lequel l'APD devrait orienter son allocation afin d'espérer éradiquer la pauvreté en Afrique subsaharienne.

4.3. La leçon tirée de René Dumont et de la mondialisation

Incompris par certains Africains à l'époque, car ils étaient sous l'engouement et l'euphorie de l'indépendance, aujourd'hui la pensée de René Dumont représente une des voies de salut pour sortir l'Afrique de l'impasse. On a compris que sa préoccupation était fondée sur une volonté de bien préparer l'Afrique à mieux se développer avant de s'embarquer dans le marché mondial dont on ignorait le processus. Mal outillée dès son implication dans la globalisation, l'Afrique richement dotée en ressources naturelles demeure très isolée par les règles du jeu de la mondialisation, mais reste toujours convoitée par les principaux acteurs de ce processus, à savoir les firmes multinationales et la triade (États-Unis, Japon et Union européenne).

Les trois pôles qui dominaient l'économie mondiale et qui étaient à l'origine de la mondialisation, formant la triade, représentait 70 % du commerce mondial alors que l'Afrique ne représentait que 1 % des exportations[172]. Aujourd'hui avec l'émergence de la Chine, un monde nouveau s'est dessiné autour d'une nouvelle triade, États-Unis, Euro zone, Japon, la Chine et les autres pays émergents de l'Asie du Sud-est. On rajoute à cela la constitution d'une nouvelle hiérarchie de macro-puissances ou de macro-pôles économiques, en l'occur-

[172] https://www.kidsvacances.fr/fiches-de-cours/college/geographie/mondialisation-circulation-hommes-biens.html

rence le Brésil et l'Inde. Tous ces pays émergents s'intègrent et s'émancipent progressivement de la domination de ces géants contrairement à l'Afrique subsaharienne. Il y a lieu de se demander comment l'Afrique compte intégrer ce nouveau monde économique multipolaire du vingt-et-unième siècle sans subir les mêmes effets néfastes que lors des expériences de la mondialisation économique au temps des empires coloniaux (1830-1970) et de la mondialisation au temps du monde bipolaire, des deux blocs antagonistes, divisé entre le bloc occidental mené par les États-Unis, et le bloc soviétique mené par l'URSS.

En dépit de sa ferme volonté de ne pas s'aligner sur les grandes puissances, « après la décolonisation, les nouveaux États africains cherchaient à garantir leur indépendance. Certains appellent à l'unité »[173]. Cependant, les États africains ne sont pas réellement parvenus à échapper aux logiques de guerre froide. Le continent était devenu l'objet d'une lutte d'influence entre les États-Unis, l'URSS et un nouvel acteur, la Chine. Sans être officiellement dans une situation de guerre froide, l'Afrique se trouve actuellement dans cette logique de lutte d'influence entre les mêmes acteurs et dans les mêmes considérations au regard des anciennes grandes puissances.

Selon les termes du ministre des Affaires étrangères du Togo, Robert Dussey [174] lors de la 77e session de l'Assemblée générale des Nations Unies en septembre 2022 : « Les grandes puissances veulent réduire l'Afrique à une entité purement instrumentale au service de leurs causes. Elles s'efforcent le plus souvent à amener les

---

[173] https://www.letemps.ch/opinions/lafrique-ne-veut-plus-saligner-grandes-puissances-soient, Robert Dussey, ministre des Affaires étrangères du Togo depuis 2013, publié le 27 juillet 2022.
[174] *Ibid.*

Africains à adhérer à leur “narratif” et, in fine, à soutenir un camp contre un autre selon une logique diplomatique utilitariste. Quand il s’agit de voter une résolution au Conseil de sécurité par exemple, nous sommes activement sollicités d’un côté comme de l’autre. L’Afrique est alors très courtisée, voire mise sous pression par certains de ses partenaires. » Si on croit aux propos du ministre Robert Dussey, avec la nouvelle géopolitique du monde, les choses ne seront plus comme au temps de la guerre froide, encore moins celles des années 1960. Avec l’imposition des pays constituant les BRICS (Brésil, Russie, Inde, Chine et l’Afrique du Sud) et ses nouveaux adhérents, l’ordre mondial est en train de basculer. Les pays du Nord qui détenaient presque le monopole d’influence sur le monde ne représentent ni la force ni la puissance du moment. On est loin de l’époque de la pratique de l’euphémisme des dirigeants français, comme François Mitterrand qui prétendait en 1977 : « La France reste celle qui conduit, celle dont on a besoin, celle à laquelle on se rattache. Il ne pourra y avoir d’histoire authentique de l’Afrique si la France en est absente. »[175] Certains pays africains tournent le dos à leur ancien partenaire historique au profit d’un autre qui donne une priorité aux commerces et au développement économique. Les BRICS devenus acteurs majeurs avec 31,5 % du PIB mondial, vu son émergence et son élargissement, représentent une alternative en tant que moteur de changement, de collaboration et d’innovation. Tout ce dont l’Afrique a besoin pour son décollage.

Ces nouveaux partenaires peuvent être une aubaine pour l’Afrique, qui ne restera plus une chasse gardée de ses anciennes puissances occidentales. Maintenant, il

[175] « L’Afrique de nouvelles convoitises », « La politique de coopération de la France en Afrique », Philippe Marchesin, p. 39, Ellipses Edition Marketing SA 2011.

revient à l'Afrique de vouloir se débarrasser de ses geôliers et sortir de ce syndrome de Stockholm pour pouvoir s'adapter aux nouveaux rapports de forces mondiaux à la nouvelle géopolitique. Par ailleurs, si l'Afrique subsaharienne, à la lisière des indépendances, est marginalisée sur l'économie mondiale, ce n'est pas par manque d'offre ni de demande, mais c'est par manque de compétences et de performance nécessaire pour être compétitive dans l'économie mondiale où tout fonctionne avec des standards et des exigences. La mondialisation désigne une interdépendance entre cinq processus : la globalisation financière, l'organisation mondiale de la production, la libre circulation des marchandises, les migrations et mouvements de population, et l'instantanéité de l'information. Elle s'était pointée d'une manière officielle en Afrique au lendemain de l'indépendance.

Avec le poids de l'héritage de la colonisation, l'Afrique manquait de main-d'œuvre qualifiée et souffrait d'une inexistence d'infrastructures et de moyens de production et de transformation des matières premières. De plus, son outil de communication était rudimentaire et les coûts de transports étaient hors prix. Il paraissait difficile pour ces nouveaux pays indépendants d'entrer en concurrence pour rivaliser avec les grandes et vieilles économies industrielles et commerçantes. Cela reflète, à une échelle supérieure, les contraintes évoquées par René Dumont dans *L'Afrique noire est mal partie*, en montrant qu'elle n'était pas bien armée pour affronter ces géants économiques du Nord. Contrairement aux nouveaux pays émergents comme la Chine et l'Inde, qui ont misé leurs efforts sur l'industrialisation et le développement des infrastructures, l'Afrique ne compte encore que sur la vente des matières premières, surtout agricoles, à l'état brut, faute d'investissements dans des infrastructures nécessaires et suffisantes.

Ces handicaps cumulés depuis la colonisation demeurent encore aujourd'hui et freinent en général le développement du continent. On peut rajouter à cela les exigences de l'économie mondiale, les ressources humaines qui manquent en Afrique subsaharienne, en l'occurrence dans l'éducation et la santé, les enjeux géopolitiques et géostratégiques ainsi que les rapports de force qui restent en faveur des pays riches. Tous ces facteurs réunis ont fragilisé ces nouveaux pays indépendants et leur ont fait rater la marche vers la mondialisation qu'ils peinent toujours à rejoindre, malgré les quelques signes de progrès affichés dans certains pays. Les programmes d'aide au développement pour l'Afrique subsaharienne n'ont pas permis non plus de faire évoluer la situation d'une manière concrète. Ils ont plutôt préféré garder l'Afrique avec son économie de rente pour entretenir sa marginalisation, et sa domination pour entretenir sa dépendance envers leurs anciennes puissances.

Cette mondialisation, constituant une source d'enrichissement pour certains et d'appauvrissement pour d'autres, renforce aussi les inégalités entre pays, régions riches et pauvres. La partie de l'Afrique noire francophone que nous étudions ici reste parmi les grandes victimes pour des raisons internes et externes dépassant parfois le cadre économique. Elle représente la proie de prédateurs intérieurs et extérieurs. Elle perd son autonomie et sa souveraineté à travers le mécanisme de globalisation. Comment l'Afrique doit-elle faire pour trouver concrètement sa propre voie de développement ? Doit-elle envisager de tourner le dos à ce phénomène économique de domination néocoloniale qui n'arrête pas de s'accélérer sous différentes formes ou doit-elle poursuivre le chemin au sein du système mondial au risque de se faire broyer avec l'arrivée des nouveaux pays émergents ? Est-ce que l'essor de l'Afrique se trouve forcément à travers l'intégration mondiale ? Ou par son monde à part ?

Pourquoi c'est toujours à l'Afrique de s'intégrer et de s'adapter aux autres et non l'inverse ? Il est d'actualité que la mondialisation a atteint l'essoufflement de son extension et le continent africain se présente comme le dernier grand marché à conquérir. Présentement, la faible capacité des États africains à pouvoir exploiter leurs ressources peut stimuler de nombreux pays à venir investir. C'est à ces arrivants en Afrique de s'intégrer et de s'adapter à ce marché africain ; c'est à eux que les Africains doivent à leur tour fixer les règles du jeu. Cela revient à penser que les organisations internationales (ONU, OMC, FMI et autres) accordent aux pays africains une participation active au sein de leurs institutions. Un tel scénario est possible si ces dernières cessent l'hypocrisie et attribuent un rôle principal aux pays africains au lieu de les maintenir dans des rôles accessoires dans la logique du fameux Consensus de Washington. Espérer une telle démarche, c'est ignorer le jeu cynique des relations internationales qui n'est nullement une quelconque mission philanthropique, mais qui repose sur un principe simple de jeu d'intérêts, où chaque pays défend les siens farouchement.

4.4. Les causes de la marginalisation de l'Afrique

À travers notre grille de lecture sur les aspects de la mondialisation et les réformes introduites en Afrique subsaharienne pendant et après la colonisation, on peut relever que la libéralisation du commerce n'a pas fourni les résultats attendus à l'Afrique comme tant d'autres solutions imposées depuis le début des années 1980 sous la houlette du Fonds monétaire international, à l'instar du

Programme d'Ajustement structurel qui a, pour la plupart, échoué lamentablement. Malgré les nombreux espoirs des dirigeants africains, suscités par la fin de la colonisation dans les années 1960, qui espéraient voir leurs pays rattraper les pays développés et s'intégrer dans les échanges mondiaux, soixante ans après, une majorité des pays de l'Afrique subsaharienne et souvent francophones restent exclus du processus du marché mondial. La défaillance de leurs institutions est tenue comme grand responsable de cet échec des stratégies du libre-échange en Afrique. Or, les cycles de négociations commerciales, comme le cycle de Doha, montrent l'autre face de l'iceberg.

Ce cycle de Doha, aussi appelé cycle de développement pour l'importance accordée à l'agriculture dans les négociations de l'Organisation mondiale du Commerce (OMC), est le tout dernier cycle de négociations commerciales entre les membres de l'OMC. Il a été lancé en novembre 2001 pour une durée de trois ans. Son principal objectif affiché était de libéraliser l'économie mondiale, de « réformer en profondeur le système commercial international par la réduction des obstacles au commerce et les règles commerciales révisées »[176]. La réalité est autre. L'impossibilité d'arriver à un consensus entre les États et les velléités protectionnistes ont mis en échec le projet et révélé une fragilité et un dysfonctionnement du système économique mondial et du commerce international.

Cependant, beaucoup de voix se sont élevées pour dénoncer les effets pervers des échanges mondiaux ainsi que les promesses non tenues par les pays dominants du

---

[176] https://www.wto.org/french/tratop_f/dda_f/dda_f.htm#:~:text=Le%20Cycle%20de%20Doha,et%20des%20r%C3%A8gles%20commerciales%20r%C3%A9vis%C3%A9es, « Le cycle de Doha », Organisation mondiale du commerce.

cycle de Doha et des cycles précédents de négociations. C'est à partir de ces promesses non tenues de ces négociations que certains pays du sud n'ont plus voulu souscrire à de nouvelles obligations, car ils ont jugé que celles en vigueur n'avaient pas servi de levier à leur développement. Cela a fait naître en 2003 lors de la Conférence ministérielle de l'OMC à Cancún au Mexique, une coalition de pays d'Afrique, Caraïbes et Pacifiques (ACP) de pays les moins avancés, formant le G90 (ou groupe des 90)[177]. Suite à un vote commun, ces pays ont adopté une position unanime qui a pu bouleverser les positions privilégiées des pays dominants dans la genèse des politiques commerciales et surtout dans les négociations concernant des produits agricoles dont les économies des membres du groupe des 90 pays sont très dépendantes. Cette position n'est pas sans conséquence, car elle a provoqué le mécontentement des pays riches jusqu'au boycott du projet de Doha.

Dans l'histoire du libre-échange, lorsque les plus forts n'arrivent pas à imposer leur loi aux plus faibles, ces puissances n'hésitent pas à avoir recours au chantage pour les faire plier ou à manier l'arme protectionniste pour sécuriser leur économie, alors que l'inverse n'est pas accepté. Cette conception du libre-échange est vue par les pays africains comme un alibi pour poursuivre la domination et l'exploitation de l'Afrique à travers les firmes multinationales. Il s'agit en général d'une libre-entrée et d'un libre-service pour ces dernières.

---

[177] https://www.glossaire-international.com, « Le dico du commerce international ».

4.5. La mise en échec du cycle de Doha et ses conséquences pour l'Afrique

Nous allons nous focaliser sur le cycle de Doha, appelé aussi cycle de développement par l'intérêt affiché au départ sur le secteur agricole dans les négociations de l'OMC et dont on connaît l'importance pour le développement économique en Afrique. Non seulement elle nourrit la population, mais l'agriculture représente un secteur clé en étant une source de revenus et un élément stratégique de lutte contre la pauvreté pour la grande majorité de la population africaine. L'agriculture, de la part des États africains, constitue le principal moyen de subsistance pour plus de la majorité de la population. Selon une étude d'Oxfam, l'agriculture fournit « des moyens de subsistance à soixante-dix pour cent de la population, ce qui représente près de trente pour cent du PIB de l'Afrique subsaharienne et quarante pour cent de ses revenus d'exportation. Pour les pays moins avancés d'Afrique, l'agriculture est un élément central de l'économie et représente une partie significative du PIB, quarante pour cent au Bénin, quarante-cinq pour cent au Burkina Faso, cinquante pour cent en Tanzanie et quarante pour cent au Soudan. Dans ces mêmes pays, une très large proportion de la population est engagée dans la production agricole. En termes d'emplois, l'agriculture crée soixante-dix pour cent d'emplois au Bénin, quatre-vingt-cinq pour cent au Burkina Faso et en Tanzanie et quatre- vingt pour cent au Soudan. »[178]

C'est pour ce degré d'importance que les pays d'Afrique subsaharienne se battaient contre les obstacles et d'un éventuel échec de négociations sur l'agriculture du cycle de Doha. À cet effet, l'amélioration des conditions

---

[178] Document d'information Oxfam, « L'Afrique et le cycle de Doha. Un combat pour la sauvegarde du développement ».

des marchés internationaux des produits agricoles et une plus grande prise en compte de leurs préoccupations pourraient contribuer à une meilleure insertion de leur économie dans la globalisation et à l'accélération de leur croissance économique.

Quant au précédent cycle dit « d'Uruguay » qui a été un cycle de croissance des exportations des pays développés, il n'avait pas vraiment profité aux pays les moins riches. Pour ce cycle de Doha, les membres de l'OMC se sont engagés à faire de lui un outil pour la croissance économique et la prospérité des pays en développement. Plusieurs engagements sont inscrits dans sa déclaration qui promettait de réelles avancées, comme celle de mettre en pratique « le traitement spécial et différencié, de protéger la santé et de promouvoir l'accès de tous aux médicaments, de viser des améliorations substantielles de l'accès aux marchés, de réduire toutes les formes de subventions à l'exportation en vue de leur retrait progressif »[179]. Ce cycle avait pour but de mettre en place un commerce mondial prenant en compte le développement des pays pauvres, notamment dans le domaine du commerce agricole. Les pays pauvres et les pays émergents demandaient un abaissement des droits de douane et la fin des fortes subventions versées par les pays riches à leurs agriculteurs qui pouvaient ainsi vendre leurs produits en dessous de son coût de production. En prenant l'exemple du secteur du coton, principal produit d'exportation pour le Bénin, le Burkina Faso, le Tchad et le Mali, regroupant dix millions de petits producteurs sans soutien considérable, et qui se trouvaient en concurrence avec douze mille producteurs américains fortement subventionnés, cette concurrence déloyale impactait

[179] https://www.wto.org/french/tratop_f/dda_f/dohaexplained_f.htm, « La déclaration de Doha expliquée, Organisation mondiale du commerce ».

négativement le développement de ces quatre nations africaines.

En revanche, les pays du Nord réclamaient des concessions en matière de services et de produits industriels. Cependant, le manque de consensus entre membres développés et ceux en développement sur ces thèmes clés tels que l'agriculture, l'accès aux marchés des produits non agricoles (AMNA) et le traitement spécial et différencié ont toujours bloqué l'état d'avancement des négociations. Le cycle de Doha, qui devrait durer trois ans maximum, a vu ses négociations prendre plusieurs années de retard, faute d'accords entre les pays industrialisés. En juillet 2006, les négociations ont été suspendues à cause de ces profondes divergences sur l'accès aux marchés des produits agricoles, des désaccords sur le niveau de la demande et des offres concernant l'agriculture. Cette suspension *sine die* des négociations marque l'échec de ce projet de Doha et vient prouver clairement la marginalisation des pays africains par le jeu du commerce mondial et « l'intransigeance égoïste des puissances commerciales ».

Pour Jean-Michel Severino[180], ancien directeur général de l'Agence française de développement (AFD), l'échec du cycle de Doha va refléter d'une manière générale l'impossible entente entre pays développés et pays en voie de développement sur un cadre commercial qui serait de nature à faciliter et à accélérer le développement économique des pays les plus pauvres. Il montre aussi que cet échec accroîtrait le climat de méfiance qui pourrait s'instaurer entre pays développés et pays pauvres, ce qui fragiliserait l'ensemble de la gouvernance internationale. C'est exactement ce qui se produit actuellement. Le

[180] https://ideas4development.org/quelles-seraient-les-consequences-dun-echec-du-cycle-de-doha/, Jean-Michel Severino, le 30 juillet 2008, mis à jour le 17 juin 2021.

manque de considération des idées et des propositions des leaders africains sur la vision d'un système commercial international, les contraintes en termes de capacité et de processus décisionnels inéquitables ont régulièrement exclu le groupe africain des négociations. Ce sentiment de rejet, d'humiliation et de frustration fait germer un esprit séparatiste au sein de l'Organisation mondiale du Commerce (OMC) et risque de le devenir dans d'autres institutions. Ces institutions qui sont censées unir les pays vont créer des blocs et des rivalités entre le Nord et le Sud, l'Afrique subsaharienne en particulier. Toutefois, ce groupe [181] de décideurs africains forme souvent des coalitions à l'OMC pour parler d'une seule voix par l'intermédiaire d'un coordinateur, ou se munit d'une équipe de négociation. « Cette équipe pourtant active dans les discussions a produit de nombreuses propositions de négociation et est intervenue régulièrement dans les discussions sur des sujets clés comme l'agriculture, les Accords sur les aspects des droits de propriété intellectuelle (ADPIC), le coton, les matières premières et l'accès au marché non agricole (AMNA) »[182], mais selon ce document d'Oxfam sur « L'Afrique et le cycle de Doha » [183], les négociations progressent aux conditions dictées par les pays riches au mépris des promesses que ces puissances ont données aux dirigeants africains, montrant que le cycle de Doha est un cycle de développement totalement différent des autres et qui tiendrait compte des besoins des membres des pays les plus pauvres. Pour l'Afrique, les positions sont

[181] https://www.wto.org/french/tratop_f/dda_f/negotiating_groups_f.htm#GRP002, « Groupes dans les négociations », Organisation mondiale du Commerce, mis à jour le 12 avril 2021.

[182] Document d'information Oxfam « L'Afrique et le Cycle de Doha. Un combat pour la sauvegarde du développement ».

[183] *Ibid.*

fondamentalement pour une amélioration significative de l'accès aux marchés, une réduction et une élimination à terme de toute forme de subvention à l'exportation, de soutiens internes, l'instauration d'un traitement spécial et différencié fort vu les asymétries qui existent entre les pays, la définition de produits spéciaux et une période de mise en œuvre plus longue.

En vue de cela, le blocage des négociations a anéanti les efforts de ces pays. Selon Timothy A. Wise et Kevin P. Gallagher[184], l'administration Obama et d'autres gouvernements des pays développés ont laissé entendre que, tant que l'accès aux marchés du Sud ne leur serait pas ouvert davantage, les pays développés ne reprendraient pas les négociations sur le commerce mondial suspendues en juillet 2006, à cause des profondes divergences sur l'accès aux marchés des produits agricoles, ainsi que des désaccords sur le niveau de la demande et des offres concernant l'agriculture.

Par ailleurs, Kamal Malhotra [185] montre que « le commerce des pays en développement pourrait bénéficier de Doha, mais les propositions qui le permettraient ont été largement rejetées par les pays les plus développés de l'OMC ». À travers ce panorama, on retient que ce cycle n'a rien de différent des précédents, c'est du « pareil au même ». Comme à chaque négociation, les pays riches tentent d'arracher aux pays africains autant de concessions que possible, et le cycle de Doha n'a pas dérogé à la règle. Au rythme où il évolue, le cycle de Doha est loin d'être un cycle de développement, en tout cas pas pour les pays pauvres. Il constitue plutôt une ruse de plus dont les pays

[184] https://www.cairn.info/revue-l-economie-politique-2010-1-page-55.htm, « Le développement est-il de retour dans le cycle de Doha », *L'économie politique*, 2010/1 (n° 45).

[185] « Doha : s'agit-il réellement d'un cycle de négociations sur le développement ? », Kamal Malhotra, PNUD.

riches ont fait usage pour persuader les pays africains réticents de soutenir ce nouveau cycle de négociations.

La suspension des négociations nous prouve le contraire de l'esprit originel de la déclaration de Doha. Mustapha Sadni Jallab, dans son dossier sur « L'Afrique et les négociations commerciales internationales et les conséquences sur le secteur agricole »[186], révèle que l'Union européenne, l'Inde, le Brésil, la Chine, c'est-à-dire le G6 avec l'Australie, ont empêché tout accord, même minimaliste. Dix-huit ans après son lancement, le cycle de Doha n'a atteint aucun de ses objectifs et les tentatives de relance des négociations se heurtent perpétuellement aux intérêts individuels des pays membres.

En conséquence, la réticence des pays africains à lancer ce nouveau cycle en 2001 s'avérait légitime. La manière dont les pays riches ignorent continuellement les recommandations si explicites du groupe africain dans les discussions de Doha illustre le dépit de bon sens et le comportement malhonnête de certains membres dans les négociations avec les pays africains. Non seulement l'échec des négociations de ce cycle de Doha réduit de plus en plus l'espoir des pays d'Afrique d'accéder au marché mondial par la grande porte, mais la manière dont ces pays riches ont bloqué le processus explique l'absence de volonté des pays développés de soutenir le développement économique des pays pauvres.

L'analyse de Mustapha Sadni Jallab[187] nous amène à comprendre réellement que ce sont ces pays développés qui refusent le développement à l'Afrique, en fuyant l'obligation des accords pour lesquels ils s'étaient engagés

---

[186] https://www.persee.fr/doc/rint_0294-3069_2007_num_80_1_1076, Recherches Internationales, dossier Dr. Mustapha Sadni Jallab, 2007, p. 217-235.

[187] *Ibid.*

dans la déclaration ministérielle de Doha, sur les questions du transfert des technologies et de l'assistance technique qu'ils ont par la suite jugées comme engagements contraignants.

En somme, à chaque fiasco des solutions imposées par les institutions financières internationales, les mêmes narratifs reviennent en boucle pour expliquer les causes de leur échec. On évoque souvent une mauvaise volonté des pays africains à se développer et à saisir des opportunités. Ces institutions ont tendance à tenir ce genre de propos : « Comment voulez-vous qu'on vous aide, si vous ne faites pas d'effort ? »[188], en faisant abstraction des contextes qui prévalaient avant la mise en place de ces mesures d'ajustement en Afrique. Il faut se rappeler qu'avant le lancement de ces Programmes d'Ajustement structurel, il fallait tenir compte des difficultés et des injustices historiques, sources réelles de l'échec des plans des institutions internationales en Afrique.

Le blocage du cycle de Doha vient nous livrer une preuve de plus que l'Occident est responsable du frein au développement de l'Afrique avec la mise à mort de ses engagements initiés par les pays industrialisés. Contrairement à ce que la théorie néolibérale avançait, que le libre-échange permettrait à l'Afrique d'intégrer le marché mondial, avec la suspension des négociations de Doha, et selon Stephen Adegoke Olanrewaju : « Les espoirs de réussite d'un cycle de développement du commerce mondial aboutissant à de nouvelles opportunités de croissance et de réduction de la pauvreté

---

[188] *L'Afrique au secours de l'Occident*, Les éditions de l'Atelier/Les éditions Ouvrières, Ivry-sur-Seine, 2021, p. 37 .

dans les pays moins développés semblent s'être évaporés. »[189]

L'Afrique subsaharienne se trouve être la principale victime d'après tout ce qui précède. Il serait absurde de continuer à croire que la seule voie de développement de l'Afrique est celle affichée par les anciens dominants, car les règles du jeu de la globalisation ont rendu ces pays d'Afrique encore très pauvres et dépendants des capitaux et des technologies de ces pays développés, et ces derniers se plaisent à maintenir l'Afrique à leur dépendance et hypothéquer son avenir.

4.6. La nouvelle place de l'Afrique dans le monde multipolaire

La mondialisation est là avec ou sans l'intégration de l'Afrique, elle va évoluer sous une forme différente, mais elle ne va pas disparaître.

Comment l'Afrique va-t-elle évoluer dans ce nouveau monde sans subir une nouvelle domination étrangère ? Pour réussir cette transition, l'Afrique compte sur un éveil de conscience et un sursaut néopanafricain. Il lui faudra une meilleure compréhension du passé et des efforts intenses pour inverser la tendance, adopter d'autres règles du jeu de coopération et du commerce international juste, équitable et favorable à la nouvelle Afrique. Suite au bilan désastreux du développement et de la gestion chaotique des indépendances, est née cette nouvelle idéologie néo-panafricaniste initiée par les jeunes Africains de la diaspora en adéquation avec les réalités africaines, car l'ancien discours panafricaniste semble dépassé.

---

[189] https://www.afdb.org/fileadmin/uploads/afdb/Documents/Knowledge/09484287-fr-the-doha-round-which-way-forward.pdf. « Quel avenir pour le cycle de Doh »a, Stephen Adegoke Olanrewaju.

On pourrait définir le néo-panafricanisme comme une « alternative et fondamentalement comme idéologie d'unité supranationale et pratique de développement endogène dans ce continent. Une stratégie qui s'inscrit dans l'*afrocentrisme ouvert,* conciliante des valeurs africaines et de celles importées ou étrangères, c'est-à-dire inspirée des savoirs et pratiques domestiques et d'expériences étrangères enrichissantes. L'objectif est de faire de l'Afrique, au début du troisième millénaire, un acteur et non un spectateur de la mondialisation ou du système international. »[190] Ceci dit, ce nouveau panafricanisme, innovant et pragmatique, représente une renaissance de l'Afrique capable de s'adapter aux exigences et aux défis du nouveau monde.

Il s'agirait d'un changement profond de mentalité vis-à-vis des relations avec les partenaires de l'Afrique. La nouvelle génération est consciente que le changement de l'Afrique viendra d'elle, que partout où elle se trouve elle pourra apporter sa contribution via la nouvelle technologie. Cette prise de conscience est d'une importance capitale, car on entend souvent de ceux qui sont à l'intérieur du continent dire aux Africains de la diaspora : « Venez mener votre combat politique sur le terrain », comme si les Africains de la diaspora sont épargnés des exclusions. En effet, les Africains de la diaspora souffrent doublement des conséquences néfastes de la colonisation : ils quittent leur pays soit à cause des guerres où à cause des situations économiques catastrophiques qui les poussent à s'émigrer. Ensuite, dans les pays qui les abritent, ils subissent les conséquences des rapports raciaux issus du colonialisme. Ils sont essentialisés et font face au racisme et d'autres formes

[190] Revista d'Estudios Africanos 2 (2021), p. 38-74, *Le néopanafricanisme ou l'idéologie de l'unité africaine et praxis de développement en Afrique*, Mbuyi Kabunda.

d'exclusion. On peut défendre la cause de l'Afrique tout en étant à l'extérieur. L'apport de transfert de l'argent de la diaspora pour leurs familles restées dans le continent en est un exemple probant. Selon « INFOMIGRANTS »[191], les sommes d'argent expédiées par les migrants atteignent 589 milliards de dollars en 2021. Par rapport à 2020, elles ont connu une hausse de 7,3 %. Toutes les régions ont enregistré une croissance de ces transferts. En Afrique subsaharienne plus précisément, en 2021, ils ont atteint 45 milliards de dollars, soit un bond de 6,2 %. Toujours d'après INFOMIGRANTS, le Nigéria avec 17 milliards de dollars, la Ghana 4,5 milliards, le Kenya 3,7 milliards et le Sénégal 2,6 milliards, restent les principaux bénéficiaires du continent. Il faut souligner qu'il n'y a pas que le continent africain qui tire profit de ces transferts. Il y a aussi les géants de ce secteur de transfert, Western Union et Money Gram, deux entreprises américaines, qui tirent bien leur épingle du jeu grâce à leur coût de l'envoi à l'international de près de 6,4 % en 2021 et 8 % vers l'Afrique subsaharienne.

Sur ces 45 milliards de l'argent transféré en Afrique, de la France vers l'Afrique en 2021, il est estimé à « 9 milliards de dollars »[192] d'après la Banque mondiale. De ce transfert de fonds, la diaspora contribue considérablement aux économies nationales africaines. Il conviendrait maintenant de structurer cet argent afin qu'il impacte positivement le développement au lieu d'être une

---

[191] https://www.infomigrants.net/fr/post/36584/transferts-dargent--les-sommes-expediees-par-les-migrants-atteignent-589-milliards-de-dollars#:~:text=Malgr%C3%A9%20les%20multiples%20restrictions%20li%C3%A9es,vers%20leurs%20pays%20d'origine, Marlène Panara, publié le 18/11/2021.

[192] https://www.ipsos.com/fr-fr/banque-et-transferts-dargent-les-usages-des-membres-des-diasporas-africaines, « Banque et transferts d'argent : les usages des membres des diasporas africaines », Pierre Latrille, chef de groupe, Public Affairs, 5 avril 2023.

autre forme d'assistanat. La révolution de nos jours est technologique. Pour développer l'agriculture en Afrique par exemple, tous les Africains ne sont pas appelés à travailler au champ. Pour optimiser la production agricole, il faudra recourir à des intrants et aux nouveaux moyens technologiques de télédétection, à des systèmes d'information géographique capables d'analyser et suivre d'une manière précise les conditions météorologiques et climatiques ainsi que d'autres innovations. Ces avancées technologiques capables de révolutionner l'agriculture en Afrique se mettent en place progressivement, il reste à les consolider et à les diffuser pour en faire bénéficier tous les pays africains. Étant donné son importance et son impact au niveau économique et social, le secteur de l'agriculture est un secteur qui nécessite des actions concrètes, vers lequel le transfert de l'argent et tout apport de la diaspora africaine peuvent être orientés. Ce n'est pas anodin que le secteur n'ait jamais été une grande priorité pour les multiples aides au développement et nous avons vu comment les négociations dans le cycle de Doha ont boycotté le secteur. C'est tout simplement parce qu'il est susceptible d'être source d'indépendance pour les pays africains qui seraient ainsi difficiles à manipuler.

Avec ce sursaut néo-panafricain, il est question d'oser le changement d'orientation et de stratégie en Afrique. Aujourd'hui, certains pays d'Afrique après des décennies d'exploitation et de frustration par le « Consensus de Washington », portent un autre regard sur l'évolution de l'ordre mondial marqué par le changement de centre de gravité vers l'Asie et les pays des BRICS. Comment est-ce que l'Afrique, longtemps régie par le paradigme économique dominant-dominé, va-t-elle se retrouver dans un « consensus asiatique » sans risque de subir une autre forme d'exploitation et de marginalisation ?

Il est clair que l'Afrique ne peut pas évoluer en vase clos dans un monde économique qui change. Même si elle arrive à produire d'une manière autonome, elle aura besoin des marchés pour vendre ses produits ou le surplus. Encore mieux, si elle fournit les matières premières et permet à ces superpuissances de rester puissantes grâce à l'exploitation de ses ressources naturelles, alors l'Afrique demeure un acteur principal. Elle n'a pas à être intégrée ni à s'adapter à un quelconque marché, mais elle devrait s'imposer en tant qu'actrice stratégique et économique avec la mise en valeur de ses richesses naturelles.

Entre l'ancienne triade (États-Unis, Japon et Union européenne) et la nouvelle triade (États-Unis, Eurozone, Chine), il ne faut pas oublier qu'ils ont un point commun : la « boulimie » des matières premières, comme les minéraux, le cuivre et tant d'autres ressources. La demande en matières premières des États-Unis et des pays émergents, notamment la Chine, l'Inde, l'Indonésie, le Brésil, l'Argentine, etc., ne cesse d'augmenter. Les nouveaux dirigeants africains doivent rester vigilants sur ce besoin en hausse et s'assurer que cette fois-ci l'exploitation de leurs ressources soit un vecteur de développement local. Les trois pôles majeurs de l'économie du monde échangent entre eux 85 % du commerce mondial alors que l'Afrique représente moins de 2 % des échanges mondiaux. À ce rythme, il est quasi impossible pour l'Afrique de rivaliser avec ces géants. L'intégration rapide des pays africains au marché mondial, imposée par la libéralisation commerciale sans tenir compte de la spécificité des contextes de ces pays, n'a fait qu'écarter l'Afrique du marché mondial. Ce libre-échange n'est alors rien d'autre que la continuité de la domination économique et de la conquête de l'Afrique sous une nouvelle stratégie.

Avec la mondialisation imposée au lendemain de la décolonisation, tout ce qui a été pensé et qui était censé favoriser le décollage de l'Afrique a échoué. Sans surprise, car tout a été conçu et programmé par les « pourvoyeurs » des indépendances, suivi et exécuté intégralement par les dirigeants africains pour finir ainsi. L'Afrique est demeurée quasiment une économie de rente, spécialisée dans des produits agricoles, miniers et pétroliers sans possibilités de les transformer localement et ainsi créer une valeur ajoutée pour ces pays producteurs.

Quant à la fixation des prix des matières premières, c'est aux acheteurs qui décident, rendant l'Afrique dépendante des cours de marché mondial, elle ne fait que subir la loi du marché international. L'Afrique subsaharienne est de surcroît marquée par l'étroitesse des marchés, le manque d'infrastructures, une absence totale de diversification de la production, une faiblesse de l'environnement institutionnel, des politiques économiques inadéquates, une mauvaise utilisation des capitaux sur fond de corruption, un faible taux d'investissement, une mauvaise gestion des secteurs publics et privés. À cela s'ajoutent les anxiétés économiques dues à une charge de la dette conséquente et à la variation des cours des matières premières qui pouvaient connaître des chutes vertigineuses et ternir les espoirs africains.

S'agissant de l'aide octroyée par les pays développés, et comme on l'a souligné précédemment, elle n'a jamais atteint ses objectifs. Elle n'a contribué aucunement au développement de l'Afrique, mais elle l'a rendue fortement dépendante des pouvoirs extérieurs jusqu'à lui faire perdre sa souveraineté. Pour permettre à l'Afrique de rentrer dans ce circuit économique du monde nouveau au troisième millénaire, les pays industrialisés devraient ouvrir l'accès à leurs marchés aux producteurs africains, ce qui permettrait à l'Afrique de transformer ses produits localement et d'exporter des produits finis afin de créer des emplois au niveau local, de générer des revenus et de lutter contre le chômage. Cette projection de l'Afrique n'est pas envisageable avec le système économique néolibéral pratiqué par les institutions de Breton Woods, en tout cas pas avec leurs politiques actuelles.

En outre, aujourd'hui, l'Afrique subsaharienne semble s'intéresser au « Consensus asiatique » à cause de son succès. Pour illustration, Joe Studwell [193] explique : « L'origine de la réussite de la Corée du Sud et du Japon tient en grande partie au fait qu'ils n'ont pas suivi la voie du Consensus de Washington. Ils ont contrôlé de près la finance, orienté le crédit vers des objectifs industriels précis, érigé des barrières douanières pour protéger leurs industries tout en les poussant à adopter une posture offensive sur les marchés étrangers. »

Le « Consensus de Washington », auquel l'Afrique adhère, prônait la déréglementation, les privatisations, l'ouverture aux investissements étrangers et une plus grande place laissée au marché. Malgré les coups durs et les injustices subis, l'Afrique, qui n'a pas pu se détacher de la voie occidentale du Consensus de Washington, n'a pas pu décoller depuis plus de 60 ans d'indépendance. Or, un pays comme la Chine, « en trente ans est passé d'une nation pauvre, rurale, peu éduquée et fermée à une nation où le niveau de vie s'est considérablement élevé, urbaine et ouverte sur le monde »[194] . Cette percée a été rendue possible par plusieurs facteurs comme les facteurs

---

[193] https://www.lorientlejour.com/article/1080178/le-consensus-de-washington-face-au-modele-chinois.html, « Le consensus de Washington face au modèle chinois », Adair TURNER, le 25 octobre 2017.

[194] https://books.openedition.org/septentrion/8226?lang=fr, « Conclusion. Le consensus de Pékin modèle d'économie confucéenne ou modèle ad hoc ? », Paul André, p. 191-216.

socioculturels, mais la rupture avec ce Consensus de Washington représente un facteur clé pour cette montée en puissance de la Chine.

À l'instar du modèle performant de développement asiatique, l'Afrique peut tirer bien des enseignements de ce qui s'est passé en Asie. On peut lire un schéma similaire entre l'Afrique et ces pays d'Asie orientale, au regard de la pensée occidentale influencée par thèse wébérienne. Selon le sociologue allemand Max Weber[195], les sociétés confucéennes étaient inaptes à entrer dans la modernité et donc à générer de la richesse, de la croissance économique parce qu'elles étaient considérées comme porteuses de blocages. Ces pays étaient dévastés aussi par les guerres (guerre sino-japonaise, le conflit entre la Corée du Sud et la Corée du Nord), ils ont connu la grande pauvreté, les tensions sociales. Hong Kong est demeuré, jusqu'aux années 1960, un immense camp de réfugiés. Presque les mêmes situations qui prévalent en Afrique actuellement, et l'Empire du Milieu a su donner une belle leçon d'économie à ses détracteurs en leur damant le pion. Pourquoi alors l'Afrique ne peut-elle pas relever le défi des détracteurs comme l'a fait Hong Kong, pour ainsi donner une réplique à ceux qui la sous-estiment ?

La Chine, au moment où les autres puissances occidentales croulent, elle, avec « ses énormes réserves d'échange a la possibilité d'aider les économies en difficulté », souligne le journaliste sinologue Philippe Paquet[196].

Par ailleurs, si l'Afrique s'intéresse à ce modèle de développement asiatique, c'est par le fait qu'il ne repose

---

[195] *Ibid.*

[196] https://www.rtbf.be/article/la-chine-donne-une-lecon-de-gestion-capitaliste-aux-etats-unis-6560723, « La Chine donne une leçon de gestion capitaliste aux États-Unis », 7 août 2011.

pas sur les rapports traumatisants de suprématie occidentale, mais sur un rapport gagnant-gagnant. Il est centré sur le développement humain plus que sur la croissance, il repose sur sa tradition et sa culture propres, le respect de la famille, le sens de la communauté. La Chine est elle aussi victime d'une domination unilatérale de l'Occident et elle essaie de ne pas renouveler cette expérience à travers son modèle de développement. Ce dernier prône le respect absolu de la souveraineté nationale et réfute toute ingérence dans les affaires intérieures d'un pays. Elle tire les leçons de l'échec de la mondialisation pour propulser son modèle.

Si l'Afrique et l'Asie renforcent leurs alliances, c'est aussi parce que les pays africains sont aussi à la recherche d'inspiration pour la construction de leur propre modèle d'expansion. On parle même du retour de l'État développementaliste en Afrique, de la planification nationale du développement et de ses avantages. Pour rappel, « les plans nationaux de développement ont été systématiquement ridiculisés par la communauté internationale et présentés comme des œuvres de fiction. Ils ont été par la suite abandonnés au cours de la période du Programme d'Ajustement structurel »[197]. La planification est revenue partout en Afrique au goût du jour avec l'Agenda 2063 adopté en 2014 à Addis-Abeba lors du Sommet des Chefs d'État et de gouvernement d'Afrique pour le développement du continent dans les cinquante prochaines années.

Cet ancien concept sur lequel les dirigeants africains, après l'indépendance, comptaient pour éradiquer la pauvreté, les maladies, ainsi que réduire le taux d'analphabétisme réapparaît au XXIe siècle, soutenu par de nouveaux dirigeants africains comme le modèle le plus

[197] Blogs.afdb.org/fr, « L'État développementaliste en Afrique : faire du neuf avec du vieux ? ».

viable et le plus solide. Ce modèle est jugé capable d'extirper rapidement la pauvreté en Afrique et d'offrir au continent une solution viable au déclin économique. Le complexe en Afrique, c'est que même en vivant sous l'influence des institutions de Bretton Woods, et en acceptant les mécanismes de ces dernières, l'État intervient systématiquement, voire totalement, dans l'économie nationale sauf que dans la majorité des cas, cette intervention ne se traduit pas en tant qu'État développeur, mais État pilleur ou État voyou. Son influence dans l'économie a tendance à conduire l'État à la faillite.

Avec la nouvelle génération, la priorité de l'Afrique ne se situe pas sur un processus de rattrapage ni d'intégration à un ensemble. La préoccupation principale relève plutôt de la construction d'un modèle africain, avec de nouvelles pratiques et de nouveaux acteurs afin de prendre le chemin des pays qui ont émergé grâce à l'expérimentation de leurs propres stratégies adaptées aux spécificités locales. Voilà tout l'enjeu pour la nouvelle génération africaine soucieuse du développement socioéconomique réel du continent.

Après plus d'un demi-siècle de décolonisation de l'Afrique, on ne devrait pas s'arrêter sur le vécu de l'échec de gestion de l'indépendance, il faudra maintenant envisager des projets d'avenir pour le XXIe siècle à partir des réflexions et bilans sur le chemin parcouru.

CHAPITRE 5

LE SURSAUT NÉOPANAFRICAIN, UN ESPOIR POUR L'AVENIR

5.1. DÉCONSTRUCTION DES MYTHES COLONIAUX ET NÉOCOLONIAUX

À l'aube du troisième millénaire, la jeune génération issue de l'Afrique subsaharienne francophone désire rompre avec la pauvreté, sortir du cercle infernal de l'aide au développement et de la dette perpétuelle. Elle veut surtout déconstruire les préjugés du système capitaliste occidental sur les capacités des Africains à s'assumer. Comme ils le disent dans un langage familier, ils ont « la niaque » de prendre un nouveau départ de l'Afrique. Un des progressistes africains, le Franco-Béninois Kemi Seba, le martèle dans ses messages : « Notre génération n'est pas venue au monde pour leur faire de cadeaux. Nous sommes la facture de nos ancêtres. »[198] Un élan progressiste se dessine et décide de briser ces obstacles géopolitiques et géostratégiques du développement de l'Afrique en privilégiant de commencer par décoloniser les esprits. Comme le suggère Olivier Colombani, dans son livre

[198] https://twitter.com/KemiSeba1/status/1678353528115326976

Mémoires coloniales, il faut « décoloniser nos analyses »[199].

Depuis les années soixante, les héritiers du système colonial ou néocolonialisme ont inventé et attribué à l'Afrique et les autres pays du sud des expressions de type : le tiers monde, les pays sous-développés, les pays en voie de développement, les pays les moins avancés, les pays pauvres très endettés (PPTE), ils ont fait en sorte que la pauvreté soit ressentie en Afrique comme faisant partie de leur culture. Les dirigeants africains ont accepté de porter ces définitions qui maintiennent l'idéologie hégémonique qui, à la longue, porte préjudice au continent, car ces narratifs laissent des empreintes ravageuses à l'Afrique et à sa population. Ils ont affecté psychologiquement le développement et réussi à affaiblir le mental des Africains.

C'est pour cette raison que l'utilisation désormais des expressions positives comme « l'Afrique continent de l'avenir », « l'Afrique audacieuse », « l'Afrique qui gagne », « l'Afrique qui émerge », etc., nous paraît cruciale pour afficher le bon départ de la nouvelle Afrique avec une mentalité de gagnant. Il faut écarter l'esprit défaitiste et la culture de la pauvreté. Si l'Afrique était pauvre et misérable, pourquoi susciterait-elle autant de convoitises ? Pourquoi subirait-elle autant de pillages ? Pourquoi attirerait-elle autant de prédateurs ? Pourquoi ce monde riche et ces puissances chercheraient-ils et insisteraient-ils pour renouer des relations de partenariat avec elle ?

Cette représentation positive que la nouvelle génération africaine avertie (NGAA)[200] se fait de son continent n'est

---

[199] Olivier Colombani, *Mémoires coloniales. La fin de l'empire français d'Afrique vue par les administrateurs coloniaux*, éditions La Découverte, Paris, 1991.

ni un leurre ni une utopie ni de l'optimisme extravagant, mais c'est une vision. Cette jeunesse ne réécrit pas seulement l'histoire de l'Afrique dépourvue des préjugés du colonisateur, mais elle se fait aussi une projection de l'Afrique, elle dessine son futur en se servant de ce passé comme base fondamentale.

Elle a une idéologie politique qui promeut l'indépendance totale de l'Afrique, qui ne peut être garantie que par l'indépendance économique, tout en prônant la solidarité entre les pays africains. Même si cette idéologie n'est pas nouvelle, elle est aujourd'hui mise en avant. Elle s'aligne sur les propos de Cheikh Anta Diop qui affirme que « L'Afrique noire possède en elle assez de sources d'énergie naturelles, de matières premières et de vivres pour nourrir et entretenir sa population »[201], mais tout simplement les institutions financières internationales veillent à ce que le continent vive sous leur dépendance, car la colonisation a changé de nom et de forme, mais l'esprit y demeure. Il faudra donc faire sauter ces verrous psychologiques pour décoloniser réellement l'Afrique. « La décolonisation engendre un processus par lequel une colonie devient indépendante[202]. Par définition l'indépendance est le fait pour un groupe de n'être sous la domination d'aucun pays et donc de se faire gouverner tout seul. »[203] Or, beaucoup de pays d'Afrique, surtout francophones, sont sous la domination de leur ancienne puissance coloniale, la France.

Les dirigeants africains sont aux ordres de leurs maîtres et n'osent contredire leurs décisions. On trouve toujours

---

[200] En comorien, signifie la semence, la graine, la fécondation pour la vanille.

[201] Cheikh Anta Diop, *Les fondements économiques et culturels d'un État fédéral d'Afrique noire*, Présence africaine, 1974, p. 31.

[202] Définition proposée par le dictionnaire Le Robert.

[203] https://fr.vikidia.org

l'infantilisation des Africains et le paternalisme des dominants : « Je te prête, mais c'est moi qui gère ton prêt. » Comme le souligne Anne-Cécile Robert, « les gouvernements africains sont constamment soumis à la nécessité d'obtenir l'approbation des donateurs. Les politiques économiques et les priorités sociales se définissent en réponse aux prescriptions internationales plutôt qu'en réponse aux préoccupations des populations locales d'ailleurs exclues de tout débat et de tout contrôle. »[204] À la fin du bilan quand on va parler du détournement de l'argent, toute la responsabilité incombe aux Africains. La responsabilité du donateur, gestionnaire et contrôleur de fonds, n'est jamais remise en question.

Il a été prouvé que malgré l'indépendance de l'Afrique, des comportements colonialistes demeurent. En voici une triste réalité racontée par un fonctionnaire du Quai d'Orsay : « Depuis les indépendances avec le général de Gaulle, l'Afrique était et elle est toujours le domaine réservé de l'État et de ses collaborateurs, en particulier Foccart. On entretient une politique de relations personnelles. Et ces relations personnelles avec les chefs d'État français jouent de la même manière que celles que nous pouvions entretenir avec les responsables africains d'avant l'indépendance. On ne fait rien en Afrique sans une relation personnelle. Le Quai d'Orsay était court-circuité, il ne recevait jamais la visite de ministres africains. Ils allaient tout droit à l'Élysée. » Ces relations sont loin d'être dépassées à l'heure d'aujourd'hui. Le fonctionnaire poursuit son raisonnement en manifestant : « Nous n'avions en face de nous aucun chef assez puissant pour nous intimider. Si j'avais un reproche à faire à notre politique à l'égard de l'Afrique, c'est de nous être

---

[204] Anne-Cécile Robert, *L'Afrique au secours de l'Occident*, 3e édition, Les éditions de l'Atelier/Les éditions Ouvrières, Ivry-sur Seine, 2021.

comportés, après l'indépendance, de la manière dont nous nous comportions avant l'indépendance. Il fallait leur dire : vous êtes indépendants. Nous vous aiderons dans la mesure où nous l'estimerons nécessaire, mais c'est vous-même qui devez vous prendre en main, faire tous les efforts énormes qui vous sont nécessaires. Notre aide, dites-vous bien qu'elle n'est pas illimitée… Il fallait mettre un terme à ce paternalisme que nous continuons à exercer sur ces Africains qui viennent à Paris, en leur passant la main dans le dos, en leur donnant du mon cher ami, comment ça va, il n'y a pas de problème, on va arranger ça, quitte à ne rien arranger du tout, ajoutant l'hypocrisie au paternalisme. »[205]

Ce témoignage nous révèle à quel point les autorités africaines par naïveté se sont fait leurrer. En réalité, la France adopte cette attitude pour conserver son influence et protéger ses intérêts en Afrique. Si elle hésite à quitter son pré carré après la décolonisation, c'est pour les enjeux stratégiques et économiques que ses anciens territoires d'outre-mer représentent, de la part de son extension de la zone économique exclusive étendant la surface de ces « confettis » jusqu'à 200 milles marins de distance de leurs côtes. Les accords de défense liant la France et ses anciennes colonies (Cameroun, Centrafrique, Comores, Côte d'Ivoire, Djibouti, Gabon, Sénégal et Togo) expliquent la ferme volonté de l'ancienne puissance de maintenir ses vestiges coloniaux sous son contrôle. A priori, les dirigeants de ces pays demeurent « des Nègres de service » et ceux qui refusent de jouer cette carte sont écartés ou éliminés.

---

[205] Olivier Colombani, *Mémoires coloniales. La fin de l'empire français d'Afrique vue par les administrateurs coloniaux*, éditions La Découverte, Paris, 1991, p. 189.
https://www.youtube.com/watch?v=LRz2ssS9jcochef

On aperçoit par exemple au lendemain des élections présidentielles que les présidents élus font leurs premiers voyages en France pour venir prendre les consignes de leurs missions. Avant les élections en Afrique noire francophone, chaque candidat se vante des bonnes relations avec des hommes de l'ombre (français) ou du quai d'Orsay de leur soutien à sa candidature comme gage de sûreté du candidat favori. Il peut être le mauvais candidat, mais si c'est le favori des puissances occidentales, il va passer. C'est triste quand on entend des intellectuels africains tenir des propos du genre : « Il faut voter tel candidat, car c'est le favori de la France. » Tellement la colonisation est ancrée dans les esprits et l'aliénation des dirigeants africains frise parfois le ridicule. Heureusement qu'il y en a certains qui pensent autrement avec un nouvel esprit de transformation réelle du continent et nous comptons sur cette jeunesse pour changer ces mentalités.

Petit à petit, des ouvrages et des analyses de cet esprit de renaissance africaine développé par Cheikh Anta Diop à partir de 1946 avec le but de tracer le développement de l'Afrique réapparaissent et essayent d'en découdre avec l'imaginaire d'une Europe idéalisée et des stéréotypes négatifs attribués à l'Afrique. Une ancienne idée qui avait déjà été portée par une élite panafricaniste post indépendance puis essoufflée refait surface tout simplement parce qu'il y a une prise de conscience par la jeune génération. De nouveaux acteurs qui partagent cette vision de changement de paradigme s'activent et dénoncent l'image qu'on véhicule de l'Afrique souvent erronée en reprenant et en persistant sur l'esprit colonial et sa pensée de rapport de dominant-dominé. Progressivement, la réplique des Africains à ce sujet émerge et montre que ces derniers ne regardent plus que d'un œil admirateur l'Europe et les Européens. Grâce à la conscientisation sur les vraies intentions des colonisateurs, les Africains ont eux aussi démystifié l'Occident, surtout la France.

Cependant, ces opinions africaines ne trouvent pas souvent écho dans les médias et les grands débats. Ce débat demeure tabou afin d'éviter de découvrir la face sombre de la colonisation française, ses violations des droits humains et massacres commis en Afrique durant près trois siècles, ce qui peut entacher l'image de la république. Il s'agit de scènes macabres, de brutalités et de tout genre d'atrocités et d'humiliations que les Européens ont fait subir aux Africains à l'époque de l'esclavage et de la traite négrière jusqu'à la colonisation, dont on peut découvrir certaines en illustration dans *La pensée blanche* de Lilian Thuram[206], ou dans le film d'Omar Sy *Les tirailleurs*. À cela s'ajoutent les réalités contemporaines des violences infligées aux immigrants aux frontières européennes. Les Africains utilisent à leur tour les représentations qu'on leur attribuait à l'époque et traitent aussi ces Européens de barbares, de sauvages, de criminels, d'inhumains et aussi d'ingrats, de racistes, d'hypocrites, de corrupteurs, de voleurs, de pompiers pyromanes. Les Français sont parfois surpris de découvrir subitement les flambées antifrançaises et traitent les Africains d'ingrats. Car selon eux, après tant d'années « d'amitié » et de versement d'immense aide au développement et de protection contre les « djihadistes par l'armée française », les Africains ne devraient pas les détester à ce point. Pour eux, « ce sentiment antifrançais était manipulé par les Chinois, les Russes, les Turcs et autres Qataris »[207].

---

[206] Lilian Thuram, *La pensée blanche*, Paris, Philippe Rey, 2020.

[207] *L'empire qui ne veut pas mourir, une histoire de la françafrique*, sous la direction de Thomas Borel, Amzat Boukari-Yabarat, Benoit Collombat, Thomas Deltombe, éditions du Seuil, octobre 2021, p. 19.

Il faut faire la différence entre l'homme français et le système politique colonialiste français. C'est ce dernier que le néopanafricaniste combat. Sauf si être français c'est s'identifier à son système colonial. Avoir cette idée de l'Afrique manipulée, c'est dévoiler aussi sa perception des Africains, dociles et soumis comme pendant l'esclavage et la colonisation. Ils n'imaginaient jamais qu'un jour, des Africains oseraient les défier. Voilà pourquoi le réveil est dur, car l'Afrique les avait mis sur un piédestal. Maintenant ils se rendent compte qu'en réalité, ils sont mal aimés et vomis. La peur change de camp graduellement.

5.2. La création de la nouvelle relation France-Afrique

L'Afrique et l'Europe ont une histoire commune, chargée d'événements plus ou moins douloureux certes, mais il existe aussi des événements glorieux. Une transition est en train de s'effectuer et exige beaucoup d'efforts de part et d'autre pour réinventer de nouvelles relations avec des partenariats répondant aux aspirations des Africains. Le moment est venu de se demander si ce désir d'un futur commun à construire est partagé. Les Africains sont-ils vraiment intéressés par ce nouveau départ ? S'agit-il encore d'acte de repentance déguisée ? Si l'Europe et l'Afrique sont condamnées à vivre ensemble, les contours de leur partenariat doivent changer radicalement. En Europe comme en Afrique, il est désormais admis que ce partenariat construit sur les ruines de la domination coloniale et des relations d'interdépendance asymétrique postcoloniales a échoué[208]. Ce désir de construire un futur commun est-il sincère ?

[208] Revue trimestrielle *Géopolitique africaine*, n° 50, mars 2014

Pourquoi ce revirement ? Qu'est-ce qui peut assurer sa réussite ? Quelle est la stratégie à adopter pour éviter l'échec ?

Pour ne pas « rater le virage d'un continent », Jean-Michel Severino, ancien directeur de l'Agence française de Développement (l'AFD), appelle les Européens à changer de regard et à privilégier les rapports de coopération, à dépasser les rapports de dominant et dominé et de la Françafrique[209]. Ce discours vient consolider nos propos sur la présence de l'esprit colonial des Européens en Afrique et sur le fait que les stéréotypes sont loin d'être dépassés. Ce qui alimente les rancœurs et les souhaits de ne plus avoir envie de construire un projet commun.

Afin de ne pas louper le réveil de l'Afrique, la France comme l'Espagne qui parlent de « reconquête de l'Afrique » selon *Le Monde Afrique*[210], doivent revoir leurs stratégies et surveiller leur langage, car les anciennes puissances ont du mal à se débarrasser du discours qui pourrait heurter certaines sensibilités. Espérons que c'est juste un abus de langage, mais que l'esprit est différent. Dans un premier temps, il faudrait aller au-delà des clichés qui ont dévasté l'Afrique et qui risquent de saper de nouveau l'image de l'Europe aux yeux de ses partenaires et voisins africains. Ce qui montre que les médias africains et européens ont un grand rôle à jouer pour soigner les images. S'il s'avère qu'un système médiatique international était façonné avant pour détruire l'image de l'Afrique, est-ce que les médias africains ne sont pas capables d'agir positivement en rehaussant l'image du continent ? Oui, c'est possible de reproduire une belle

---

[209] Jean-Michel Severino et Olivier Ray, *Le temps de l'Afrique*, Odile Jacob, mars 2010

[210] *Le Monde Afrique*, « Entreprises : la France à la reconquête de l'Afrique », Marie de Vergès, publié le 12 janvier 2017.

image de l'Afrique. Il suffit de privilégier l'information positive au détriment des nouvelles désastreuses, qui sont parfois erronées, véhiculées par les médias occidentaux.

À travers les publications de l'Agence française de Développement (AFD) comme son *Atlas Afrique 2020*, Rémy Rioux, directeur de l'AFD, affirme que l'Afrique ne va pas si mal comme on l'imagine, mais qu'il ne faut surtout pas désespérer de l'Afrique, comme Jacques Attali[211], ancien conseiller spécial du président François Mitterrand, qui voit l'essentiel du continent ravagé par les désordres politiques, la corruption et les violences[212]. Cette vision sombre de l'Afrique est réitérée dans une nouvelle édition de son ouvrage remis à jour. Dans cette nouvelle édition, l'auteur reste fidèle à son discours et ses narratifs pleins de stéréotypes négatifs sur l'Afrique. Dans sa « brève histoire de l'avenir »[213], celle de l'Afrique reste incertaine.

L'AFD, pour sa part, et les publications de ses anciens dirigeants parlent de l'Afrique et de ses philosophies de vie, sa musique, sa culture, sa capacité d'innover, sa résilience, son formidable potentiel pour réconcilier la nature et l'homme. Les dirigeants de l'Agence française de développement exhortent l'Europe et l'Occident à porter un autre regard honnête, attentif sur l'Afrique, à la regarder autrement, c'est-à-dire pas seulement comme une ancienne terre colonisée. Ces anciens dirigeants de l'AFD, de par leur expérience, encouragent l'Europe à chercher à bien connaître l'Afrique, car malgré l'histoire commune entre l'Afrique et l'Europe, les Européens connaissent très

---

[211] Professeur d'économie dans de nombreuses universités, fondateur de quatre institutions internationales : Action contre la faim, Eureka, BERD et Positive Planet.

[212] Jacques Attali, *Une brève histoire de l'avenir*, Fayard, 2006-2009.

[213] En référence à son ouvrage *Une brève histoire de l'avenir* paru en 2006 chez Fayard.

mal l'Afrique selon Jean-Michel Severino[214], une des raisons pour certains de se focaliser sur les préjugés et stéréotypes négatifs. Severino poursuit dans ses publications que l'Afrique intéresse les Européens, et que le 3e millénaire est l'ère africaine où il y a des opportunités immenses à saisir.

Pour envisager construire un futur commun, il est important de se rappeler ce qui s'est passé avec ce principal partenaire de l'Afrique de tout temps. « L'Europe a été pendant longtemps le principal partenaire économique de l'Afrique. Il l'est encore dans une large mesure et dans de nombreux domaines. La mise en avant de ses propres intérêts économiques, politiques et géostratégiques sur le continent a largement contribué, avec d'autres facteurs bien entendu, à maintenir l'Afrique dans sa situation actuelle de dépendance : profil commercial basé sur l'exportation de matières premières et l'importation de produits manufacturés, peu de diversification, infrastructures inappropriées, voire inexistantes, faiblesse du tissu industriel, un secteur des services déliquescents, etc. L'Europe, on le sait, ne saurait être tenue pour seule responsable de tous les maux économiques qui assaillent l'Afrique. Dans de nombreux cas, les responsabilités endogènes sont presque aussi grandes, même s'il faut reconnaître que c'est l'Europe qui a le plus tiré profit des structures de production et d'échange coloniales et postcoloniales imposées à l'Afrique. Ce sont donc ces structures qu'il faudra corriger, voire changer, pour lever une partie des malentendus entre les deux continents. »[215]

Ce qu'il faut retenir ici, c'est que la situation chaotique qui prévaut actuellement en Afrique est partagée entre les

---

[214] L'économie politique, 2010/3, n° 47, page 91 à 103.

[215] L'Europe et l'Afrique : un futur commun à construire de la revue trimestrielle *Géopolitique africaine*, n° 50, mars 2014.

dirigeants des deux continents et les institutions internationales. Il n'y a pas de corrompu sans corrupteur. L'heure n'est ni à la vengeance ni aux accusations, elle est à la construction de l'Afrique, donc à la reconnaissance de nos torts, à l'amélioration de nos relations et de notre stratégie au nom de l'intérêt supérieur de nos pays, régions et continents. Il est temps de laisser les Africains décider de leur plan de développement et non de leur imposer des modèles inadaptés à leurs réalités.

C'est l'occasion de s'assoir pour parler franc jeu. Dépasser les stigmatisations, établir un nouveau contrat socio-économique sur de nouvelles bases solides, pour espérer faire un chemin ensemble. L'Europe et l'Afrique sont liées par plusieurs choses, un divorce même à l'amiable est quasiment difficile. Puisque ces deux continents sont condamnés à vivre ensemble tant qu'à faire, changeons de stratégie et de comportement de part et d'autre pour améliorer positivement nos relations. L'ancienne histoire et ses phases sombres ne devraient pas freiner de nouvelles générations à vivre leur époque et construire leur histoire. Retenir une bonne leçon du passé pour éviter de reproduire les mêmes erreurs que nos aïeux. Établir des rapports de partenariat juste et transparent pour éviter le piège d'une seconde conquête coloniale ou d'une occupation maquillée de l'Afrique.

5.3. Des discours et des promesses des présidents français

Au temps du général de Gaulle, le premier discours de Brazzaville, celui du 30 janvier 1944, où de Gaulle parlant de l'Afrique et des autres territoires où des hommes vivent sous notre drapeau. Il affirmait qu'il n'y aurait aucun progrès qui soit un progrès si les hommes sur leur terre natale n'en profitaient pas moralement et matériellement, s'ils ne pouvaient s'élever peu à peu jusqu'au niveau où ils seront capables de participer chez eux à la gestion de leurs propres affaires. C'est le devoir de la France de faire qu'il en soit ainsi. Le 10 juillet et 25 octobre 1944, de Gaulle annonçait en conférence de presse pour la nouvelle organisation de l'Empire un système de forme fédérale, « la politique de la France est et sera d'élever tous ses territoires le plus haut possible, pour que chacun ait la possibilité d'administrer ses intérêts et d'être représenté à l'intérieur d'un système d'ordre fédéral ».

Et la question qui lui était posée le 25 octobre 1944 quelle est la position de la France vis-à-vis des populations noires ? De Gaulle réitérait : « Après Brazzaville, le gouvernement français a fixé sa politique ; la politique française consiste à mener chacun de ces peuples à un développement qui lui permette de s'administrer et plus tard de se gouverner lui-même. »[216]

Le président François Mitterrand en 1977 écrivait : « La France reste celle qui conduit, celle dont on a besoin, celle à laquelle on se rattache. Il ne pourra y avoir d'histoire authentique de l'Afrique si la France en est absente. »[217] À travers ces discours et promesses, seul le discours du président François Mitterrand s'est transformé en action concrète. La France a bel et bien marqué sa présence en Afrique, mais elle a brillé par la défense de ses intérêts et non en faveur du développement de l'Afrique.

Nous sommes en octobre 2021, quand le sommet France-Afrique, destiné aux jeunes Africains et non aux

---

[216] *L'Afrique noire française. L'heure des indépendances*, sous la direction de Charles-Robert Ageron, Marc Michel, CNRS éditions, Paris, 1992, 2010, p. 771.

[217] « L'Afrique de nouvelles convoitises », « La politique de coopération de la France en Afrique », Philippe Marchesin, p. 39, Ellipses Edition Marketing S.A 2011.

chefs d'État, se tient à Montpellier. Cette rencontre entre le président français et la jeunesse africaine ne fit pas l'unanimité. Les critiques furent aussi virulentes que nombreuses face aux initiateurs et ses sbires. On se demandait à quoi s'attendre à ce nième sommet si ce n'est que de la diversion. Une chose était sûre ; dans un premier constat, ce sommet vint diviser la jeunesse africaine, il a accouché des pros et des anti-sommets. Une jeunesse africaine qui vient de se réveiller pour unir ses forces avec pour seul objectif de libérer et développer l'Afrique qui se trouvait en conflit. C'est la force du maître qui arrive toujours à monter les Africains les uns contre les autres. Les Africains doivent rester conscients de cette stratégie de diversion et de division.

Souvent dans ce genre de rencontre, les Africains revendiquent sans cesse des excuses et la demande de pardon des Occidentaux. En attendant si cela arrive un jour, ils ne doivent pas empêcher l'Afrique d'avancer et sa présentation ne résoudra pas de facto leurs problèmes si on ne réagit pas pour inverser la tendance et les rapports de force. L'Afrique demande à l'Europe, dans cette nouvelle ère, des actes concrets et non des sommets sans suivi, ni de leçon de morale, des discours sans suite et des promesses non tenues. Il faut avancer en tenant compte des priorités africaines, à savoir : les investissements dans les infrastructures, la fabrication et la diversification des exportations, l'industrialisation, la production locale, la transformation sur place de nos produits afin de créer une valeur ajoutée sur place et des emplois. Faire tout à l'inverse de ce qui a été fait depuis l'époque coloniale jusqu'à maintenant. Voici en résumé les conditions préalables pour espérer que l'Afrique et la France puissent refaire un chemin ensemble. Tout dépendra de la rupture des anciennes habitudes pour défendre les intérêts communs et la résilience.

5.4. Vision stratégique d'une nouvelle Afrique

Le troisième millénaire affiche de grands changements en Afrique subsaharienne. Nous sommes convaincus que cette nouvelle ère va changer le cours de l'histoire en Afrique malgré les soubresauts politiques et économiques. Cela peut être un épisode de rupture de la manière de penser et d'agir entre l'ancienne et la nouvelle génération d'Africains. Ce qu'il faut retenir, à part les gouvernants, c'est que les Africains veulent ce changement de millénaire, car cela suppose une vraie décolonisation et une vraie indépendance de l'Afrique et des Africains. Cette vision est possible sous condition et comme l'a prédit Fanon : « Il faut faire peau neuve, développer une pensée neuve, tenter de mettre sur pied un homme neuf. »[218] C'est avant tout d'une décolonisation mentale de l'Afrique francophone dont il s'agirait. Nous estimons que le rêve de Fanon est en train de se concrétiser avec cette jeunesse. Il reste que les autorités africaines ne jouent pas le jeu du néo-panafricanisme.

Nous espérons que les innovations des jeunes Africains dans plusieurs domaines de créativité soient soutenues, encadrées, publiées et étudiées afin de servir de modèles aux autres jeunes Africains. Pour que les rêves et les ambitions de ces nouveaux citoyens africains ne soient pas étouffés, ils doivent détenir le pouvoir de décision. Ils doivent s'investir dans la politique nationale. Beaucoup de jeunes le font, ils s'intéressent à la chose politique, mais au lieu de s'unir pour défendre une cause commune, ils sont éparpillés en groupuscules de partis. Ce qui représente un point faible pour cette nouvelle génération. C'est un autre débat qu'on doit mener pour espérer

---

[218] Michael Azar, *Comprendre Fanon. Vers un nouvel humanisme,* Max Milo éditions, Paris, 2014.

remplacer démocratiquement ces vautours de la politique africaine.

Sur le plan économique et géopolitique, les pays africains peuvent saisir les opportunités que le groupe des BRICS (Brésil, Russie, Inde, Chine et Afrique du Sud) leur offre pour changer le cours de l'histoire tout en gardant leur souveraineté et leurs cultures. L'Afrique peut tirer un grand enseignement de la croissance chinoise et des autres pays émergents pour construire son avenir. Il ne s'agit pas de copier aveuglément un modèle chinois, mais de s'inspirer de ce modèle d'un partenaire économique, pour développer rapidement l'économie rurale, réduire la pauvreté et franchir la marche de l'industrialisation.

Quand on se réfère à des modèles des géants asiatiques comme la Chine et l'Inde, on constate que les changements profonds enregistrés en Chine depuis les années 1980 sont les résultats d'une ambition et d'un travail acharné de la politique dirigiste dont l'ambition était de « faire émerger des champions nationaux tout en assurant une protection contre la concurrence internationale »[219]. Elle a imposé des conditions strictes d'entrée sur le territoire national afin de bien protéger les entreprises nationales contre les entreprises étrangères capables de venir concurrencer et d'étouffer les entreprises locales en pleine renaissance. Une vraie politique protectionniste soutenue par les autorités. Les pays africains peuvent s'inspirer d'une telle stratégie pour impulser l'industrie technologique naissante sur les secteurs dont les petites et moyennes entreprises africaines peuvent se développer.

Or, actuellement, dans certains pays d'Afrique subsaharienne, même le vendeur de brochettes et de beignets de rue ainsi que l'épicier de quartier ne sont pas à

[219] https://journals.openedition.org/regulation/11606, « Chine, Inde : les firmes au cœur de l'émergence », Julien Vercueil, p. 1-10.

l'abri des concurrents étrangers. Les entreprises étrangères bénéficient de beaucoup plus de mesures de protection et de beaucoup d'avantages par rapport aux entreprises nationales. Les autorités africaines soutiennent les entreprises étrangères au détriment des entreprises locales. Ce qui explique la faiblesse et la vulnérabilité du secteur privé africain. On a fait tout à l'inverse des pays qui ont émergé. Espérons que les innovations naissantes en Afrique ces dernières années ne vont pas subir la foudre de la concurrence déloyale des grandes firmes internationales et d'un libre-échange à sens unique.

Selon la Banque mondiale : « Les pays africains peuvent tirer de précieux enseignements de la façon dont la Chine a pu se placer sur la trajectoire croissante de la croissance. La leçon essentielle à retenir, c'est la priorité accordée par la Chine à l'augmentation de la productivité et l'accent mis à cet égard, sur des investissements substantiels et rapides dans le capital humain et physique, des taux d'épargne élevés et une capacité commune à œuvrer systématiquement en faveur des objectifs à long terme. »[220]

Voici donc le chemin que la nouvelle génération africaine peut suivre en adaptant ses actions à la réalité et au besoin de son pays et de son continent pour retrouver son autonomie et sa dignité.

Aujourd'hui, l'éventuelle création de la monnaie des BRICS est représentée comme une aubaine pour l'Afrique dont une grande majorité des pays a multiplié ses échanges commerciaux avec les pays des BRICS qui s'effectuent en dollars américains avec un coût de commission très élevé. La coopération économique de l'Afrique avec les BRICS permettra à ces pays africains de saisir des opportunités dont la nouvelle banque des BRICS

---

[220] https ://www .banquemondiale.org : « La croissance chinoise, une source d'enseignements pour l'Afrique », 13 janvier 2015.

se fixe comme objectif principal le financement de projets de développement, surtout les infrastructures, les secteurs de la santé et de l'éducation dans les pays membres du BRICS et ses alliés sans subir « les exigences de conditionnalités imposées par les institutions de Bretton Woods et le Consensus de Washington, pour accéder à un prêt. Des exigences dogmatiques portant l'obligation d'épouser une économie néolibérale, d'assurer que les privatisations se font au profit des sociétés occidentales, le tout sous le couvert de réformes et des Programmes d'Ajustement structurel. »[221] On estime que c'est un pas vers la souveraineté de ces pays, s'ils adhèrent à ce projet. Pour l'instant, à l'exception de l'Afrique du Sud, les pays africains n'ont pas manifesté un intérêt d'être actionnaires. Espérons qu'ils vont prendre le train en marche. Cette souveraineté économique, une fois retrouvée, va de pair avec la dignité humaine, qu'on estime avoir perdue avec le système capitaliste néolibéral occidental.

D'après une expression comorienne, « *ufukara kopuwa mila* », ce qui peut se traduire par « la pauvreté ne doit pas ôter la dignité de sa valeur ». Malheureusement aujourd'hui si ! Avec la pauvreté et la misère, l'argent détrône aisément cette valeur noble chez les Africains. Si l'Afrique est victime de dénigrement auprès de ses anciennes puissances, c'est parce qu'elle se trouve où on la maintient dans ce statut de pauvre mendiant par cette logique d'aide. Nous vivons dans une société de consommation, dans une économie de marché où l'argent est devenu le maître-roi. Rien n'est gratuit, tout s'achète,

---

[221] https://blogs.mediapart.fr/francois-fabregat/blog/210623/afrique-la-future-monnaie-des-brics-une-aubaine-pour-l-afrique#:~:text=membres%20%C3%A0%20venir.-Pourquoi%20les%20BRICS%20ont%2Dils%20pris%20autant%20d'importance%20en,l'%C3%A9conomie%20mondiale%20d%C3%A8s%202024. « La future monnaie des BRICS : une aubaine pour l'Afrique ».

tout est marchandise. La valeur monétaire des choses a pris le dessus sur tout. Si tu n'as pas d'argent, tu n'as rien à manger, tu ne peux pas te soigner, tu ne peux pas t'habiller, tu ne peux pas te former ni te payer le strict minimum vital, et si tu es responsable d'une famille et que tu n'as pas de quoi subvenir aux besoins de tes enfants et de ton foyer, tu perds ta dignité. L'adage « il vaut mieux mourir que d'avoir honte » est désuet. Pour cette raison, cette nouvelle approche met en priorité la création de richesse en créant des emplois en Afrique, en générant des revenus pour restaurer l'image et la dignité de ceux qui en sont privés.

Une fois la dignité retrouvée, les Africains pourront ainsi choisir leurs dirigeants par conviction sans influence, sans devoir vendre leur âme pour de piètres services. C'est par l'éducation que cette base peut être acquise. Voilà pourquoi ces jeunes acteurs africains doivent se donner comme objectif premier l'éducation de qualité en inculquant les valeurs socioculturelles africaines depuis la base. Mettre sur pied un système d'enseignement endogène moderne pour redonner la chance aux exclus du système pour retrouver leur dignité, créer des entreprises d'insertion pour améliorer l'employabilité des personnes en grande difficulté d'insertion et retrouver l'autonomie financière par l'emploi en Afrique.

Cette jeunesse est consciente du poids et de la mauvaise foi des dirigeants africains qui utilisent leurs pouvoirs politiques au détriment des intérêts nationaux en mettant des barrières et des bâtons dans les roues aux Africains porteurs de projets d'investissement et de belles initiatives. C'est ainsi que ces pseudos dirigeants deviennent les grands ennemis de leurs propres nations et de leurs populations. C'est une réalité qui sévit en Afrique, qu'il faut bannir et combattre fermement.

5.5. POSE DES JALONS D'UNE ÈRE NOUVELLE

La jeunesse, l'entrepreneuriat et la création des richesses

Nous avons affaire à une nouvelle génération entièrement autonome, formée et déterminée à servir et à défendre l'Afrique et les intérêts du continent africain. Elle vient d'horizons différents. L'influence étrangère, l'instrumentalisation et la manipulation n'ont plus de place dans leurs espaces. Aucune force occulte ne peut pas la canaliser ni l'orienter. Cette jeunesse est différente des anciennes élites africaines formées par les pays colonisateurs pour servir l'administration coloniale. Même s'il y a parmi ceux qui sont formés à l'étranger, dans son ensemble ils privilégient l'intérêt général du continent et du peuple africain à l'intérêt personnel. Leur approche, dans un premier temps, c'est la fédération et la fabrication des élites et acteurs patriotes africains pour agir en Afrique. Cette nouvelle génération adopte une démarche autonome et néo-panafricaine pour financer et gérer des projets de développement durable en Afrique subsaharienne. Elle montre qu'il est temps pour les Africains d'arrêter de se faire duper par les programmes importés pour leur développement et dont les résultats restent catastrophiques. Pour éviter les pièges de la dette et l'aide classique au développement, elle prône le projet d'initier un système de financement autonome du développement qu'on dénommerait « Fonds Africains d'Investissement pour un Développement Adapté » (FAIDA).

FAIDA, qui signifie aussi bénéfice en langue comorienne et en swahili, serait une organisation financière purement africaine susceptible de promouvoir des projets concrets en suivant les étapes vers une révolution industrielle. Historiquement, la révolution agricole est la source de toutes les révolutions, malheureusement l'Afrique a brûlé cette étape quand on l'a contrainte à rattraper les pays industrialisés sans lui donner le temps et les moyens de le devenir. Voilà pourquoi « FAIDA » devrait donner la priorité à ce secteur stratégique en l'industrialisant, encourager la production locale, la transformation, la conservation et la consommation des produits locaux, comme reprendre en main l'agriculture en parvenant notamment à établir une culture vivrière locale pour ainsi éradiquer la faim. Par sa priorité sur l'agriculture, FAIDA vient à point nommé répondre aux besoins des femmes africaines employées dans l'agriculture pour les accompagner et leur octroyer les moyens technologiques pour s'épanouir dans leur principal domaine d'activités. Un autre domaine qui doit être la priorité constitue la protection de l'environnement et le sauvegarde des cultures et patrimoines. Ces domaines occupent une place importante dans cette nouvelle page de l'histoire de l'Afrique qui va être écrite par cette jeunesse avertie. Il s'agirait de la refondation des sociétés africaines et du retour aux sources.

C'est une démarche pragmatique nourrie d'un esprit de création d'un modèle propre de développement africain dont les fondations ou les soubassements sont inspirés de l'ancien modèle de vie et de fonctionnement africain. Ces modèles, socioéconomique, sociopolitique et socioculturel africains existaient déjà, mais le système colonial et postcolonial les ont affaiblis, complètement effacés et les ont reproduits après ou essaient de les reproduire en se les appropriant. Par exemple, les programmes d'éducation et de sensibilisation reviennent nous les apprendre en Afrique comme modèles proprement européens, tellement la spoliation est allée jusqu'au niveau intellectuel, social et culturel. Si on prend les exemples de l'écologie, de l'économie solidaire, du circuit court, de consommation locale, de la médecine traditionnelle, du partage, de la solidarité, de l'entraide, de la transmission et du bénévolat et j'en passe, on les retrouve de nos jours comme tendances et réponses adéquates pour une vie naturelle et saine en Occident, et on a effacé toute trace d'origine africaine de ces modes de vie.

C'est vrai, ces modes de vie existaient aussi ailleurs en Europe, mais ils ont été remplacés volontairement par leur nouveau système. Ils ont fait et accepté ce choix, contrairement à l'Afrique. L'occultation de leurs modes de vie leur a été imposée au profit d'un modèle inadapté à leur manière de vivre. Heureusement que ce modèle africain n'a pas complètement disparu. Il a résisté à beaucoup de coups et on peut même le qualifier de modèle résilient et durable, qui par la force des choses et une volonté politique peut être restauré, d'autant plus que le « capitalisme sauvage » [222] longtemps présenté comme meilleur vecteur de développement est aujourd'hui désavoué à cause de ses ravages sur l'environnement et la destruction des structures sociales gages de la survie humaine. Il en va de la viabilité et de la nécessité de réintroduire cette vérité africaine dans le continent.

5.6. Le modèle africain de développement et le maintien de sa souveraineté

Après une crise vient le temps de la reconstruction et chaque pays du monde doit apporter sa contribution pour

---

[222] https://fr.wikipedia.org/wiki/Capitalisme sauvage, l'expression « Capitalisme sauvage » fait référence aux rapports sociaux particulièrement brutaux da la période qui a immédiatement suivi la Révolution industrielle. À partir des années 1990, un second sens fait jour, il évoque les systèmes économiques et sociaux des économies en transition issues de l'ancien bloc soviétique dont certaines se caractérisent alors par une libéralisation économique rapide, un État providence absent ou inefficace, une économie corrompue, des bouleversements sociaux importants.

relancer la croissance ou juste pour sauver notre planète. À travers la crise de la Covid-19 et de la guerre en Ukraine, les dirigeants européens viennent de nous avouer les limites de leur modèle capitaliste inhumain d'exploitation et d'accumulation. Ils sont convaincus que leur modèle basé sur l'échange international et le développement inégal comme le définit Samir Amin[223] est essoufflé. Bien entendu, on ne va pas rebondir avec le même modèle et ses outils économiques qui viennent de rendre l'âme, mais surtout un modèle qui est contradictoire aux valeurs africaines, notamment les communautés solidaires et humaines défendues par ce nouveau modèle africain.

Le temps est à l'innovation ou à l'acceptation des autres modèles comme le modèle africain qu'on n'a jamais voulu essayer alors qu'elle peut être une des réponses à cette crise contemporaine. C'est un modèle fondé principalement sur les facteurs dont les Occidentaux n'avaient pas tenu compte pour concevoir leurs projets antérieurs et leurs stratégies de développement et de croissance. Ces facteurs sont le respect des valeurs humaines, la protection de l'environnement, la solidarité, l'entraide. Sans trop l'idéaliser, ce modèle vaut la peine d'être repensé et essayé ne serait-ce qu'en Afrique dans son giron naturel.

Parler de modèle africain de développement peut paraître utopique ou prétentieux pour certains, mais c'est concevable. Comme on l'a déjà souligné précédemment, le modèle de développement africain avant la colonisation a déjà existé, mais il a été foudroyé par le système occidental et capitaliste et fut remplacé par le modèle occidental. C'est grâce à ce modèle solidaire, d'entraide et

223 https://www.persee.fr/doc/tiers_0040-7356_1974_num_15_58_2018#, Samir Amin, *Le développement inégal. Essai sur les formations sociales du capitalisme périphérique*, Paris, éditions de Minuit, 1973, par Philippe Hugon.

altruiste qu'une grande catégorie d'Africains a su maintenir une vie décente face à un système capitaliste africain et une économie libérale défaillante.

Avec les nouveaux rapports de forces et ce basculement mondial qui s'affichent, l'Afrique doit s'imposer en tant qu'acteur de ce nouveau monde et non en tant que simple suiveur et imitateur. Pour être à la hauteur de ces enjeux géopolitiques et géostratégiques afin de tirer leur épingle du jeu, sans complexe, les Africains doivent renouer avec leurs valeurs naturelles et culturelles pour puiser leurs forces d'inspiration sans se replier sur eux-mêmes ou s'isoler. Autre chose à prendre en compte pour que l'Afrique réussisse son envol, c'est de ramener les Africains à travailler en parfaite collaboration ; instaurer la confiance et l'honnêteté entre Africains en affaires. Surtout, cesser les rivalités et les querelles de leadership, dépasser et balayer les complexes entre Afrique anglophone et Afrique francophone. L'union et la solidarité africaines ne doivent pas céder d'espace aux manipulations, aux rivalités et les conflits internes qui sont des stratégies planifiées pour faire avorter toute initiative d'alliance fructueuse entre Africains et qui par conséquent leur portent préjudice.

Comme Senghor l'a déjà avoué en 1957 : « Mon tort a été d'obéir aux ordres qui m'étaient imposés de l'extérieur »[224] pour boycotter, avec ses camarades, le congrès de Bamako tenu du 19 au 21 octobre 1946 dont l'objectif était de créer un mouvement politique africain capable de contrer les offensives conservatrices du lobby colonial. Sur ce, l'Afrique doit oser rompre avec son lourd passé colonial de vouloir à tout prix garder son partenariat

---

[224] *L'empire qui ne veut pas mourir, une histoire de la françafrique*, sous la direction de Thomas Borel, Amzat Boukari-Yabarat, Benoit Collombat, Thomas Deltombe, éditions du Seuil, octobre 2021, p. 200 à 201.

avec son ancien colon qui se maintient avec cette règle de jeu de rapports de pouvoir dominant/dominé, pour établir d'autres partenariats équilibrés. L'Afrique peut garder et entretenir les relations avec ses anciens partenaires s'il s'avère nécessaire, mais il faut revoir comment refaire un chemin ensemble en se basant sur le respect mutuel, la transparence, l'honnêteté et la sincérité.

Tenant compte de la refondation de l'ordre mondial, l'Afrique est appelée à revoir ses accords et ses partenariats avec les organisations de Bretton Woods (FMI et Banque mondiale, OMC…) qui sont actuellement considérées comme désuètes. Ça serait suicidaire de s'accrocher à des institutions en échec de parcours. La vérité est que ces organisations comptent sur l'Afrique pour exister ou pour justifier leur existence. Sans le montage de maintien de la pauvreté et de dettes en Afrique, qui deviennent leur fonds de commerce, ces institutions sont des coquilles vides appelées à disparaître.

Lors du sommet des BRICS du 22 au 24 août 2023 en Afrique du Sud, le bloc a annoncé son expansion par l'intégration des six pays « (l'Iran, l'Argentine, l'Égypte, l'Éthiopie, l'Arabie saoudite et les Émirats arabes unis) dès janvier 2024 ainsi que quarante pays à travers le monde qui ont fait part de leur désir de rejoindre le groupe »[225]. Une annonce qualifiée d'événement historique vu sa portée géopolitique. Cette manifestation d'intérêt par ces pays à adhérer aux BRICS[226] consolide et renforce le bloc et place le G7 au titre d'ancien groupe influent.

---

[225] https://www.leparisien.fr/international/les-brics-vont-integrer-six-nouveaux-membres-dans-leur-groupe-24-08-2023-6MUWW2FQTNBV3G3D376SPGX5MM.php, « Les BRICS vont intégrer six nouveaux membres dans leur groupe », Le Parisien avec AFP, 24 août 2023.

[226] BRICS est un acronyme pour designer un groupe de pays qui se réunissent depuis 2011 (Brésil, Russie, Inde, Chine, Afrique du Sud).

Face à ces multiples changements en cours au 3e millénaire, à savoir la crise sanitaire de la Covid-19, la guerre Russie-Ukraine, l'émergence des BRICS, les Occidentaux appellent à multiplier leurs stratégies pour l'émergence et la viabilité de leurs pays. De cette nouvelle, l'Afrique et ses organisations comme l'Union africaine et autres ne peuvent pas rester les bras croisés en attendant que les autres réfléchissent et décident à leur place. Ce comportement amorphe, passif et attentiste de nos dirigeants pénalise les pays africains. Pour relever les défis du moment et éviter que l'Afrique ne soit à la traîne, l'Union africaine (UA) et les autres institutions du continent doivent s'investir pour une vraie libération économique de l'Afrique et arrêter la complicité avec les anciens colonisateurs.

Par ailleurs, si on parle de modèle de développement typiquement africain, il ne s'agit pas de recopier un modèle colonial ou d'emprunter un modèle asiatique incompatible avec la réalité africaine. Un modèle propre de développement de l'Afrique réfléchi et conçu par les Africains. Un modèle capable de propulser leur développement adapté aux besoins de la réalité africaine et de mettre fin aux théories de développement imposées par l'Occident. Cela doit impérativement commencer par produire localement ce que nous consommons, transformer localement ce que nous exportons à l'état brut, consolider et développer nos industries, appliquer la justice et l'équité sous la base des règles des traditions africaines pour lutter contre la corruption et les violences, éduquer nos enfants à connaître les enjeux de leur histoire et de leur culture. Il s'agit de faire tomber les masques de l'ordre capitaliste et oser créer le courant économique et l'école africaine de développement. L'Afrique a les moyens de parvenir à ses objectifs.

L'Afrique a encore beaucoup à apporter et à enseigner au reste du monde. Selon Anne-Cécile Robert : « La plupart des traditions et sociétés africaines pratiquent l'écologie depuis toujours et n'ont pas attendu les Occidentaux pour prendre en compte le défi environnemental. »[227] L'Afrique vivait en parfaite harmonie avec l'environnement. Sa façon de protéger et de respecter l'environnement est devenue ces dernières années le grand sujet qui préoccupe des partis politiques de l'Occident, toutes tendances confondues et des ONG qui font de ce sujet leur cheval de bataille. Voilà encore un élément de réponse que l'Afrique peut apporter pour la préoccupation de la protection de l'environnement. Les savoir-faire et savoir-être africains sont d'actualité et peuvent être des solutions idoines pour relever les défis des objectifs du millénaire.

Il y a eu beaucoup d'avancées en Afrique, ce qui confirme que la nouvelle génération est en train de révolutionner l'Afrique par ses innovations dans les domaines de la santé, de la téléphonie mobile, de « Mobile money », de l'agriculture et de l'agroalimentaire, de l'énergie renouvelable, etc. Les innovations africaines continuent de croître, maintenant il reste à définir une stratégie d'action, d'organisation des expositions en Afrique pour faire connaître ces jeunes pousses qui n'ont pas les moyens de se rendre dans les grandes rencontres mondiales, où les discussions portent sur les nouvelles technologies à Las Vegas, faute de moyens financiers, car il faut compter pas moins de trente mille euros pour pouvoir participer à l'exposition.

Il faut noter aussi les difficultés d'obtention du visa d'entrée. Il y a des start-ups qui auront besoin de passer

---

[227] Anne-Cécile Robert, *L'Afrique au secours de l'Occident*, Les éditions de l'Atelier/Les éditions Ouvrières, Ivry-sur-Seine, 2021, p. 167.

par la France pour aller aux USA, deux visas que les autorités des deux pays ne délivrent pas facilement aux Africains. Ce qui signifie une exclusion d'office pour les entreprises africaines dans ces grandes messes. Pour soutenir et encourager ces jeunes inventeurs, il serait judicieux de créer ces espaces de rencontre en Afrique pour le génie africain et du monde. Une organisation pour le développement africain (OAD), en langue swahilie, « KUNGUMANYO WA KUHUSU MAENDELEO YA AFRIKA », en partenariat avec l'UA ou la Banque africaine de développement (BAD), FAIDA, peuvent soutenir ce genre d'initiative pour le bien du continent. Une structure qui se voudra 100 % autonome, financée par des fonds propres africains composés du système de nos tontines en version améliorée. La diaspora africaine par la structuration de son transfert d'argent, les grandes entreprises africaines, les artistes et footballeurs africains peuvent aussi contribuer à la création de ce fonds solidaire. L'objectif de ces nouvelles structures proprement africaines, c'est d'arriver à sortir de la logique de dépendance de l'étranger et des institutions financières néolibérales. Ces structures souveraines peuvent venir soutenir et consolider les opportunités qui peuvent être développées et saisies dans le continent. J'insiste sur la souveraineté de ces institutions, car la survie de leurs ambitions dépend de leur capacité de résilience. Reste maintenant au secteur privé africain et à tous les acteurs africains de croire en leur capacité d'agir positivement pour assoir leur modèle, soutenir et financer leurs projets de développement. Les modèles d'inspiration pour financement participatif pour des projets à travers le monde existent à l'exemple de « GLOBE DREAMERS », il suffit d'adapter cette plateforme globale au niveau continental et local.

5.7. Des opportunités de développement en Afrique

« La pandémie du Covid-19 puis le conflit ukrainien ont réduit l'espoir d'une mondialisation heureuse. »[228] Ces propos qui confirment la fin imminente du cycle de la mondialisation et du modèle des démocraties libérales peuvent représenter la résurrection du modèle africain. Une page se ferme au Nord et une autre s'ouvre au Sud.

Selon l'annonce officielle du président Macron : « Nous vivons aujourd'hui la fin de l'abondance, la fin de l'insouciance et la fin des évidences. Un grand bouleversement du monde à travers ces trois fins. »

François Bayrou, président du MoDem, appuie les propos du président de la République française en ces termes : « Au nom de la lucidité, et pas du pessimisme, nous allons vers la crise la plus grave que la France ait connue depuis la guerre. »[229]

Ils sont tous convaincus que le modèle capitaliste a touché à sa fin. Avec ces précisions, le locataire actuel de l'Élysée, « optimiste de volonté », prépare la population à des mois difficiles. Du moment que la période est qualifiée de temps de grande crise, l'apport de tout un chacun est considérable. Sur ce, quel rôle peut être joué par l'Afrique et les Africains pendant cette période de grandes crises mondiales et européennes ?

Hormis par arrogance et égocentrisme, la France ne peut pas ignorer l'apport de l'Afrique. La crise occidentale aujourd'hui est aussi énergétique, alors que le potentiel africain en énergie renouvelable est énorme et considéré comme la solution du futur. L'Institut d'Études de

---

[228] *Ibid.*

[229] Olivier Faye, « Face aux crises, Macron affiche son pessimisme », *Le Monde*, vendredi 26 août 2022.

Sécurité (ISS)[230] parle d'une forte capacité permettant à rendre l'Europe indépendante des combustibles fossiles russes d'ici 2030. Par ailleurs, la crise russo-ukrainienne suscite un regain d'intérêt pour les réserves gazières en Afrique, en Tanzanie, a souligné Samia Suluhu Hassan, présidente de la Tanzanie, en marge du sommet Union européenne-Union africaine en février 2022[231]. Avec la découverte en 2021 du pétrole et du gaz en Angola, en Namibie, au Ghana, en Afrique du Sud, en Égypte, en Côte d'Ivoire et au Zimbabwe, on révèle l'enjeu stratégique que l'Afrique représente pour l'Europe dans les années à venir. Néanmoins, l'Afrique, avec l'exploration de ces hydrocarbures, pourrait assoir son développement, mais elle peut aussi aider l'Union européenne à réduire sa dépendance vis-à-vis du gaz russe[232]. Le premier sommet africain sur le climat, qui a eu lieu au Kenya en septembre 2023, « Afrique, unie pour le climat », l'a confirmé.

Nous savons tous que la pandémie risque de freiner les progrès économiques du continent. Les gouvernements africains se sont endettés pour stopper la propagation de la Covid-19 dans leurs pays respectifs. C'est vrai, la dette est colossale, mais les résultats sont là. L'Afrique est moins affectée et elle a enregistré moins de cas de décès par rapport aux autres. Même si on avance que la non-progression de la pandémie en Afrique peut être due à des facteurs génétiques, cela n'a pas été démontré scientifiquement. L'immunité locale, l'environnement par l'exposition au soleil pour la vitamine D peuvent expliquer en partie la faible contamination, selon le docteur

[230] https://issafrica.org, Jakkie Cilliers, 22 mars 2022.
[231] https://issafrica.org/fr/iss-today/lafrique-detient-les-reponses-a-la-crise-energetique-en-europe-liee-a-la-guerre
[232] *Ibid.*

Massamba Diop[233], fondateur de SOS médecins Sénégal, même si cela ne s'est pas vérifié au Brésil où la pandémie a fait des ravages, un pays pourtant ensoleillé. Pour le moment, l'hypothèse valable reste le facteur africain d'avoir bien géré la pandémie par l'adoption très rapide de plans nationaux de santé concertés par les autorités africaines pour lutter contre l'épidémie. Contrairement aux pays occidentaux qui ont longtemps hésité avant de mettre en place des mesures barrières, les autorités africaines avaient pris l'épidémie au sérieux et elles ont adopté une bonne gestion sanitaire par anticipation en appliquant le confinement et la majorité des populations a pris la bonne attitude en acceptant le port du masque.

Cette pandémie nous livre beaucoup de leçons à retenir pour repenser l'essor du continent. Comment reproduire cette bonne manière d'agir pour relancer le développement économique en Afrique ? Par exemple, développer la médecine traditionnelle, souvent à base de plantes et très appliquée en Afrique dont la qualité et l'efficacité sont avérées pour offrir un accès aux soins à la population africaine. Vu le coût de la santé en Afrique et les difficultés d'accès aux médicaments pharmaceutiques pour la grande majorité de la population africaine, il est temps pour l'Afrique de s'y mettre réellement pour produire ces médicaments.

« De plus les médicaments sont fabriqués et imaginés sur la base de ressources marines et des plantes. Plus riche est la biodiversité que vous possédez, plus vous détenez un trésor de gêne à exploiter, donc de médicaments à

233 https://information.tv5monde.com/afrique/covid-19-pourquoi-l-afrique-est-le-continent-le-moins-touche-par-l-epidemie-384130, Pascal Hérard, mis à jour le 24/12/202.1

produire, potentiellement. C'est, je dirais, une sorte de patrimoine qui importera pour la suite. »[234]

Alors, les start-ups africaines doivent s'y pencher pour exploiter leur patrimoine, et dépasser ces expressions comme « *Hazi mzungu* »[235]. Chasser cet état d'esprit dans l'imaginaire de tout Africain nous permettrait d'avancer en confiance pour reprendre la « gestion de nos ressources » de nos pays et de notre continent, de passer de la géopolitique à la géoéconomie.

Il serait judicieux que les Africains se mettent au travail productif de leurs terres et de leurs océans, de leurs sous-sols, de leurs plantes, de leurs fonds marins, de leur environnement pour créer les richesses des nations africaines puisque nous prétendons avoir les connaissances et qualités requises et qu'une partie de la richesse mondiale proviendra de l'Afrique. Les plantes médicinales et la biodiversité constituent une arme géopolitique de l'Afrique. Connaître et maîtriser les enjeux géopolitiques des plantes médicinales et la biodiversité africaine seraient un bon début de la nouvelle ère. Mettons-nous alors à l'exploration !

Le monde actuel est motivé par le désir de conquérir de nouveaux marchés et de nouveaux produits, et le continent africain attise toujours des convoitises. Comment se mettre en phase pour négocier d'égal à égal et non subir les décisions des anciennes puissances colonisatrices ? Sans complexe, les Africains devront balayer ce traumatisme de la colonisation, et ce comportement de victimisation en commençant par établir eux-mêmes leurs plans et feuilles

---

[234] https://www.slate.fr/story/184329/iles-perles-strategiques-oceans-echiquier-geopolitique-mondial, « Les îles, ces perles stratégiques au cœur des océans », Annick Berger, le 23 novembre 2019, mis à jour le 3 août 2020.

[235] En comorien, le travail bien fait revient au Français ; sous-entendu le non-Blanc fournit du travail bâclé.

de route sur ce qu'ils appréhendent et ce qu'ils devraient faire pour atteindre leurs objectifs.

Avec la guerre en Ukraine, le continent africain peut devenir une alternative crédible au gaz et au pétrole russes[236]. Depuis les hostilités russes, les pays africains producteurs de gaz et de pétrole représentent une option pour l'Europe afin de s'affranchir du gaz russe d'ici 2027. Ceci vient illustrer les propos de Cheikh Anta Diop : « L'Afrique noire, rien que pour ses ressources hydrauliques, est un pays énergétique du monde. »[237]

Par conséquent, un développement durable en Afrique et la création de richesses ne sont pas une utopie. La Commission européenne, en publiant sa stratégie, montre que l'on compte sur la production du gaz en Afrique pour faire face à la crise énergétique[238]. Ceci peut être une belle opportunité pour certains pays africains de ressusciter et de construire les mégaprojets du gazoduc, mais aussi une opportunité pour mettre fin au terrorisme en Afrique dont on connaît le rôle que peuvent jouer ces ressources.

On parle même de l'aide de l'Afrique envers l'Europe[239]. Ce qui montre que l'Afrique est en position de force pour négocier ces marchés. Quelle est la stratégie africaine en tant que fournisseur ? Voilà le moment de mettre en application le « New Deal pour un business

---

[236] « Le gaz africain, une alternative aux importations russes pour les Européens ? », Cyril Bensimon, 15 juin 2022. www://lemonde.fr/

[237] Cheikh Anta Diop, *Les fondements économiques et culturels d'un État fédéral d'Afrique noire*, Présence africaine, 1974, p. 50.

[238] https://www.jeuneafrique.com/1333911/economie/gaz-russe-comment-lafrique-peut-aider-leurope/, Marie Toulemonde, 31 mars 2022, « Gaz russe : comment l'Afrique peut aider l'Europe ».

[239] *Ibid.*

transformateur des économies » dont il était question sur le Forum Europe-Afrique en mars 2022[240].

Voici donc des opportunités que l'Afrique peut saisir pour poser et renforcer les jalons de son essor. Si le non-développement de l'Afrique réside dans le modèle capitaliste considéré comme étant la machine à broyer et à asphyxier l'Afrique, l'annonce de sa fin doit être une délivrance et le point de départ de l'épanouissement africain. Le scénario est envisageable, mais ça ne viendra pas tout seul par magie. Les dirigeants africains et le jeunes néo-panafricains doivent se fixer des ambitions et fournir les outils pour réaliser un tel assaut du monde ! D'où la nécessité d'un nouveau modèle économique pour cette Afrique du troisième millénaire.

Ensemble, nous croyons au renouveau, mais nous devons définir les priorités et par où commencer. Comment inverser la tendance de l'ordre établi sur les obstacles de développement ? Comment extirper les séquelles immondes du colonialisme ? Pour atteindre ses objectifs, la nouvelle génération africaine doit établir une stratégie.

5.8. Le rôle de la diaspora dans la construction de la nouvelle Afrique

Avec l'avènement de cette nouvelle ère économique, le continent est fort différent de ce qu'il était au sortir de la décolonisation. Aujourd'hui, l'Afrique dispose des compétences et de l'expérience nécessaires pour propulser un réel développement ainsi que des éléments pour court-circuiter les prédateurs.

---

[240] https://afrique.latribune.fr, Économie/Stratégies, 24 mars 2022, « Forum Europe-Afrique : un New Deal pour un business transformateur des économies ».

Dispersée à travers le monde, la diaspora africaine ne cesse d'augmenter. Elle est passée de 5,2 millions à 13,6 millions entre 1990 à 2019. Parmi ces personnes nées en Afrique et vivant en dehors du continent, la diaspora africaine qualifiée vivant dans les pays de l'OCDE est estimée à 5,2 millions en 2010 d'après une analyse sur les Africains de la diaspora[241]. Elle représentait 1,3 million en 1990. Des hommes et des femmes, médecins, avocats, architectes, ingénieurs, enseignants, scientifiques, artistes, sportifs, écrivains ont quitté leur pays à la recherche d'une vie digne et meilleure. Beaucoup se trouvent bon gré mal gré en dehors de l'Afrique pour des raisons politiques.

Ce départ massif des cerveaux africains vers l'Occident était considéré comme un des freins au développement de l'Afrique, aujourd'hui il représente l'espoir. Grâce aux attaches avec leur pays d'origine, les Africains de la diaspora sont nombreux à affirmer la forte envie de revenir travailler en Afrique pour contribuer à l'édification d'une Afrique prospère. D'après une enquête réalisée par le cabinet Innogence Consulting, « sur huit cents personnes, soixante-et-onze pour cent des sondés envisagent de retourner travailler sur le continent et trente-huit pour cent affirment qu'ils sont prêts à partir immédiatement »[242]. Leurs actions ne se limitent pas aux manifestations dans les places publiques de Paris et dans d'autres villes de l'Union européenne pour dénoncer et souvent tenter des actions pour manifester leur rejet des autorités de leurs pays lors des passages de ces derniers en Europe. On leur reproche souvent leurs actions à distance, car on estime que le combat doit être mené sur le terrain en Afrique.

---

241 https://www.lepoint.fr/afrique/afrique-et-si-la-contribution-de-la-diaspora-etait-trop-sous-estimee-19-11-2021, Blaise Gnimassoun.
242 https://www.lepoint.fr/afrique/diaspora-l-envie-d-afrique-de-plus-en-plus-forte-26-11-2019, Marlène Panara.

À un moment donné, le comportement des dirigeants africains n'encourageait pas les Africains de la diaspora à retourner dans leur pays. Ceux qui ont tenté l'expérience ont vite déchanté. Ce qui n'est plus le cas aujourd'hui. Les choses changent, certains ont compris qu'il est temps de restructurer et d'organiser la diaspora et de donner un sens à leurs actions. Ces dernières ne doivent pas se limiter aux transferts d'argents qui lient la diaspora africaine à leurs familles, ce qui peut être aussi indirectement une forme de dépendance et d'assistanat.

On clame parfois que sans l'argent de la diaspora l'Afrique va crever. Certes, la multiplicité de ces transferts d'argent est une forme de réponse aux problèmes économiques et sociaux pour ceux qui vivent en Afrique. Cette assistance maintient effectivement le lien entre la diaspora et leurs familles. Malheureusement, cet argent facile n'encourage pas l'inventivité et la créativité des bénéficiaires, il nourrit plutôt l'oisiveté dans les familles. Au niveau des communautés et des associations villageoises, il peut être source de conflits et de tensions internes suite à d'éventuelles malversations et des orientations non prioritaires et improductives.

La plupart du temps, les projets financés par l'argent des associations de la diaspora souffrent d'une étude d'impact. Je prends l'exemple de mon pays, les Comores, l'argent des associations de la diaspora va souvent dans des projets sociaux, comme la construction des mosquées, des places publiques (foyers), aménagement des routes et ruelles, construction des centres de santé ou des écoles. Souvent, cet argent constitue une source de concurrence entre les villages qui affichent ostentatoirement les projets financés comme une marque de grandeur et de prestige du village. Le financement de certaines actions encourage les États africains à ne pas prendre leurs responsabilités et rester démissionnaires, car les villages se substituent à l'État en jouant le rôle de ce dernier ; ce qui cause le non-respect du pouvoir public et de l'État en général.

En outre, on constate que ces financements sont rarement orientés vers les projets économiques qui ont pour but l'insertion socio-économique des jeunes. Ces fonds des associations suivent la même trajectoire que l'argent de l'APD. Reconnus par tout et par toutes les institutions et ONG internationales, les fonds de la diaspora africaine dépassent de loin l'aide officielle au développement destinée au continent. D'après madame Obiagali Ezekwesili, vice-présidente de la Banque mondiale pour l'Afrique, les transferts de fonds de la diaspora vers l'Afrique sont estimés à trente-deux voire quarante milliards de dollars par an[243]. Dans son discours, lors de la rencontre avec les expatriés africains[244], la vice-présidente a exprimé l'impératif d'envisager le rôle de la diaspora dans le développement de son continent d'origine, en apportant en plus de ses moyens financiers sa connaissance et ses compétences au service du continent.

Par ailleurs, quitter son emploi sûr en Occident pour rentrer au pays sans assurance d'en trouver un ou de pouvoir créer sereinement et pérenniser un projet personnel est un grand risque à prendre, et cela nécessite beaucoup de réflexion. Pourtant, l'envie de ces talents africains de la diaspora de revenir sur la terre de leurs aïeux paraît évidente. Cette forte attractivité peut être née pour la plupart suite à des vacances en Afrique et d'autres par la vulgarisation des opportunités d'affaires à saisir en Afrique via les réseaux sociaux et les forums des rencontres des leaderships africains et d'autres, à la suite d'un ras-le-bol du racisme en France et de la difficulté de

[243] https://www.un.org/africarenewal/fr/a-la-une/l%E2%80%99afrique-fait-appel-%C3%A0-sa-diaspora, « L'Afrique fait appel à sa diaspora », Michael Fleshman.
[244] *Ibid.*

se faire une place dans la société française. Ces voyages en présentiel ou en virtuel en Afrique nourrissent cette envie chez les jeunes Africains de la diaspora de revenir sur le continent après avoir acquis des compétences des expériences à l'extérieur du continent. Un esprit positif qui germe et qui peut relancer une dynamique du développement économique certes, mais qui peut ainsi améliorer l'image de l'Afrique au niveau international. Il revient maintenant aux dirigeants africains, au lieu de se méfier de leur diaspora, d'encourager et accélérer cette détermination de retour qui représente une aubaine.

Quant à la France, elle ne reste pas indifférente à cet engouement du retour des jeunes diplômés dans la patrie africaine. Face à ce phénomène en France de « *Back to Africa* », l'ancienne puissance coloniale agit avec ruse pour attirer et retenir les meilleurs talents africains en France. Elle reste vigilante et observe ce phénomène de « Mouvement retour en Afrique » qui progresse, car les jeunes diplômés, majoritairement des start-ups innovantes, représentent un enjeu géopolitique important, la France recommande de surveiller de près ce phénomène[245]. Très panafricanistes et ouverts aux opportunités africaines partout où elles se présentent, et non seulement dans leurs pays d'origine, ces jeunes, entrepreneurs pour la plupart, représentent un atout économique et sont très courtisés par les entreprises africaines. Ils sont de plus en plus nombreux qui prospectent et affinent leurs projets et rêvent chacun d'un « ticket retour »[246].

Parmi ces nouvelles start-ups africaines figurent pas mal de jeunes femmes qui innovent, que ce soit dans l'agriculture, l'agroalimentaire, le commerce, l'informa-

---

245 https://www.morganphilips.com/fr-fra/conseils-et-actus/la-diaspora-une-force-en-marche-de-retour-en-afrique

246 https://www.lemonde.fr/afrique/article/2018/09/21/les-enfants-de-la-diaspora-tentes-par-l-afrique-de-leurs-parents_5358538_3212.html

tique, l'éducation, la santé, la téléphonie mobile et les autres secteurs technologiques. Ces femmes africaines du troisième millénaire qui se sont taillé une place de choix dans les domaines de la technologie peuvent participer activement dans les secteurs qui font bouger l'Afrique à savoir le développement de l'écosystème numérique. Ces femmes leaders en start-ups venant de la diaspora vont révolutionner l'entrepreneuriat des femmes en Afrique souvent cantonné au secteur informel et agricole, dont la rentabilité demeure insignifiante par rapport à la force de travail fournie. Il faut quand même reconnaître qu'en termes de nombre de femmes entrepreneures, les Africaines sur le continent dépassent celles de la diaspora. L'Afrique reste championne en matière d'entrepreneuriat féminin avec 27 % de la population féminine qui entreprend[247].

De plus, on peut être à l'étranger et bien servir son pays comme on peut le détruire en étant sur place. La preuve en est que ceux qui gèrent mal les affaires des pays et les détruisent sont ceux qui sont à l'intérieur. C'est l'argent de la diaspora, des tontines et les fonds que les communautés africaines apportent qui solutionnent les problèmes dans le monde rural en Afrique. La diaspora africaine est devenue la source principale de financement du continent par ses transferts d'argent à leurs familles dépassant de loin le montant de l'aide au développement et les investissements des entreprises étrangères. Ces fonds sont estimés d'après les données de la Banque mondiale à « 3,5 % du produit intérieur brut (PIB) de l'Afrique en 2019 alors que l'APD représentait 2,2 % »[248]. Contrairement à ce qu'on peut penser, la contribution de ces fonds est loin d'être sous-

---

[247] TV monde 27 juin 2019, « Women in Africa : l'Afrique championne du monde des femmes entrepreneures ».
[248] https://www.lepoint.fr/afrique/afrique-et-si-la-contribution-de-la-diaspora-etait-trop-sous-estimee-19-11-2021, Blaise Gnimassoun.

estimée, c'est le manque de gestion et de structuration de ces initiatives solidaires et d'entraides qui font que l'impact n'est pas mesurable.

De ce fait, la mise en place d'une Banque de la diaspora peut être un outil indispensable. C'est une piste sur laquelle les économistes et experts africains peuvent mener des réflexions et redoubler d'efforts pour passer de la phase théorique et des études à la phase de concrétisation. Sortir de la méthode ancienne des institutions impérialistes d'études, séminaires et colloques pour un travail concret sur le terrain. L'apport de ces experts de la diaspora peut constituer une vraie force de transformation de l'Afrique par des actions concrètes et volontaristes, il revient maintenant aux gouvernements africains de faciliter et favoriser le retour de la diaspora en mettant sur pied des politiques d'encadrement des initiatives de la diaspora.

On peut imaginer de répertorier de jeunes diplômés de la diaspora dans chaque ville, village ou région d'origine, les solliciter d'aller faire une exploration dans leur localité. Suite à leurs recommandations, monter des projets locaux en fonction des besoins réels qui seront financés par l'argent des associations de la diaspora. Ceci éviterait les financements villageois qui ne tiennent pas compte des besoins ni des priorités des bénéficiers, c'est justement ce qu'on reproche à l'APD, malheureusement nos associations traditionnelles de la diaspora reproduisent le même modèle colonial et c'est ce que la structure FAIDA va essayer de rectifier et d'apporter sa valeur ajoutée.

5.9. L'APPORT DES FEMMES AFRICAINES DANS L'AFRIQUE DU TROISIÈME MILLÉNAIRE

Lorsqu'on parle de *Hongera Afrika*, nous applaudissons les avancées réalisées pour l'Afrique et par les Africains, mais nous encourageons les bonnes initiatives pour aller toujours plus loin et plus haut. Dans ce troisième millénaire, nous constatons l'engouement des jeunes femmes et des hommes animés de bonne volonté pour le décollage du continent. Pour cette nouvelle page de l'Afrique qui s'ouvre, nous n'avons pas à venir prouver et justifier le rôle des femmes dans l'économie africaine et les progrès enregistrés ces dernières années, car la Conférence de Pékin et les différentes enquêtes de population active l'ont déjà démontré. Nous cherchons à dépasser les sphères des forums et colloques de genre et développement pour des actions concrètes. L'Afrique doit intégrer davantage cette force vive que constituent les femmes dans toutes les instances de prise de décision. Traditionnellement, ce sont elles qui nourrissent le continent et qui ont toujours joué le rôle de garant de la société.

Dans plusieurs pays d'Afrique subsaharienne et selon l'Organisation des Nations Unies pour l'alimentation et l'agriculture (FAO), « 70 % voire 80 % des denrées alimentaires destinées à la consommation des ménages et à la vente sur les marchés locaux sont produites par des femmes »[249]. Malgré cette capacité de création de richesse et de nourrir sa famille, dans plusieurs pays, elles n'ont pas accès à la terre, leur citoyenneté foncière est de basse intensité. Faute d'accès aux ressources financières et en l'absence de politiques d'autonomisation adéquates, elles

---

[249] « Afrique : le rôle sous-estimé des femmes dans le développement », https://youmatter.world/fr/afrique-role-femmes-developpement/, publié le 31 août 2021.

restent cantonnées au secteur informel et leur travail n'est pas considéré à sa juste valeur. Les recommandations des études, colloques, ateliers et séminaires dédiés à cette question des femmes africaines dans le développement restent souvent lettre morte. Pour réussir le défi de cette nouvelle Afrique, nous devons revoir comment faire valoir cette force de travail et lui donner les moyens nécessaires pour s'épanouir et récupérer sa place de prestige d'antan.

De nos jours, il y a dans tous les domaines d'activité des femmes qualifiées capables d'apporter du soutien aux autres femmes sous forme de « *mentoring* » et les tirer vers le haut. Nous avons aujourd'hui des jeunes femmes dans le continent ainsi que dans la diaspora africaine qui sont diplômées et capables de participer à l'essor du continent. Elles sont sensibles à la situation des femmes en Afrique, des femmes qui créent des initiatives susceptibles de servir de modèle d'inspiration et de locomotive pour les nouvelles générations des femmes en Afrique. À titre d'illustration, puisque les femmes en Afrique subsaharienne sont investies dans l'agriculture, on peut réfléchir comment les start-ups qui sont dans le domaine peuvent apporter leurs expériences et leurs compétences à ces femmes, les inciter à innover dans leurs activités respectives.

Nous avons vu dans la partie intitulée « **Le rôle de la diaspora dans la construction de la nouvelle Afrique** » que les jeunes femmes africaines issues de la diaspora sont en train d'inverser la tendance au même rythme que la gent masculine grâce à la formation et la prise de pouvoir sur les réseaux sociaux. Cette diaspora féminine est une force motrice pour la nouvelle Afrique dans la mesure où elle est beaucoup plus attachée à ses racines. D'une manière générale, le retour définitif au pays des parents, le besoin est ressenti plus chez la femme que chez l'homme.

Selon des études réalisées sur l'entrepreneuriat des femmes en Afrique subsaharienne, par WIA (Women in Africa philanthropy)[250], un quart des femmes africaines en âge de travailler sont des entrepreneures. Soit près de 24 % contre 6 % en Europe. Elles contribuent à hauteur de 65 % à la richesse du continent. Ce qui leur donne droit au titre de « sacrées championnes du monde de l'entrepreneuriat »[251]. Bien qu'elles soient en première position mondiale, il faut aussi reconnaître que la grande majorité de ces entreprises sont dans le secteur informel et beaucoup entreprennent par nécessité ou faute de mieux. Ce qu'on désigne principalement par « l'entrepreneuriat de survie »[252]. Toutefois, aujourd'hui, on trouve de plus en plus de femmes bien déterminées qui se lancent dans l'entreprise par envie et dans des domaines très pointus. Parmi elles, on peut citer et applaudir « Massobè Touré Diabaté, une figure reconnue dans la promotion de l'anacarde (noix de cajou), Edith Brou nommée célèbre *geekette* à cause de sa passion à l'informatique, elle a su s'imposer dans cet univers masculin »[253]. D'après cette étude, de jeunes entrepreneures africaines évoluent et connaissent des succès dans des secteurs traditionnellement dédiés aux hommes, en l'occurrence

---

[250] https://pwcmaroc.pwc.fr/fr/publications-communique-de-presse/les-africaines-sacrees-championnes-du-monde-de-l-entrepreneuriat.html, « Les Africaines sacrées championnes du monde de l'entrepreneuriat », 2018.

[251] *Ibid.*

[252] https://hellofuture.orange.com/fr/lentrepreneuriat-un-vrai-defi-pour-les-femmes-en-afrique-sub-saharienne/, « L'entrepreneuriat, un vrai défi pour les femmes en Afrique subsaharienne », Laurence Dhaleine (sociologue), Servane Fauvet (ingénieur de recherche), 16 février 2023.

[253] https://ideas4development.org/femme-entrepreneure-afrique/, « Les femmes entrepreneures à la conquête de l'Afrique », Sandrine Naguertiga, consultante spécialiste en communication, mis à jour le 27 septembre 2021.

l'architecture, le génie civil, les nouvelles technologies de l'information et de la communication, l'aviation, la géologie ou les sciences. Ces femmes ont su se distinguer parmi tant d'autres en opérant dans le numérique et en saisissant les opportunités d'affaires offertes par le numérique.

On enregistre une évolution au sein de la diaspora africaine des femmes qui franchissent le pas. La vulgarisation de leurs expériences via les réseaux sociaux peut contribuer à changer positivement le regard de la femme en Afrique tout en l'aidant à acquérir de nouvelles compétences. En se mettant en phase avec leur époque de cette révolution technologique, les femmes africaines se donnent toutes les chances d'améliorer leur condition de vie et d'accéder à des emplois bien rémunérés et des emplois en ligne qui nécessitent une connaissance en informatique et internet. Briser cette barrière technologique est un grand pas vers le développement personnel, le changement de leur statut et le développement socioéconomique en général.

Les femmes africaines du troisième millénaire ne vont pas continuer à se replier sur leur travail à faible revenu, elles doivent aussi percer sur les secteurs innovants, car avec la nouvelle révolution industrielle, les emplois exigeront des compétences dans le numérique dont la femme africaine doit s'impliquer sans complexe pour prendre son destin en main. Sur ce, les parents et toutes les institutions soucieux d'améliorer le statut des femmes africaines, doivent soutenir et encourager les jeunes filles à poursuivre des études scientifiques et rejoindre l'industrie technologique, le domaine de l'informatique et d'ingénierie afin d'élargir le champ des avantages à saisir.

Afin de ne pas mettre les femmes encore sur le bas-côté au troisième millénaire, les institutions doivent leur faciliter l'accès au secteur scientifique et technologique. Il revient aux femmes de pouvoir participer aux projets innovants, à leur tour d'oser se lancer dans les domaines de la Tech jusqu'alors considérés comme réservés aux hommes. En conséquence, il est indispensable pour les nouvelles structures africaines de miser réellement sur la formation, l'éducation et l'encadrement des filles en Afrique au même titre que les garçons pour leur permettre de participer activement dans le développement en cours en tant qu'acteur et non en tant que demandeur d'aide et assistance.

5.10. Le rôle des NTIC dans la conscientisation des Africains

L'arrivée et le développement des nouvelles technologies de l'information et de la communication (NTIC) en Afrique a révolutionné les mentalités et a profondément contribué aux changements de comportements qui ont eu lieu et qui continuent de se réaliser dans les sociétés africaines. Avec cet accès facile aux réseaux sociaux et l'information rapide de ce qui se passe dans le monde, comme toute révolution, les NTIC sont en train de bouleverser les modes d'organisation de la production et du travail en Afrique. La rapidité de l'Africain à s'adapter aux NTIC montre la force et la volonté des Africains à suivre l'évolution du monde. Il suffit de les mettre sur les rails et leur développement prendra sa vitesse de croisière.

Nous pouvons le constater avec les récentes innovations africaines susceptibles de devenir mondiales comme : « *M-Pesa* : la réponse kenyane à la faible bancarisation de sa population, au Cameroun : *le Cardiopad* : la tablette qui sauve des vies, *Secure ID* : la première entreprise productrice de cartes à puce de l'Afrique de l'Ouest, *Aeroview* : une nouvelle façon de voir l'agriculture, *M-Kopa* : le solaire pour combler le déficit énergétique du continent, etc. »[254]. Elles sont toutes des innovations « *made in Afrika* », adaptées aux besoins réels africains, réalisées en terre africaine par de jeunes Africains et qui sont en train de révolutionner l'Afrique et transformer fondamentalement l'économie africaine. Non seulement ces innovations répondent aux problématiques spécifiques des Africains localement, mais elles s'exportent au-delà des frontières africaines, comme M-Pesa qui s'exporte en Europe, en Inde en Asie, car elles sont aussi adaptées aux besoins du monde.

Le développement scientifique et technologique en Afrique évolue positivement et beaucoup d'innovations en herbe sont à identifier, afin de les accompagner et encadrer pour venir nourrir l'usine africaine. Ici, l'apport de la diaspora et le financement participatif peuvent servir d'atout majeur pour soutenir d'une manière pragmatique l'innovation technologique et scientifique. C'est à partir de cette capacité d'innover que l'Afrique peut protéger et tirer profit de ses ressources et richesses naturelles. Beaucoup de bonnes choses se réalisent en Afrique, il y a un bond en avant. C'est encourageant certes, mais il est impératif pour les pays africains de structurer l'enseignement pour répondre aux besoins des populations et du continent.

Les Africains dépassent aujourd'hui le complexe d'infériorité infligé par les Européens du genre : « Les Africains sont primitifs, irrationnels, superstitieux, indolents, incapables de s'en tirer seuls et de faire des projets. »[255] D'après les enquêtes de l'institut IMMAR

---

[254] https://www.agenceecofin.com/la-une-de-lhebdo/1110-70025-cinq-grandes-innovations-africaines-qui-peuvent-devenir-mondiales

[255] « Les publicités des ONG et la perpétuation des stéréotypes à propos de l'Afrique », mémoire universitaire du Québec à Montréal, Benoit Bordeleau, février 2009.

R&C [256] et selon un sondage réalisé pour le compte CIAN [257] (Conseil français des Investissements en Afrique), l'image de la France se dégrade aux yeux des leaders d'opinion africains. On voit apparaître dans ces enquêtes le sentiment de frustration et de déception, le désamour et le détachement des leaders d'opinion africains vis-à-vis de la France[258]. On peut rajouter à cela l'opinion des jeunes cadres diplômés africains déçus de la politique européenne en Afrique, les étudiants privés de possibilité de poursuivre leurs études en Europe, les jeunes désœuvrés à la recherche d'un moyen d'entrer en Europe en traversant l'Atlantique et plusieurs frontières en bravant tous les dangers. Tous sont caractérisés par le fait qu'ils ont une image amère de l'Europe.

Nous ne pouvons pas ignorer l'opinion de cette frange de la population qui est une bombe à retardement. La grande partie de ces images, tout en étant virtuelles, mais réelles, est captée rapidement via les réseaux sociaux et YouTube. Les Africains qui sont dans le continent découvrent l'autre face sombre de l'Occident et des Occidentaux, le racisme anti-Noirs et les préjugés sur les Noirs, de plus en plus présents dans les discours d'une catégorie des Occidentaux envers les Africains, et ceci nourrit un sentiment de déception et de frustration envers

[256] Le baromètre AFRICALEADS 2020 des leaders d'opinion en Afrique, dévoilé à l'occasion du Forum Afrique qui s'est tenu le vendredi 7 février 2020 au siège de la Chambre de Commerce et d'Industrie de Paris, pour le compte du Conseil français des Investisseurs en Afrique (CIAN).

[257] https://www.cian-afrique.org/a-propos-du-cian/presentation-du-cian/

[258] Le baromètre AFRICALEADS 2020 des leaders d'opinion en Afrique, dévoilé à l'occasion du Forum Afrique qui s'est tenu le vendredi 7 février 2020 au siège de la Chambre de Commerce et d'Industrie de Paris, pour le compte du Conseil français des Investisseurs en Afrique (CIAN).

la France. À travers ces stéréotypes racistes, la France est considérée par les Africains comme non adaptée à la hauteur des grands enjeux des Africains et de la nouvelle Afrique. Désormais, l'Europe et plus particulièrement la France ne représentent plus l'eldorado aux yeux de beaucoup d'Africains.

Avec les NTIC, les Africains, surtout la jeune génération, découvrent des images illustrant des traitements envers les Noirs au temps de l'esclavage, les lynchages, les pendaisons, les assassinats, les viols et les actes obscènes. Les Occidentaux sont aujourd'hui démasqués et considérés comme des bourreaux, des racistes, des voleurs, des violeurs, des pilleurs, des corrupteurs, des sauvages, des malhonnêtes, des criminels. Cette image de l'Europe et des Européens ne cesse de se répandre chez les Africains grâce à l'utilisation des nouveaux réseaux sociaux et à la découverte des vérités de l'histoire africaine par les Africains. La démystification de la France et de l'Occident en général continue son chemin. Nous voyons donc que les représentations de l'Europe par les Africains ne sont plus positives et admiratives. Les Africains ont vomi ceux qui étaient soi-disant des modèles et des idoles. Rien ne sera plus jamais comme avant !

Non seulement les NTIC ont contribué à la démystification de la France et de l'occident, mais les NTIC ont aussi permis la déconstruction des mythes d'un Occident-eldorado dans l'imaginaire africain. Cela n'empêche pas les aventuriers de poursuivre leur rêve souvent infernal à la recherche d'un avenir meilleur en Europe. Ces jeunes en panne de repères et d'encadrement sont facilement séduits par l'autre partie des images idylliques véhiculées par les NTIC et comme ils n'ont pas la capacité de faire une analyse objective entre mythe et réalité, ils représentent la proie facile de toutes les escroqueries possibles et imaginables.

Il faut reconnaître le rôle capital que jouent les réseaux sociaux dans les changements de comportements dans le monde en général et dans le continent africain en particulier. À travers cet outil, beaucoup de jeunes africains peuvent se former par la voie du numérique, suivre de grandes conférences au niveau international à distance et saisir des opportunités d'affaires. Ils ont permis à beaucoup d'Africains d'intégrer différents réseaux ; de découvrir le monde et ce qui s'y passe sans voyager. Ces outils ont permis aussi la circulation d'informations riches comme la contribution des Africains à la construction du monde, les inventeurs noirs et leurs inventions qui ont changé le monde, méconnus par beaucoup d'Africains. C'est avec ces outils que les experts africains de la diaspora peuvent transférer leurs connaissances et leurs compétences en Afrique, mais aussi permettre à ceux qui sont en Afrique de les suivre sur leurs activités. Aujourd'hui, il suffit d'aller sur Google et taper « les grandes découvertes et innovations des Noirs », il y a toute une panoplie d'informations sur le sujet. En résumé, j'ai retenu la liste publiée par Médiapart[259]. Des inventions réalisées par des hommes et des femmes de la diaspora noire, qui ont changé le monde et qui resteront toujours incontournables dans l'évolution du monde actuel et futur.

« 1. LA LAMPE ÉLECTRIQUE : inventée le 13 septembre 1881 par Joseph V. Nichols et Lewis H. Latimer.

2. L'ANTENNE PARABOLIQUE : inventée le 7 juin 1887 par Granville T. Woods.

3. LA PRODUCTION SUCRIÈRE AMÉLIORÉE : inventée dans la décennie 1840 par Norbert Rilleux.

---

259 https://blogs.mediapart.fr/etiennebilger/blog/130419/100-inventions-faites-par-des-noirs, 100 inventions faites par des Noirs, 13 avril 2019 : le blog de Charles Quatre-Sendis.

4. L'AIGUILLAGE DES TRAINS : inventé le 31 octobre 1899 par William F. Burr.

5. L'EXCAVATRICE DES POMMES DE TERRE : inventée le 23 avril 1895 par F.J. Wood.

6. CAPSULES DES BOUTEILLES ET JARRES : inventées le 13 septembre 1898.

7. BIDON (JERRICANE) : inventé le 17 février 1891 par Albert C. Richardson.

8. PANNEAU DE PROTECTION DES LITS : inventé le 13 août 1895 par Lewis A. Russel.

9. MOTEUR À COMBUSTION : inventé le 5 juillet 1892 par Andrew J. Beard.

10. MASQUE À GAZ : inventé le 13 octobre 1914 par Garett A. Morgan.

11. BOUCHE DE SECOURS INCENDIE : inventée le 7 mai 1878 par Joseph R. Winters.

12. LA CHAISE BALANÇOIRE : inventée le 15 novembre 1881 par Payton Johnson.

13. CHARPENTE MÉTALLIQUE (DE VOITURE) : inventée le 2 février 1892 par Carter William.

14. TABLE DE CUISSON À VAPEUR : inventée le 26 octobre 1897 par Carter William.

15. LENTILLES DE PROTECTION DES YEUX : inventées le 2 novembre 1880 par Powell Johnson.

16. L'ASCENSEUR : inventé le 11 octobre 1867 par Alexander Miles.

17. LE TAILLE CRAYON : inventé le 11 octobre 1867 par John L. Loove.

18. DISPOSITIF DE COUPLAGE DES VOITURES DE TRAIN : inventé le 10 octobre 1899 par Andrew J. Beard.

19. LES MANÈGES POUR DIVERTISSEMENT : inventés le 19 décembre 1899 par Granville T. Woods.

20. LA CHEMINÉE DE LOCOMOTIVE : améliorée le 23 mai 1871 par Landron Bell.

21. LA LANTERNE ou LA LAMPE TEMPÊTE : inventée le 19 août 1884 par Michael C. Hamey.

22. LE PIANO MÉCANIQUE : inventé le 11 juin 1912 par Joseph H. Dickinson.

23. L'AMÉNAGEMENT DES WAGONS-LITS : inventé le 8 octobre 1870 par John W. West.

24. LA BALANCE PORTABLE : inventée le 3 novembre 1896 par John W. Hunter.

25. LES WC (TOILETTES) : inventés le 19 décembre 1889 par Jérôme B. Rhodes.

26. LE CACHET ET LE TAMPON : inventés le 27 février 1883 par William B. Purvis.

27. LE RÉFRIGÉRATEUR (FRIGO) : inventé le 14 juillet 1891 par John Stenard.

28. L'INTERRUPTEUR (LE COMMUTATEUR) : inventé le 1er janvier 1889 par Granville T. Woods.

29. LE RÉVÉLATEUR PHOTOGRAPHIQUE : inventé le 23 avril 1895 par Clatonia Joaquin Dorticus.

30. LA GALOCHE (COUVRECHAUSSURE) : inventée le 8 février 1898 par Alvin L. Rickman.

31. LA MACHINE À COMPOSTER : inventée le 22 juin 1897 par William Barry.

32. LA FONDEUSE-MOULEUSE : inventée le 14 mars 1876 par David A. Fisher.

33. LE BALAI-LAVEUR : inventé le 13 juin 1893 par Thomas W. Steward.

34. LA MACHINE À ÉCRIRE : inventée le 7 avril 1885 par Lee S. Burridge et Newman R. Mashman.

35. LE PROTÈGE-DOCUMENT (papiers) : inventé le 2 novembre 1886 par Henry Brown.

36. LE MANCHE D'ENREGISTREUR : inventé le 8 janvier 1918 par Joseph Hunter Dickinson.

37. LE SYSTÈME D'ALARME DES TRAINS : inventé le 15 juin 1897 par Richard A. Butler.

38. LA TERRINE ou LE MOULE À GLACES : inventée le 2 février 1897 par Alfred L. Cralle.

39. LE SÈCHE-LINGE : inventé le 7 juin 1892 par George T. Sampson.

40. LA PEINTURE ET LES COLORANTS : inventés le 14 juin 1927 par George Washington Carver.

41. LES FREINS DE VOITURE : inventés le 6 août 1872 par John V. Smith.

42. LA MACHINE À PÉTRIR : inventée par Joseph H. Dickinson.

43. LA MACHINE DE CORDONNERIE : inventée le 20 mars 1884 par Jan E. Matzeliger.

44. LE STYLO-PLUME À RÉSERVOIR : inventé le 7 janvier 1890 par William B. Purvis.

45. LE TUNNEL POUR TRAIN ÉLECTRIQUE : inventé le 17 juillet 1888 par Granville T. Woods.

46. LE FEU DE SIGNALISATION (feu rouge) : inventé le 20 novembre 1923 par Garett A. Morgan.

47. LA GUITARE : inventée le 30 mars 1886 par Robert F. Flemmings Jr.

48. LA BOÎTE AUX LETTRES : inventée le 27 octobre 1891 par Philip B. Downing.

49. LE PEIGNE À CHEVEUX : inventé le 21 décembre 1920 par Walter H. Sammons.

50. LE TROLLEY ÉLECTRIQUE SUR RAIL : inventé le 19 septembre 1893 par Elbert R. Robinson.

51. LES COUPES-BISCUITS MÉCANIQUES : inventés le 30 novembre 1875 par Alexander Ashbourne.

52. LE FOUET BATTEUR D'ŒUFS : inventé le 5 février 1884 par Willis Johnson.

53. LA TABLE DE REPASSAGE : inventée en 1892 par Sarah Boone.

54. LES ROTATIVES DE PRESSE (imprimerie) : inventées le 17 septembre 1878 par W.A. Lavalette.

55. LE SYSTÈME DE SÉCURITÉ DES ASCENSEURS : inventé le 2 avril 1895 par James Cooper.

56. LA BALAYEUSE DES RUES : inventée le 17 mars 1890 par Charles B. Brooks.

57. LE PORTE-BAGAGES DU VÉLO : inventé le 26 décembre 1899 par Jerry M. Certain.

58. LES SYSTÈMES ET LES APPAREILS TÉLÉPHONIQUES : inventés le 11 octobre 1887 par Granville T. Woods.

59. LA TONDEUSE À GAZON : inventée le 9 mai 1899 par John Albert Burr.

60. LES VITESSES AUTOMATIQUES (des véhicules) : inventées le 6 décembre 1932 par Richard B. Spikes.

61. LES POUBELLES (bacs à ordures) : inventées le 3 août 1897 par Lloyd P. Ray.

62. LE PRESSE AGRUMES : inventé le 8 décembre 1896 par John T. White.

63. LES PORTES DE SÉCURITÉ (pour ponts à bascules) : inventées le 7 octobre 1890 par Humphrey Reynolds.

64. LE THERMOSTAT : inventé le 6 mars 1928 par David N. Crosthwait Jr.

65. LE CADRE DU VÉLO : inventé le 10 octobre 1899 par Isaac R. Johnson.

66. LE FER À CHEVAL : inventé le 23 août 1892 par Oscar E. Brown.

67. LE LANDAU (poussette) : inventé le 18 juin 1889 par William H. Richardson.

68. LE PIÈGE À RATS AUTOMATIQUE : inventé le 31 août 1881 par William S. Campbell.

69. LA MOISSONNEUSE-BATTEUSE : inventée le 7 août 1894 par Robert P. Scott.

70. LA SELLE DE CHEVAL : inventée par William D. Davis, le 2 février 1892.

71. LE MORS DE CHEVAL : inventé le 25 octobre 1892 par Lincoln F. Brown.

72. LE COUVRE SABOT (pour chevaux) : inventé le 19 avril 1892 par Robert Coates.

73. LA CROSSE DE GOLF : inventée le 12 décembre 1899 par George F. Grant.

74. LE CONDITIONNEMENT D'AIR (split) : inventé le 12 juillet 1949 par Frederick M. Jones.

75. LA GÂCHETTE DE FUSIL (le détonateur) : inventée le 3 mai 1897 par Edward R. Lewis.

76. APPAREILS AUTOMATIQUES DE PÊCHE : inventés le 30 mai 1899 par George Cook.

77. L'ARROSOIR DE GAZON : inventé le 4 mai 1897 par Joseph H. Smith.

78. LE TÉLÉGRAPHE DES CHEMINS DE FER : inventé le 28 août 1888 par Granville T. Woods.

79. LES APPAREILS DE TRANSMISSION DE MESSAGES via l'électricité : inventés le 7 avril 1885 par Granville T. Woods.

80. LE DISPOSITIF DE TRANSFERT des courriers postaux : inventé le 24 mai 1917 par J.C. Jones.

81. EXTINCTEUR DE FEU : inventé le 26 mars 1872 par Thomas J. Martain.

82. LE DISPOSITIF DE TRANSPORT DES FRETS : inventé le 10 octobre 1899 par John W. Butts.

83. LE LIT PLIANT : inventé le 18 juillet 1899 par L.C. Bailey.

84. LES TRINGLES DES RIDEAUX : inventées le 4 août 1896 par W.S. Grant.

85. LE CANAPÉ-LIT CONVERTIBLE : inventé le 5 octobre 1897 par J.H. Evans.

86. LE LAVE-VITRES ÉLECTRIQUE : inventé le 27 septembre 1882 par A.L. Lewis.

87. LA MOISSONNEUSE : inventée le 3 juin 1890 par H.L. Jones.

88. LE DIRIGEABLE : inventé le 20 février 1900 par J.F. Pickering.

89. LA RAMASSEUSE DE COTON : inventée le 5 juin 1894 par Georges W. Murray.

90. LES LUBRIFIANTS DE MOTEUR : inventés le 15 novembre 1898 par Elijah Mc Coy.

91. LA MACHINE DE GRAISSAGE À VAPEUR : inventée le 4 juillet 1876 par Elijah Mc Coy.

92. BANDE MAGNÉTIQUE D'ORDINATEUR : inventée le 24 août 1971 par Larry T. Preston.

93. LA PÉDALE DE COMMANDE : inventée le 5 octobre 1886 par Minnis Hadden.

94. ANTENNE DE DÉTECTION PAR RADARS : inventée le 11 juin 1968 par James E. Lewis.

95. SUPERCHARGEUR POUR MOTEUR À COMBUSTION : inventé le 3 février 1976 par Joseph A. Gamell.

96. AUTOMATISATION DU CHARGEMENT ET DÉCHARGEMENT DU COURRIER POSTAL : inventée le 13 février 1945 par Gus Burton.

97. ENGINS DE LEVAGE et MONTE-CHARGE : inventés le 2 mai par Mary Jane Reynolds.

98. LA CELLULE ÉLECTRIQUE GAMMA : inventée le 6 juin 1971 par Henry T. Sampson.

99. LE SYSTÈME DE RÉFRIGÉRATION (FRIGO et CONGÉLATEUR) : inventé le 4 novembre 1879 par Thomas Elkins.

100. LA SIGNALISATION (balises d'aéroport, grues, immeubles…) : inventée le 30 mars 1937 par Lewis Chubb. »[260]

---

[260] *Ibid.*

J'ai noté ces cent inventions, mais il y en a d'autres et de récentes inventions à découvrir via internet et les NTIC. On peut trouver des procédés novateurs africains en Afrique, sources d'inspiration et qui sont primés et en train de devenir des innovations mondiales.

5.11. Pour une gouvernance au service de l'innovation

« L'avenir du monde se jouera en Afrique. »[261] Ce discours ne doit pas rester un mythe, il doit l'être dans la réalité. Ce slogan était tenu par la génération postcoloniale, ensuite avec la génération d'après qui est aux manettes actuellement, mais les résultats se font toujours attendre. Nous l'entendons aujourd'hui encore avec ce que j'appelle ici « génération start-up », parce qu'elle est bien en phase avec la révolution technologique de son époque. Elle suit les innovations, elle est en mesure d'apporter de la valeur ajoutée à l'Afrique. Comment cette présente génération va-t-elle faire pour changer positivement les choses pour passer de ce slogan en actions concrètes ? Comment faire pour obtenir la place qui lui est due aujourd'hui ? Comment va-t-elle combattre une nouvelle colonisation et une nouvelle exploitation sauvage des ressources africaines ?

Placer notre fierté sur nos ancêtres, les pères fondateurs d'une idéologie panafricaine est une bonne chose, mais compter sur nos propres efforts c'est indispensable. Eux ont fait leur temps et leur devoir, ils nous ont légué un héritage bon ou mauvais, c'est le nôtre, il est impératif de nous demander ce que nous léguerons aux générations futures. Comment vont-ils parler de nous ? Si nous trouvons qu'une partie de notre héritage est lourde à

[261] https://www.dailymotion.com/video/x61hibh

supporter, sommes-nous capables de faire mieux ? Sommes-nous prêts à rompre avec l'ancien système ? Ce sont des questions qui reviennent souvent dans les discussions entre Africains dans leurs rassemblements. En tout cas, c'est tout ce à quoi nous aspirons ; le changement !

En réalité, le génie africain existe, et en Afrique beaucoup souffrent d'encadrement. Ceux qui sortent du lot sont ceux qui ont eu la chance de partir en Occident et la chance de retourner au pays après la formation est conditionnée par l'accueil que leur pays leur réserve. Ceux qui innovent à l'intérieur de l'Afrique sont dans l'ombre et peinent à persévérer pour mettre leurs créations en lumière. Voilà un autre combat dont cette jeunesse doit tenir compte. C'est encourager et motiver le retour des cerveaux africains dans le continent pour contribuer à la création et à l'innovation africaine, servir de mentor et de modèle d'inspiration pour les jeunes inventeurs africains en herbe, les coacher et les mettre sur les rails et les tirer vers le haut.

Les autorités africaines quant à elles doivent mettre les moyens pour les rassurer avec une bonne législation pour encadrer l'entrepreneuriat et protéger la propriété intellectuelle, créer des espaces productifs et des centres d'impulsion pour l'innovation en Afrique. On ne cherche pas à copier la Silicon Valley, mais il serait intéressant de s'inspirer de ce qui marche ailleurs pour l'adapter à nos réalités avec nos atouts. On peut parler du Victoria[262] Tech ou du Kilima[263]-Tech ou Tanga[264]-Tech, Karthala[265]-Tech en référence à nos lacs et montagnes qui sont des poumons

[262] En référence au lac transfrontalier Victoria (Tanzanie, Ouganda et Kenya).
[263] En référence à la montagne Kilimandjaro en Tanzanie.
[264] En référence au lac Tanganyika.
[265] En référence au volcan Karthala aux Comores.

économiques qui regorgent des richesses. Il suffit d'installer nos jeunes inventeurs près de ces sites, leur fournir les moyens de « creuser, fouiller, bécher » pour innover à partir de ces lieux et ressources africaines. Sortir les inventeurs d'origine africaine de l'oubli et les montrer à leurs semblables rehaussera l'image des Africains envers eux-mêmes et améliorera la représentation de la population noire longtemps humiliée et chosifiée, considérée au rang d'esclaves et aux simples bras du travail forcé.

Sans prétention aucune ni chercher à flatter notre égo, ces inventeurs nourrissent aujourd'hui un brin d'espoir, de fierté et de gain de dignité auprès des Africains. Beaucoup de ces inventions réalisées par des Noirs et qui ont façonné le monde sont victimes de l'oubli et beaucoup sont blanchies, car les premiers inventeurs sont ignorés et ce sont les prometteurs de seconde main souvent des Occidentaux qui sont mis en avant[266] . En regardant cette liste de ces génies, de prime abord nous avons une belle image des Noirs et on se demande ce qui a été inventé époque par époque par le reste du monde. Et maintenant que nous le savons, en quoi cette information va-t-elle nous servir ? Le regard négatif des Européens et des autres envers l'Afrique et les Noirs ne va pas vraiment changer à travers ces découvertes d'antan, en tout cas pas aussi vite. Cependant, apprendre que toutes ces inventions viennent des Africains est non seulement encourageant, mais cela contribue à déconstruire les narratifs enfouis dans l'imaginaire des Africains et d'être vigilant pour la protection des inventions futures des jeunes africains, car les scénarios de récupération ou d'appropriation sont toujours possibles.

---

[266] Jacqueline Nkoyok, *De l'antériorité des idées et institutions politiques de l'Afrique précoloniale. Les paradoxes sociopolitiques*, L'Harmattan, 2014, p. 65.

CHAPITRE 6

L'AFRIQUE DU TROISIÈME MILLÉNAIRE

6.1. VERS UNE RELATION DE PARTENARIAT AUTONOMISANT POUR LE CONTINENT AFRICAIN

Le bond économique de l'Afrique ne serait possible qu'avec une émergence des dirigeants africains nationalistes. Décoloniser les sociétés africaines et restaurer les valeurs de la civilisation africaine constitueraient le slogan et l'idéal de ces nouveaux défenseurs de la nouvelle Afrique. Mais ces dirigeants sont-ils prêts à rompre avec l'ancien système au niveau interne et établir des coopérations utiles et non toxiques avec de nouveaux partenaires ?

La réponse a été donnée auparavant par Fanon que si nous parviendrons à créer le *nouveau citoyen noir* qui selon lui « se distingue par sa volonté de rompre complètement avec l'ordre existant »[267]. Nous sommes dans un monde globalisé dans lequel aucun pays ne peut évoluer en vase clos, certes, mais il est aussi une autre époque, que c'est permis de choisir ses partenaires si on juge que les relations avec ses anciens sont incertaines. Il y a quelques décennies, on n'imaginait presque jamais une rupture radicale entre l'Afrique et l'Europe, et encore entre l'Afrique francophone et la France. Aujourd'hui, la

[267] Michael Azar, *Comprendre Fanon. Vers un nouvel humanisme*, Max Milo éditions, Paris, 2014, p. 78.

rupture est palpable, mais on refuse de regarder la vérité en face. D'ailleurs, si on parle de conférence de réconciliation Europe-Afrique, c'est parce qu'il y a eu rupture, conflit ou mésentente, si latents soient-ils. Il y a alors un rejet de la continuité des mêmes relations et qu'il est avantageux pour toutes les parties de forger une nouvelle relation.

Plusieurs tentatives de réconciliation Afrique-Europe ont déjà eu lieu sous forme de conférences[268]. Malgré ces pas vers la réconciliation, des imperfections et des insatisfactions existent et persistent. Chacun campe sur ses positions d'accusations, de justifications, de dénigrement et de non-pardon. Or, l'Afrique se heurte à la non-reconnaissance des torts et le refus d'octroyer des dédommagements même symboliques, au non-respect des promesses et des recommandations des forums et sommets. Tout ceci remue le couteau dans la plaie. Tant que ces discours ne seront pas accompagnés par des actes tangibles et du respect mutuel, les relations entre l'Afrique subsaharienne et l'Europe, plus particulièrement la France, ne seront jamais pacifiées malgré leur histoire commune.

Ces rencontres sont loin d'enterrer les rancœurs et la hache de guerre. Pour faire un bon chemin ensemble et réécrire en commun une très belle histoire contemporaine entre l'Afrique et l'Occident, et pour les générations futures, une histoire tout à fait différente de l'ancienne s'impose. Celle qui marquera positivement les esprits dans les siècles à venir, car elle sera fondée sur le respect et la reconnaissance. Il ne s'agit pas ici d'oublier les grands crimes de l'histoire de l'humanité à travers l'esclavage et la traite des Noirs ainsi que d'autres formes d'oppressions, car il en reste des blessures irréversibles. Il est question maintenant de voir ensemble comment dépasser les clichés

268 Rapport de la Conférence de réconciliation Europe-Afrique Kinshasa 19-21 juin 2008 et Lubumbashi 23 juin.

et les stéréotypes pour regarder les grandes mutations qui s'annoncent afin de tirer profit des belles opportunités. Ceci est valable aussi bien pour les partenaires historiques qu'avec les nouveaux qui émergent et qui s'intéressent au continent africain.

Il est encore envisageable que l'Afrique et l'Europe se donnent à nouveau la chance d'un destin commun, mais à quel prix ? Beaucoup d'études confirment que le continent intéresse l'Europe parce qu'il représente un marché intéressant et facile à conquérir aux yeux des Européens. Je dirai aussi que les ressources naturelles et minières intéressent l'Europe et suscitent des convoitises, tout comme l'Afrique a à son tour besoin des moyens financiers, des capacités techniques, de l'expertise et du savoir-faire de l'Europe pour lancer son développement. Auparavant, il était impossible de penser que l'Afrique et l'Europe puissent évoluer l'une sans l'autre compte tenu de la proximité géographique des deux continents, les anciennes alliances entre Africains et Européens qui ont résisté beaucoup aux explosions sociales grâce à l'importance que les Africains accordent à la cohésion sociale et le rôle important que la diaspora africaine de la France joue pour consolider les relations socioculturelles entre l'Afrique et l'Europe. Aujourd'hui, avec la réalité de la nouvelle géopolitique du monde, ces acquis ne garantissent pas la pérennisation de ces relations traditionnelles, car il y a eu beaucoup de dégâts qui sont devenus intolérables, mais aussi d'autres partenaires potentiels. Dans une grande interview au journal *Jeune Afrique* de décembre 2020 [269], le président français Emmanuel Macron dévoilait les relations qu'il entendait tisser avec l'Afrique. Il promettait un changement radical qu'il allait en finir avec la Françafrique et ses liens troubles et ses réseaux obscurs. Il avouait en quelque sorte

[269] *Jeune Afrique* n° 3095, décembre 2020, p. 18 à 25.

l'existence de ces zones d'ombre. Malgré le sentiment antifrançais qui se développe au sein des pays africains francophones, le président Macron reconnaissait un attachement de la France à l'Afrique en déclarant que : « Entre la France et l'Afrique, ce doit être une histoire d'amour. »[270]

À l'époque actuelle, ces belles paroles ne suffisent plus pour apaiser les esprits et regagner la confiance des Africains profondément blessés et déçus par le système colonial et néocolonial de la France. Les Africains n'ont pas besoin de famille ni d'amoureux, mais de partenaires d'affaires qui les respectent et reconnaissent leur valeur. Afin d'impulser une nouvelle et réelle dynamique dans les relations d'union entre l'Afrique et la France pour parvenir à une éventuelle réconciliation, il faut le prouver par des actions concrètes et honnêtes, car les cicatrices profondes, les douleurs lancinantes et l'amertume enracinée depuis des siècles ne vont pas disparaître au cours d'un mandat présidentiel à travers des discours flatteurs. Il y a des pratiques à bannir et des actes à mettre en place, des procédures et des contrats à tenir, et à respecter.

À l'aube du troisième millénaire, la France et l'Europe doivent prendre conscience qu'elles auront à faire à une nouvelle génération africaine en quête de sens. Une génération totalement différente de leurs aînés et beaucoup plus ouverte à d'autres modèles de développement économique. Cette nouvelle page de partenariat peut commencer par établir de nouvelles bases de relation saines qui s'adaptent à notre époque en dépassant les vieux schémas de dominants-dominés. Le temps de la France en tant que modèle idéal pour l'Afrique est révolu. Si le regard actuel de l'Europe envers l'Afrique ne se différencie pas de l'ancien regard jugé trop négatif, il n'y aura pas de continuité ni économique ni politique avec

[270] *Ibid.*

cette génération. Pour éviter les frustrations et les déceptions ainsi que les situations conflictuelles dont on connaît les conséquences, les deux continents sont donc tenus d'améliorer leurs relations politique et économique afin de regagner la confiance des jeunes africains blasés pour enfin assoir de nouvelles bases de partenariat solides, cohérentes. Toute relation doit être axée autour de la transparence et de l'équité pour les deux parties.

Dans l'optique des relations Espagne-Afrique, Reyes Maroto, ministre de l'Industrie, du Commerce et du Tourisme d'Espagne, plaide pour une plus grande intégration économique entre l'Afrique et l'Europe. Leur stratégie appelée « *Horizonte Africa* »[271] montre l'intérêt particulier que l'Espagne accorde à l'Afrique, et son objectif de bien se positionner sur le continent représente l'une des priorités de l'Espagne. Pour les investisseurs espagnols, l'Afrique est un continent riche de possibilités[272]. Ceci démontre encore une fois l'avidité économique de l'Europe envers l'Afrique. L'Espagne qui n'a pas eu sa part de gâteau lors du partage de l'Afrique dans la conférence de Berlin en 1885 parle d'une reconquête de l'Afrique[273]. Or, qui dit reconquête dit réinstaurer un rapport de domination, une idée bannie de notre temps.

Côté africain, on se demande comment les États et le secteur privé se préparent pour accueillir ces nouveaux partenaires afin d'établir des relations justes et équitables afin d'éviter les anciens schémas de l'époque coloniale, de pillage et de spoliation, ne pas subir les mêmes injustices des années des Programmes d'Ajustement structurel et du

---

[271] C'est une stratégie commerciale et financière destinée à aider nos entreprises à se développer sur le marché africain. Elle vise également à y renforcer la présence de l'Espagne en général.

[272] *Ibid.*

[273] *Jeune Afrique* n° 3095, décembre 2020.

libre-échange imposé par ces puissances mondiales. Pour éviter une autre catastrophe, l'Afrique doit dès le début montrer sa stratégie, afficher ses nouveaux objectifs et ses ambitions. Faire en sorte que leurs échanges avec leurs partenaires soient transparents, respectueux, justes et équitables. Les autorités africaines doivent surtout rompre avec les démons de la corruption, les « bakchichs »[274] au détriment de l'intérêt général. Ces mauvaises habitudes ancrées dans l'esprit des dirigeants africains doivent être bannies pour bâtir des nouveaux atouts (industriels, intellectuels, technologiques…) pour la nouvelle Afrique, suivre les mutations géopolitiques et géoéconomiques qui s'annoncent.

Après cette volonté de la France de corriger le tir arrive la ferme volonté de l'Espagne qui affiche ses objectifs de la reconquête de l'Afrique et entend jouer un rôle de premier plan sur le continent[275]. Ces pays d'Europe qui veulent mettre le cap sur l'Afrique nous confirment que le continent reste toujours attractif et suscite des convoitises. Les Africains sont désormais bien avertis des ambitions des Européens et doivent se préparer pour participer à une coopération sincère et équitable avec ceux qui s'intéressent à l'Afrique, sans oublier de leur rappeler surtout de mettre de côté cet esprit de « nouvelle reconquête » du continent. Ce discours surfe sur les peurs et les angoisses des Africains qui appréhendent une autre reconquête, une recolonisation, ce qui pourrait justement créer un blocage et empêcher l'éclosion d'un partenariat sain.

---

[274] Pot-de-vin ou dessous de table.
[275] *Jeune Afrique* n° 3095, décembre 2020, p. 18 à 25.

6.2. Le rôle des auteurs et médias africains pour redorer l'image de l'Afrique

Il existe de nombreux écrits des auteurs africains et étrangers sur des clichés négatifs de l'Afrique, sa face sombre et stéréotypée au détriment d'une Afrique naturellement et généralement riche. Ils ne parlent pas du tout du génie africain ou balbutient à peine, de l'hospitalité et de la générosité africaines. Ils rentrent dans le piège de ces fabricants de stéréotypes négatifs en minimisant et dénigrant l'Afrique, les Africains et ses atouts sans s'en rendre compte. Certains médias africains vont dans le sens des discours de l'oppresseur, c'est-à-dire sortir de nos propres bouches, et de nos plumes les discours d'une Afrique maudite, d'une Afrique perdue et désespérée. À cela s'ajoute l'influence des publicités des ONG d'aide humanitaire et des multiples et diverses aides en gros plans médiatiques qui ne font que perpétuer ces stéréotypes négatifs pour maintenir en vie leurs structures. Tout ceci réconforte les adversaires et ennemis de l'Afrique, car ce genre de narratifs leur fournit des arguments pour justifier leurs actions de domination et exercer leur influence et leur autorité.

Dans différents pays d'Afrique, les rivalités du pouvoir poussent à détruire leur image globale en voulant trop détruire le pouvoir en place si on est dans l'opposition. On dénonce, on calomnie, on diabolise les dirigeants, notre diaspora manifeste et dénonce les pouvoirs en place en Afrique, on attise la haine, la violence, on réanime les germes de conflits, du séparatisme et d'instabilité, mais à quel prix ? Ces actions n'ont pas apporté que les renversements des dirigeants et des déstabilisations des pouvoirs, mais elles ont surtout véhiculé des images en défaveur de ces pays. Il faut bannir cette manière de véhiculer l'image de l'Afrique en commençant par le changement d'état d'esprit.

Aujourd'hui, on devrait consacrer des ouvrages entiers sur la représentation positive de l'Afrique et non pas de petits paragraphes ou des petits chapitres sur la question. Des ouvrages qui vont relater les atouts de l'Afrique, de les mettre en lumière et véhiculer les images positives de l'Afrique sans nier les problèmes et les obstacles géopolitiques et les facteurs socioculturels qui freinent tant le développement en Afrique.

À travers les nouvelles techniques de communication, des réseaux sociaux, les responsables africains de ces outils doivent montrer la belle face de l'Afrique, parler de ses ressources et richesses naturelles, de sa biodiversité et de ses bienfaits, de son intelligence, de la force de sa culture, de son histoire, de son patrimoine, de sa générosité, de son hospitalité, de ses talents, de ses nouvelles innovations, de l'avenir prometteur de l'Afrique. Véhiculer des images positives de leur continent, ce n'est pas commettre un crime ni être prétentieux. Représenter l'Afrique non seulement comme berceau de l'humanité, mais aussi comme l'eldorado et terre d'accueil, là où des populations de tous les coins du monde viendront chercher la richesse et réaliser leur rêve, et non un endroit que l'on fuit à cause de la misère. Une terre d'hospitalité, le lieu où il fera bon vivre, où on accueille à bras ouverts ceux qui leur refusent aujourd'hui d'entrer chez eux, les rejettent, les maltraitent et les jettent en haute mer. Sans rancune et contrairement à eux, nous leur souhaitons la bienvenue chez nous en leur rappelant : « Faites comme chez vous, mais n'oubliez pas que vous êtes chez nous. »

J'aurais bien espéré que les institutions africaines et européennes plus particulièrement les médias, au lieu de se focaliser sur ce qui ne va pas, de mettre en lumière ce qui marche, comme c'est dit sur l'atlas de l'AFD, parler de l'émergence de certains pays africains, de sa reprise de la croissance économique, du développement d'une classe moyenne, de l'augmentation continue du revenu par habitant depuis vingt-cinq ans, de la scolarisation massive des enfants et l'importance accordée à l'éducation, du recul significatif de la mortalité infantile et la profonde envie de développement des recherches dans le domaine de santé dont on a pu observer les réactions à l'occasion de l'épidémie de la Covid-19.

Véhiculer la nouvelle approche qui essaie de dépasser la peur de l'Occident plus forte dans notre esprit formaté ainsi. Je me réfère de l'Afrique actuelle, contemporaine, l'Afrique dont l'objectif principal est de faire bouger les lignes. Et si on dépassait les messages de haine, de rivalité de pouvoir entre Africains pour agir concrètement et positivement ? Quand je parle d'agir concrètement, je ne parle pas d'organisation des manifestations, des rassemblements sans lendemain, mais d'agir sur le terrain en créant des entreprises solides et des richesses dans nos pays respectifs.

« Aussi paradoxale que cela puisse paraître, l'Afrique dispose de potentialités humaines, naturelles et économiques importantes qui augurent d'un avenir qui pourrait bien contredire l'afro pessimisme dominant dans le continent. »[276]

Nous comprenons donc l'impact négatif et la dangerosité de ces images négatives envers l'Afrique, les Africains et leurs dirigeants. On l'a assez dénoncé un peu plus haut. Maintenant, nous allons essayer d'établir d'éléments de réponse à nos inquiétudes comme tant d'autres l'ont déjà fait, mais nous ne nous lasserons pas de le faire jusqu'à ce qu'on obtienne gain de cause.

Dès lors, les dirigeants africains doivent prendre conscience des méfaits de ces clichés qui affectent leur continent et qu'ils ont une grande part de responsabilité à

---

[276] Noureddine Affaya, Driss Guerraoui, *L'Afrique vue par ses jeunes, le chaos et l'espoir*, L'Harmattan, 2007.

travers leurs comportements et leur façon de diriger et gérer leurs pays. Ils ne doivent pas rester indifférents et muets face à ces images dégradantes de l'Afrique et à la colère de leurs populations. Pour initier et accompagner la nouvelle dynamique du renouveau africain, nos dirigeants animés de bonne volonté devraient commencer par rétablir la confiance entre le pouvoir dirigeant et la population et envoyer des signaux positifs au-delà de nos frontières d'une Afrique utile et agréable.

Redorer l'image de l'Afrique, c'est déconstruire les idées reçues au sujet de l'Afrique et des Africains en agissant et en respectant leurs engagements, établir l'État de droit, qui n'est pas forcément l'application à la lettre du modèle démocratique occidental imposé. Il faudrait juste réactualiser et adapter le modèle moderne de démocratie au modèle africain. Se fixer des ambitions en tenant strictement compte des besoins de la population locale et comme Paul Kagamé l'avait indiqué, tracer leur propre voie sans se laisser dicter leur conduite par le paternalisme colonial[277].

Le réveil doit aussi se faire par l'appel et l'implication de grandes fortunes du continent pour créer un fonds de solidarité pour financer et booster les startups africaines et propulser une identité économique africaine. Nous avons besoin de former ce tissu économique pour créer des richesses en Afrique et non de continuer à maintenir l'esprit de lutte contre la pauvreté.

C'est possible, nous avons vu ces milliardaires se mobiliser face au Covid-19[278] et ils ont répondu à la sollicitation. Aujourd'hui, nous les sollicitons pour parrainer des projets économiques dans le continent. C'est

---

[277] *Jeune Afrique* n° 3095, p. 32, décembre 2020. « Paul Kagamé, Président du Rwanda ».

[278] *Jeune Afrique* n° 3095, p. 37, décembre 2020. « Ces milliardaires qui veulent guérir l'Afrique ».

par ces initiatives économiques bien réussies en Afrique que les Africains peuvent se réconcilier avec leur continent et attirer de nouveaux investisseurs.

Le réveil se traduit aussi par la ferme volonté de corriger l'incohérence des programmes d'aide au développement ou refuser les modèles d'aide qui profitent plus aux donateurs qu'aux populations censées être bénéficiaires et orienter ces fonds africains de solidarité à des projets adaptés à la réalité du continent, miser plus sur des actions concrètes et pragmatiques et moins théoriques. C'est aussi parvenir à établir un nouveau contrat ou un nouveau pacte de coopération avec les anciens et les nouveaux partenaires.

Le réveil, c'est aussi cette détermination à être acteur s'agissant des accords et les contrats qui nous lient avec nos partenaires de les rédiger en commun et arrêter de signer les documents qu'on n'a pas contribués à la rédaction du contenu.

Tenant compte de l'échec de la gestion post-indépendance de l'Afrique, au niveau interne, il faudrait bien redresser les administrations, former des concepteurs et des cadres pour élaborer des schémas directeurs pour les projets de développement, instaurer la discipline, le respect et l'amour du travail en Afrique. Mettre l'éducation au cœur de nos priorités, améliorer l'école en offrant un enseignement performant et rehausser les niveaux qui sont actuellement au rabais. Réhabiliter et rénover nos établissements scolaires et universitaires afin de leur donner une image digne, mais aussi et surtout former, recycler et motiver des enseignants en valorisant leurs salaires et leurs droits afin de pouvoir accomplir leur mission et assurer leur devoir. Prioriser les transferts de compétences et de savoir-faire des Africains de la diaspora en Afrique pour venir booster le système éducatif. Solliciter les Africains de la diaspora qui sont dans l'éducation de venir passer une période patriotique dans le continent (sous forme de service national), soit pour une année sabbatique ou suite à une négociation dans le cadre des accords bilatéraux entre les gouvernements français et africains.

Il faut reconnaître que l'Afrique aujourd'hui n'est pas la même que l'Afrique au temps de l'esclavage et de la colonisation. Parler d'égal à égal, pas d'opprimés ni d'oppresseurs, pas de gens supérieurs et des gens inférieurs, pas de sauvages et des civilisés.

Voilà ce qu'elle aspire la nouvelle Afrique, l'Afrique du 3e millénaire. C'est une Afrique qui ose relever des défis, une Afrique qui gagne, une Afrique qui brille, qui innove, une Afrique tolérante, une Afrique paisible, une Afrique unie et solidaire, une Afrique pour tous ceux qui l'aiment. Il ne s'agit pas de balayer d'un revers de main les atrocités et les humiliations que les Africains ont subies, mais nous devons nous débarrasser de ces fardeaux mentalement lourds à porter et qui influencent nos comportements.

Voilà comment je représente l'Afrique. Cela ne relève pas de l'utopie ni d'un vœu pieux, car les représentations sont des idées préconçues. Donc ensemble, concevons nos nouvelles représentations et véhiculons les images positives de l'Afrique.

CONCLUSION

Dans un monde en pleine transition technologique, économique, sociale, culturelle, géopolitique et géostratégique, nous avons à travers cet ouvrage porté un regard croisé sur les défis induits par ces mutations globales et essayé de situer les pays francophones de l'Afrique subsaharienne par rapport au nouvel ordre mondial.

L'obstination sur un discours d'une Afrique pauvre et d'une Afrique maudite sans espoir, marquée par les conflits de tout genre et le chaos, a retenu notre attention. Toutes nos recherches ont été menées sur les représentations occidentales de l'Afrique, l'échec de la gouvernance postcoloniale, la spoliation et les pillages des ressources minières et des matières premières, l'arrogance occidentale, la coopération française et ses objectifs, la dette abyssale de l'Afrique et une panoplie de recommandations pour aider l'Afrique sans succès. Tous ces sujets nous ont conduits sur les pistes prioritaires qui viennent corroborer nos réflexions. Le système éducatif inadéquat, la spoliation de la culture africaine, le mécanisme de la dette, l'Aide publique au développement, le blocage du Cycle de négociations commerciales de Doha, les nouvelles coopérations de la nouvelle Afrique face à la nouvelle géopolitique du monde ont été autant de problématiques abordées.

Cela nous a permis de comprendre certaines réalités du blocage au développement en Afrique, pourquoi l'Afrique est complètement plongée dans le chaos. « Le complot contre le peuple noir par des sociétés secrètes »[279] nous brosse un véritable tableau des dégâts de la colonisation et nous a servi d'élément de réflexion pour envisager des pistes de solutions concrètes adaptées aux réalités africaines pour repenser son envol. Nous avons éventuellement posé un regard sur l'histoire et la culture africaine comme boussole pour guider nos pas vers un sursaut africain. L'Afrique longuement décriée à cause de son retard d'intégration à la mondialisation est aujourd'hui enviée d'avoir échappé à la course infernale et inhumaine. Ce retard est considéré présentement comme étant « un mal pour un bien ».

Nous avons expliqué l'idéologie coloniale et son influence, ce qui nous a permis d'élucider ses conséquences néfastes pour enfin repenser le concept de l'aide publique au développement et les subventions accordées par les pays donateurs qui ont contribué à maintenir l'Afrique sous la dépendance et à domestiquer l'imaginaire africain pour briser son élan. Nous avons pu constater un sursaut panafricain de la jeunesse africaine, une forme d'épistémè de cette jeunesse, son ambition, sa prise de conscience sur la richesse de la culture africaine et l'envie de la sauvegarder non seulement pour affirmer leur identité africaine, mais aussi pour y puiser sa force afin de profiter de tous ses bienfaits pour lutter contre la pauvreté et de se servir comme un fer de lance du développement du continent pour que l'imaginaire africain reflète la réussite, le succès et que le rêve africain devienne une réalité.

Cette nouvelle génération adopte une démarche pragmatique en dépassant les stéréotypes et prône une rupture avec l'ancien système condescendant et les modes de gouvernance postcoloniaux. La rupture de la coopération avec l'ancienne puissance impérialiste est

---

[279] https://www.youtube.com/watch?v=JtQu5kPVxVA, 26 avril 2023.

aussi présente dans notre réflexion ainsi que l'ouverture de l'Afrique à d'autres partenaires pour marquer la fin de la colonisation et de son emprise.

À travers ce réveil africain, ses innovations et sa croissance, on estime que le continent peut devenir le continent de la recherche avec le talent scientifique en Afrique et la valorisation des expériences. Si on peut croire à l'organisation « Next Einstein forum », affiliée à l'Institut africain des mathématiques, « le prochain Einstein est déjà né et il a de grandes chances d'être une femme africaine »[280]. Avec ce genre d'annonce, les tabous et préjugés négatifs qui pesaient sur les femmes peuvent s'estomper petit à petit. Toujours selon l'Institut africain des mathématiques (l'AIMS)[281], le continent possède des compétences pointues dans beaucoup des domaines divers et variés comme l'astronomie, la physique, la protection de l'environnement, l'intelligence artificielle, la médecine.

Ces génies sont issus des cinquante-quatre pays d'Afrique, quarante-huit pour cent d'entre eux sont des femmes. Ce qui montre que la cause des femmes africaines et de l'Afrique en général est peut-être difficile, mais elle n'est ni perdue ni désespérée. Sa difficulté due aux crises préconçues par les organismes internationaux et l'ordre mondial est en train de s'estomper avec l'écroulement de ce monde de privilégiés. Ce qui explique que l'Afrique peut se développer à son rythme sans forcément prendre le rythme imposé par l'Occident, car le développement ne veut pas dire ressembler à l'Occident ou à un quelconque autre modèle.

---

280 https://www.france24.com/fr/%C3%A9missions/tech-24/20230428-le-prochain-einstein-est-d%C3%A9j%C3%A0-n%C3%A9-et-il-a-de-grandes-chances-d-%C3%AAtre-une-femme-africaine?ref=yt_i

281 *Ibid.*

Avec cette nouvelle configuration du monde, à l'exemple de la création de la monnaie des BRICS et la « dédolarisation », l'Afrique reste plus courtisée. Elle apparaît de plus en plus comme un partenaire clé et suscite toujours des convoitises dans ce nouvel ordre mondial marqué par la nouvelle guerre commerciale. Maintenant, c'est à elle de définir au mieux les contours de ces partenariats afin d'en tirer le maximum de bénéfices, souligne la chercheuse Folashadé Soulé dans un débat du « Temps »[282]. Beaucoup d'opportunités se présentent à l'Afrique avec ce modèle de relations Sud-Sud. Du côté des BRICS, l'Afrique du Sud qui assure la présidence tournante du groupe est déterminée à faire avancer les intérêts du continent. Elle fait en sorte que « les engagements pris au sein des BRICS et d'autres organisations multilatérales favorisent l'intégration et le développement du continent africain »[283].

S'agissant de l'essor économique du continent, cette coopération d'échange économique entre pays du sud peut servir de tremplin à l'Afrique pour se réinventer tenant compte de l'intérêt particulier que les BRICS lui accordent comme partenaire important. Dans la déclaration du sommet de Johannesburg, « le Sud-Africain Cyril Ramaphosa, le Russe Vladimir Poutine, le Brésilien Michel Temer, l'Indien Narendra Modi et le Chinois Xi Jinping ont réitéré tout leur soutien aux efforts des pays africains pour accélérer leur développement »[284] dans ce

---

[282] https://www.letemps.ch/opinions/lafrique-tire-parti-detre-desormais-courtisee, « Comment l'Afrique tire parti d'être désormais si courtisée », Folashadé Soulé, chercheuse et enseignante à l'Université d'Oxford, 28 juillet 2022.

[283] https://afrique.latribune.fr/economie/strategies/2018-07-27/sommet-des-brics-l-afrique-au-coeur-de-la-nouvelle-guerre-commerciale-mondiale-786327.html, « Sommet des BRICS : l'Afrique au cœur de la nouvelle guerre commerciale mondiale ».

[284] *Ibid.*

nouveau contexte géopolitique et économique. Toutefois, s'agissant des relations et de partenariats entre l'Afrique et le reste du monde, les Africains exigent un changement de comportement à leurs anciens partenaires s'ils souhaitent continuer de travailler avec eux. On assiste à un changement d'échelle géopolitique. Avec ce schéma de l'Occident qui perd son influence et supplanté par les nouvelles puissances, l'Afrique cherche à s'adapter aux réalités géostratégiques et géoéconomiques.

Le ministre des Affaires étrangères du Togo le confirme dans une interview : « Beaucoup de pays africains ne se sentent aujourd'hui plus liés – au sens d'embrigadement – par l'histoire coloniale et se montrent enthousiastes à travailler avec de nouveaux partenaires. Cela devrait amener les grandes puissances à changer de logiciel. En tout cas, si elles veulent continuer de travailler avec les Africains. »[285]

Avec la crise de la Covid-19 suivie de la crise ukrainienne et ses conséquences, la mise en place d'une monnaie et de la nouvelle banque de développement des BRICS, la révision et l'amélioration de la coopération de l'Afrique et les autres continents s'avèrent urgentes et nécessaires pour l'avenir de l'Afrique. Cependant, il est clair que les voies d'avenir de l'Afrique se trouvent sur la compréhension et la maîtrise de son histoire ainsi que la reconnaissance de la force de sa culture. Le nouvel ordre mondial inscrit par les BRICS semble apporter des éléments de réponse à la nouvelle Afrique subsaharienne et francophone qui se veut indépendante, pourvu qu'elle ne soit pas attrapée par le syndrome de Stockholm.

---

[285] https://www.letemps.ch/opinions/lafrique-ne-veut-plus-saligner-grandes-puissances-soient, « L'Afrique ne veut pas s'aligner sur les grandes puissances, quelles qu'elles soient », Robert Dussey, ministre des Affaires étrangères du Togo depuis 2013, 27 juillet 2022.

Présentée comme fournisseur de matières et de débouchés, l'Afrique a une belle carte à jouer pour son décollage.

En outre, se « savoir-penser » l'Afrique et ses luttes nous a permis de mieux comprendre certaines réalités et nous a conduit à replacer les différents événements dans leur contexte géopolitique et géostratégique.

Comme on peut le supposer de tout ce qui précède, cela fait naître ce regain d'intérêt pour l'histoire de l'Afrique, de la période coloniale et postcoloniale et qui a fait déclencher un sursaut de la jeunesse africaine en se référant à l'appel de Fanon, aux pays en voie de décolonisation à inventer, à créer un citoyen nouveau[286]. C'est à ce dernier qui saura braver ces empires coloniaux qu'on dit « HONGERA !!! ».

Je fais miennes ces expressions pour rendre hommage aux pays de l'Afrique subsaharienne avec qui il est prédit : « La 4e révolution industrielle tant chantée se fera avec l'Afrique ou ne se fera pas. » Oui, « car l'Afrique sait gérer deux paramètres clés : l'incertitude et la vélocité. Or, face à ces deux éléments, l'on peut affirmer que l'Afrique dispose d'une longueur d'avance. En matière de gestion de l'incertitude, le continent pourrait même prétendre à la première place sur le podium mondial. Voilà donc un continent qui a survécu aux guerres, aux irrédentismes, aux famines, aux dictatures, aux prédations économiques et aux différents Programmes d'Ajustement structurel tout en accélérant globalement sa croissance lors des vingt dernières années. L'Afrique, c'est aussi un continent où des centaines de millions de personnes trouvent chaque jour des moyens innovants pour optimiser leur très faible budget, organiser leurs déplacements et contourner les carences en infrastructures et les aléas qui en découlent.

---

[286] Frantz Fanon, *Les damnés de la terre*, La Découverte & Syros, Paris, 2002, p. 12.

C'est aussi un continent qui se démocratise de plus en plus et où la voix des opinions publiques met une pression considérable sur les pouvoirs publics afin qu'ils améliorent leur gouvernance. De manière globale, l'incertitude est gérée grâce à la formidable capacité de résilience et d'adaptation d'Africains qui ont peu, mais savent s'en accommoder avec ingéniosité. »[287]

Alors, pour ceux qui doutent de la capacité de l'Afrique à renaître, vu l'importance des changements en cours dans le continent, dans vingt/trente ans l'Afrique peut infléchir le cours de l'histoire en sa faveur, si l'Afrique le veut bien.

HONGERA TENA AFRIKA !!!

---

[287] https://afrique.latribune.fr/think-tank/editos/2017-05-22/pourquoi-l-afrique-est-prete-pour-la-4eme-revolution-industrielle-719145.html, « Pourquoi l'Afrique est prête pour la 4e révolution industrielle », Abdelmalek Alaoui, 22 mai 2017.

REMERCIEMENTS

Je remercie tous ceux qui ont contribué d'une manière ou d'une autre à la réalisation de cet ouvrage, ma famille, et mes amis qui m'ont soutenu pendant les moments difficiles. Tous ceux que j'ai croisés et avec qui j'ai échangé lors d'une rencontre, d'un atelier de thérapie, séminaire ou colloque, ou même via les réseaux sociaux des petits moments de discussion, mais riches en contenu et en enseignement.

Mes remerciements vont droit à mes parents, mes frères et sœurs, à Madame Sitti Djaouharia Chihabiddine que j'appelle affectueusement coach pour son soutien dont l'intensité dépasse les mots et avec qui nous échangeons beaucoup sur des sujets divers, et qui a stimulé mon inspiration.

Mes remerciements à mon coach d'écriture Valérie Masumbuko qui m'a pris sur son aile en me coachant jusqu'au bout de ce rêve qui devient aujourd'hui une réalité. Ses conseils et son accompagnement sont plus que du coaching. Dès nos premiers échanges, elle a su me mettre en confiance. Son empathie et sa bienveillance à la réception de mon premier jet du livre, ses encouragements et le fait de me répéter tout le temps que mon projet est excellent, m'ont poussé en quelque sorte à utiliser « l'effet Pygmalion »[288] et à m'imaginer en train de relever un défi.

[288] https://fr.wikipedia.org/wiki/Effet_Pygmalion, « Une prophétie autoréalisatrice qui provoque une amélioration des performances d'un sujet, en fonction du degré de croyance en sa réussite venant d'une autorité ou de son environnement. Le simple fait de croire en la réussite de quelqu'un améliore ainsi ses probabilités de succès. » https://www.energetique38.com/single-post/effet-pygmalion-psychologie-positive-grenoble, « Effet pygmalion ou prophétie réalisatrice, qui parle de l'importance du regard que je porte sur

Notre pacte d'esprit de sororité, nos moments de rigolade, ne nous ont pas empêchés de travailler en parfaite collaboration. J'ai beaucoup apprécié son professionnalisme, sa pédagogie, sa rigueur, mais surtout son côté humain et solidaire. *Asante sana dada !*[289] Je tiens à remercier mon ami général Mimo Dia SOW qui, à travers la mise en place du groupe pour écrivains africains, m'a permis de rencontrer Valérie. Très satisfaite de son coaching, je vous la recommande pour vos besoins d'écriture.

Mes remerciements vont aussi à notre association UWANGA[290] dont je fais partie, qui m'a permis de ne pas baisser les armes et croire à une génération qui se donne comme objectif de défendre et de sauvegarder la culture et le patrimoine de notre société. Bravo pour leur travail remarquable !

Je ne peux pas fermer cette page sans citer le programme l'IVLP[291] du Secrétariat américain dans lequel je fus invitée en 2011 qui m'a permis de rencontrer les femmes AWEP[292]. Une rencontre que je qualifie d'éveil pour moi sur les réalités africaines à travers cet événement de plus de cinquante femmes de l'Afrique francophone, anglophone et lusophone. Un des effets marquants de ce

---

l'autre, de nature à transformer cet autre. Cela est valable pour une personne tierce qui croit en les capacités d'un individu, comme pour un individu qui croit en ses propres capacités. Dans les deux cas, l'individu en question sera mis en confiance et motivé par un esprit positif, un comportement, des actions qui le motivent et le mettent dans de bonnes dispositions. La prise de confiance de cet effet pygmalion invite à développer ses compétences en savoir-être ou *soft skills* : flexibilité mentale, empathie, écouté active, intelligence émotionnelle, intelligence relationnelle… pour en faire un levier de performance. »

[289] Swahili pour « Merci ma sœur ».

[290] Un terme comorien qui veut dire « éclosion ».

[291] International Visitor Leadership Programme.

[292] African Women's Entrepreneurship program.

séjour, c'était de ne pas pouvoir communiquer avec mes voisines du Kenya, de la Tanzanie, de l'Afrique du Sud et du Mozambique à cause de la barrière de la langue. Cela m'a profondément affectée et m'a fait trop réfléchir sur la possibilité de voir un jour l'Afrique francophone et anglophone pouvoir communiquer en une langue commune, par exemple le swahili parlé par plusieurs pays africains, et qui peut nous servir de tremplin pour pouvoir échanger et prospérer. Un souhait réalisé. Il faut noter que le 7 juillet est désigné par l'UNESCO la journée mondiale du swahili depuis 2021. L'Union africaine (UA) l'a adoptée comme langue officielle de travail ainsi que la Communauté de l'Afrique de l'Est (CAE).

Les langues étrangères d'administrations (le français, l'anglais et le portugais) deviennent des grandes frontières séparant les Africains et les empêchent souvent de faire des projets communs en faveur de l'Afrique, et leur font ainsi rater de belles opportunités. Il faut briser cette barrière de la langue en encourageant l'apprentissage et la pratique de nos langues africaines !

Mention spéciale aux services Gynécologie et Oncologie de l'hôpital la Pitié Salpêtrière pour la qualité des soins et prise en charge qui m'ont aidé à me battre contre la maladie. Ma gratitude va également au service art et thérapie, le CAMI Sport & Cancer du même hôpital, et aux associations de la ville de Bondy : Rayons de soleil, Lab3S (Sol, Savoir et Saveurs), Tout un Art et la Maison de quartier et de la citoyenneté Daniel Balavoine. Ils m'ont permis tous pendant ma période de rémission d'accéder à différentes activités qui m'ont servi à lutter contre l'isolement, à m'inspirer pour oser ma reconversion pour enfin rebondir. J'ai retrouvé à travers ces activités la force, la tranquillité d'esprit, la positivité, la créativité et de nouvelles idées. Vous avez tous su m'insuffler l'énergie que cette vilaine maladie m'avait retirée, maintenant je me sens mieux outillée pour faire face à ma seconde vie, et poursuivre mes projets. Je garde envers vous tous et toutes une dette de reconnaissance.

Je souhaite dédier ce livre à mon feu père, paix à son âme et à tous ceux qui se battent contre des maladies graves, ceux qui luttent contre les injustices, les violences, les femmes en particulier et leur dire de ne jamais baisser les bras.

BIBLIOGRAPHIE

Le séparatisme aux Comores. Enjeux géopolitiques, Nassor Halifa Fatouma, éditions Cœlacanthes, 2010.

Codes noirs de l'esclavage aux abolitions, introduction de Christiane Taubira, éditions Dalloz, 2006.

Aimé Césaire, *Discours sur le colonialisme suivi de Discours sur la Négritude*, éditions Présence africaine, Paris, 1955 et 2004.

Lilian Thuram, *La pensée blanche*, Paris, Philippe Rey, 2020.

Valentin-Yves Mudimbe, *L'invention de l'Afrique. Gnose, philosophie et ordre de la connaissance*, Présence africaine, Paris, 2021.

Paulo Freire, *Pédagogie des opprimés suivi de Conscientisation et révolution*, La Découverte & Syros, Paris, 2001.

Joseph Ki-Zerbo, *Éduquer ou périr*, UNICEF-UNESCO, L'Harmattan, 1990.

Frantz Fanon, *Les damnés de la terre*, éditions La Découverte poche, Paris, 2002.

René Dumont, *L'Afrique noire est mal partie*, éditions du Seuil, octobre 1962, édition originale et octobre 2012, nouvelle édition.

Olivier Colombani, *Mémoires coloniales. La fin de l'empire français d'Afrique vue par les administrateurs coloniaux*, éditions La Découverte, Paris, 1991.

Cheikh Anta Diop, *Les fondements économiques et culturels d'un état fédéral d'Afrique noire*, Présence africaine, 1974.

Olivier Colombani, *Mémoires coloniales. La fin de l'empire français d'Afrique vue par les administrateurs coloniaux*, éditions La Découverte, Paris, 1991, p. 189.

L'empire qui ne veut pas mourir, une histoire de la Françafrique, sous la direction de Thomas Borel, Amzat Boukari-Yabarat, Benoit Collombat, Thomas Deltombe, éditions du Seuil, octobre 2021, p. 19.

Samir Amin, *Le développement inégal. Essai sur les formations sociales du capitalisme périphérique*, Paris, éditions de Minuit, 1973, par Philippe Hugon

Anne-Cécile Robert, *L'Afrique au secours de l'Occident*, Les éditions de l'Atelier/Les éditions Ouvrières, Ivry-sur-Seine, 2021, p. 167.

Jacqueline Nkoyok, *De l'antériorité des idées et institutions politiques de l'Afrique précoloniale. Les paradoxes sociopolitiques*, L'Harmattan, 2014, p. 65.

Michael Azar, *Comprendre Fanon. Vers un nouvel humanisme*, Max Milo éditions, Paris, 2014, p. 78.

Rapport de la Conférence de réconciliation Europe-Afrique, Kinshasa 19-21 juin 2008 et Lubumbashi 23 juin.

Noureddine Affaya, Driss Guerraoui, *L'Afrique vue par ses jeunes, le chaos et l'espoir*, L'Harmattan, 2007.

Jean-Michel Severino et Olivier Ray, *Le temps de l'Afrique*, Odile Jacob, mars 2010.

Jaques Attali, *Une brève histoire de l'avenir*, Fayard, 2006-2009.

Cheikh Anta Diop, *Les fondements économiques et culturels d'un État fédéral d'Afrique noire*, Présence africaine, 1974, p. 50.

Frantz Fanon, *Les damnés de la terre*, éditions La Découverte & Syros, Paris, 2002, p. 12.

L'Afrique noire française. L'heure des indépendances, sous la direction de Charles-Robert Ageron, Marc Michel, CNRS éditions, Paris, 1992, 2010, p. 771.

L'Afrique de nouvelles convoitises, « La politique de coopération de la France en Afrique », Philippe Marchesin, Ellipses Edition Marketing, 2011, p. 39.

Sites Internet

https://www.youtube.com/watch?v=JtQu5kPVxVA, 26 avril 2023.

https://www.seneplus.com/seneplus-tv/les-profiteurs-de-lafrique

https://www.youtube.com/watch?v=W90z_7iMc-Q, Nicolas Roinsard, Sociologue, maître de conférences à l'Université Clermont Auvergne et chercheur au sein du LESCORES.

https://www.bbc.com/afrique/region-61632896, Norberto Paredes, BBC News undo, 31 mai2022

Professeur et spécialiste du swahili à l'université de Londres, https://www.bbc.com/afrique/region-61632896, Le swahili : la langue qui est passée du statut de « dialecte obscur » à celui de langue africaine la plus parlée au monde, Norberto Paredes @norbertparedes, BBC News Mundo, 31 mai 2022.

https://journals.openedition.org/espacepolitique/9945, L'Afrique à l'épreuve de la pandémie de Covid-19. Serge Loungou, Guy Serge Bignoumba et Marc-Louis Ropivia, 2021-02.

https://reporterre.net/Les-puissants-ont-fait-des-vaccins-anti-Covid-un-enjeu-geopolitique

https://www.herodote.net/La_parenthese_coloniale_1880_1960_-synthese-471.php, Afrique la parenthèse coloniale (1880-1960), André Larané, mis à jour le 03/2022.

https://www.geo.fr/histoire/l-afrique-au-temps-des-colonies-par-la-ruse-et-par-la-force-161065

https://www.herodote.net/La_colonisation_ses_partisans_et_ses_detracteurs-synthese-44-134.php, XIXe siècle, La colonisation, ses partisans et ses détracteurs, André Larané.

https://fr.wikipedia.org/wiki/Afrique_occidentale_britannique#Historique

Encyclopédie.fr, l'encyclopédie française : course au clocher, définition .

https//www.cairn.info/revue-etudes-2006/5 (Tome 404), Le double héritage de l'Afrique, Simon-Pierre Ekanza.

Héritages coloniaux, Mohamed Benrabah, Devenir langue dominante mondiale (2009), pages 51 à 73.

https//www.aa.com.fr, Afrique anglophone/Afrique francophone : Les raisons d'un écart qui intrigue, Mohamed Hedi Abdellaoui, 06.10.2016.

https://francais.doingbusiness.org/content/dam/doingBusiness/pdf/db2020/DB20-FS-SSA---french.pdf, Doing Business 2020 Données clés : Afrique subsaharienne.

https://blogs.mediapart.fr/jecmaus/blog/270119/afrique-un-pacte-colonial-qui-pese-lourdement-sur-la-destinee-de-plusieurs-pays

https://www.alternatives-economiques.fr/dictionnaire/definition/97618

https://blogs.mediapart.fr/fraternafrique/blog/310715/le-franc-cfa-un-outil-de-controle-politique-et-economique-sur-les-pays-africains-de-la-zone-fran

https://www.aa.com.tr/fr/afrique/afrique-anglophone-afrique-francophone-les-raisons-d-un-%C3%A9cart-qui-intrigue-/659457, Afrique anglophone/ Afrique francophone : Les raisons d'un écart qui intrigue, Mohamed Hedi Abdellaoui. 06.10.2016.

https://www.nofi.media/2014/10/afrique-anglophone-vs-francophone/3055, Pourquoi l'Afrique francophone est moins dynamique que l'Afrique anglophone, par Neo-immigrechoisi.com, 16 octobre 2014

De l'éthique de l'éducation en Afrique : sur les ... – Éthique en éducation et en formation – Érudit (erudit.org), Un article de la revue Éthique en éducation et en formation. Numéro 10, hiver 2021, p. 94-107.

https://www.etudier.com/dissertations/l'%c3%89ducation-selon-les-philosophes-des lumi%c3%a8res/246383.html

Dobi Parfait MARE, Joseph Ki-Zerbo et la question de l'éducation en Afrique, https://www.ujkz.bf/joseph-ki-zerbo-et -la-question-de-leducation-en-afrique/

https://www.erudit.org/fr/revues/theologi/2015-v23-n2-theologi03341/1042750ar.pdf, Rôle de la femme dans la société et dans l'église, Albertine Tshibilondi Ngoyi. Théologiques 23/2 (2015) p. 203-228

https://dyabukam.com/index.php/fr/savoir/histoire/item/199-l-ecole-coloniale-en-afrique-occidentale-francaise-ou-histoire-d-un-crime-contre-la-culture-africaine, l'école coloniale en « en Afrique occidentale française » ou histoire d'un crime contre la culture africaine, Afrocentricity Abidjan, lundi, 20 octobre 2014.

https://www.lafriquedesidees.org/systeme-educatif-africain-heritage-colonial/, Le système éducatif africain : un héritage colonial ?, Débora Lesel, 13 septembre 2013.

https://dyabukam.com/index.php/fr/savoir/histoire/item/199-l-ecole-coloniale-en-afrique-occidentale-francaise-ou-histoire-d-un-crime-contre-la-culture-africaine, L'école coloniale « en Afrique occidentale française » ou l'histoire d'un crime contre la culture africaine, Afrocentricity Abidjan, lundi, 20 octobre 2014.

https://www.aprelia.org/index.php/fr/evenements-publications/point-de-vue/1724-lettre-d-amadou-hampate-ba-a-la-jeunesse-soyez-au-service-de-la-vie, Lettre d'Amadou Hampâté Bâ à la jeunesse : « Soyez au service de la vie », Geneviève Puiségur, Point de vue, 25 avril 2016.

https://www.cairn.info/la-croissance-de-l-afrique-subsaharienne--1000000148880-page-1.html,La croissance de l'Afrique subsaharienne : diversité des trajectoires et des processus de transformation structurelle, Clemence vergne, Antoine Ausseur, Macrodev 2015, p1à50

https://www.cairn.info/revue-afrique-contemporaine-2010-3-page-101.htm, L'éducation, enjeu majeur de l'Afrique post-indépendances. Cinquante ans d'enseignement en Afrique : un bilan en demi-teinte, Roland Pourtier. Afrique contemporaine 2010/3 (n°235), page 101 à 114.

https://uis.unesco.org/fr/topic/education-en-afrique, Éducation en Afrique

https://www.dvv-international.de/fr/education-des-adultes-et-developpement/numeros/ead-802013-lapres-2015/articles/lalphabe%CC%81tisation-en-afrique-repose-entre-nos-mains,L'alphabetisation en Afrique repose entre nos mains, Gorgui Sow, spécialiste de l'éducation au Sénégal

https://uis.unesco.org/fr/topic/education-en-afrique, Éducation en Afrique

https://learningportal.iiep.unesco.org/fr/blog/les-defis-de-lenseignement-secondaire-en-afrique-subsaharienne#:~:text=Dans%20presque%20tous%20les%20pays,le%20syst%C3%A8me%20d'enseignement%20secondaire, les défis de l'enseignement secondaires en Afrique subsaharienne

https://www.cairn.info/revue-afrique-contemporaine-2010-3-page-101.htm, l'éducation enjeu majeur de l'Afrique postindépendances. Cinquante ans d'enseignement en Afrique : un bilan en demi-teinte,

Roland Pourtier, Afrique contemporaine 2010/3 (n°235), p. 101 à 104.

https://unesdoc.unesco.org/ark:/48223/pf0000101383_fre, Effets des Programmes d'Ajustement structurel sur l'éducation et la formation. Conférence générale vingt-huitième session, Paris 1995.

https://unesdoc.unesco.org/ark:/48223/pf0000101383_fre, dette et Programme d'Ajustement structurel conséquences pour les femmes en Afrique, 1993.

https://www.ilo.org/global/about-the-ilo/newsroom/news/WCMS_008831/lang--fr/index.htm

https://www.unesco.org/fr/articles/faq-comment-les-pays-africains-ameliorent-ils-la-qualite-de-leur-education, FAQ : Comment les pays africains améliorent-ils la qualité de leur éducation ?

https://news.un.org/fr/story/2023/05/1135677#:~:text=Selon%20les%20pr%C3%A9visions%20du%20rapport,%2C7%25%20en%202019). La fracture mondiale en matière d'emploi s'accentue, selon l'OIT

https://www.peresblancs.org/chomage_jeunes_africains.htm, Voix d'Afrique N°94, Le chômage des jeunes africains.

https://www.lafriquedesidees.org/systeme-educatif-africain-heritage-colonial/. Le système éducatif africain : un héritage colonial ? Par Debora Lesel, 13 septembre 2013.

http://carly1.over-blog.coml, Les causes de l'échec scolaire en Afrique, Université de Laval, 12 mai 2011

https://www.unicef.org, Transformer l'éducation en Afrique : un aperçu basé sur des données probantes et des recommandations pour des améliorations à long terme.

https://unesdoc.unesco.org/ark:/48223/pf0000384481. L'éducation en Afrique placer l'équité au cœur des politiques, rapport continental, 2023.

https://www.researchgate.net/publication/246546247, Thibaut Lauwerier & Abdeljalil Akkari, Université de Genève.

https://cjf.qc.ca/revue-relations/publication/article/lafrique-prise-au-piege/, L'Afrique prise au piège, Demba Moussa Dembele.

https://www.lepoint.fr/afrique/education-afrique-subsaharienne-sortir-des-idees-recues-29-01-2018-2190565_3826.php, Éducation-Afrique subsaharienne : Sortir des idées reçues, Rohen d'Aiglepierre, et Valérie Tehio pour theoconversation.com.

https://pasec.confemen.org/wp-content/uploads/sites/2/2022/08/Resume_Pasec2014_FR_BD1.pdf, Performances des systèmes éducatifs en Afrique Subsaharienne francophone, compétences et facteurs de réussite au primaire.

https://www.ledevoir.com/culture/542202/restitution-d-oeuvres-a-l-afrique-les-musees-ne-doivent-pas-etre-otages

https://www.un.org/africarenewal/fr/magazine/avril-2019-juillet-2019/pr%C3%A9parer-les-dipl%C3%B4m%C3%A9s-africains-aux-emplois-d%E2%80%99aujourd%E2%80%99hui, Préparer les diplomés africains aux emplois d'aujourd'hui, Afrique Renouveau, avril 2019-juillet 2019, Raphael Obonyo.

https://www.unesco.org/fr/articles/faq-comment-les-pays-africains-ameliorent-ils-la-qualite-de-leur-education#:~:text=Bien%20que%20ce%20taux%20soit,considérablement%20les%20r%C3%A9sultats%20d'apprentissage. FAQ : comment les pays africains améliorent-ils la qualité de leur éducation ?mise à jour 17 février 2023.

https://www.adeanet.org/fr/system/files/resources/cesa_16-25_french_v8_.pdf

https://www.erudit.org/fr/revues/ps/2007-v26-n1-ps1859/016443ar/, Diversité culturelle et mondialisation,

Danic Parenteau, Revue *Politique et Sociétés*, volume 26, numéro 1, 2007, p. 133-145.

https://www.unige.ch/campus/numeros/117/invite/, Vincent Monnet, Le Magazine scientifique de l'Université de Genève, Campus n°117.

https://www.jstor.org/stable/24348307, Colonialisme culturel en Afrique, Georges Ngango, Présence africaine, Nouvelle série N°.47 (3e trimestre 1963), p. 199-205.

https://ocpa.irmo.hr/resources/docs/pan_african_cultural_manifesto-fr.pdf, adopté par le symposium du premier festival culturel panafricain organisé en 1969 à Alger sous l'égide de l'organisation de l'union africaine (OUA)

https://www.facebook.com/100063605896080/videos/un-peuple-sans-culture-est-un-peuple-sans-%C3%A2me-anthony-biakolo/377730871103596/

https://www.lehman.cuny.edu/deanhum/langlit/french/souffles/S1617/26i_16.HTM, les fondements socioculturels de notre identité, Par René Depestre - (Haïti), pp. 26-31.

https://www.lepoint.fr/pop-culture/philippe-charlier-oui-les-zombis-existent-vraiment-15-05-2019-2312780_2920.php, « oui les zombis existent vraiment », propos recueillis par Victoria Gairin

https://www.santemagazine.fr/actualites/actualites-sante/pour-la-premiere-fois-loms-etudie-le-lien-entre-les-arts-et-la-sante-428317

https://www.unesco.org/fr/articles/lhorizon-la-culture-le-socle-du-developpement-durable

Jean Vilar, acteur et metteur en scène français, LE FIGARO.fr

https://www.cairn.info/revue-sante-publique-2003-4-page-503.htm, Ajustement structurel, ajustement culturel ? Bruno Dujardin, M. Dujardin, I. Hermans. Santé Publique 2003/4 (Vol. 15), pages 503 à 513.

https://ocpa.irmo.hr/resources/docs/Pan_African_Cultural_Manifesto-fr.pdf, adopté par le symposium du premier festival culturel panafricain organisé en 1969 à Alger sous l'égide de l'organisation de l'union africaine (OUA).

https://books.openedition.org/iheid/4345, Ben Yacine-Touré, Afrique : l'épreuve de l'indépendance, Graduate Institute Publications, Collection : International, Genève, 1983, p. 147-157.

https://www.aprelia.org/index.php/fr/evenements-publications/point-de-vue/1724-lettre-d-amadou-hampate-ba-a-la-jeunesse-soyez-au-service-de-la-vie, Lettre d'Amadou Ham pâté Bâ à la jeunesse : « Soyez au service de la vie », Geneviève Puiségur, Point de vue, 25 avril 2016.

https://www.persee.fr/doc/homso_0018-4306_1967_num_6_1_1070, Le développement du capitalisme en Afrique, In revue *L'homme et la société, revue internationale de recherche et de synthèses sociologiques*, n°6, octobre-décembre 1967, pp. 107-119. Paris : Les Editions Anthropos.

https://reporterre.net/Une-lecon-africaine-sur-l-habiter-un-essai-pour-repenser-le-partage-de-la-Terre, Maxime Lerolle, 30 juin 2023.

https://www.wrm.org.uy/fr/articles-du-bulletin/pourquoi-refuser-la-privatisation-des-terres-coutumieres Pourquoi refuser la privatisation des terres coutumières, Bulletin WRM 254, 9 mars 2021.

https://www.monde-diplomatique.fr/2020/08/BAQUE/62067, Philippe Baqué, août 2020, p. 14 et 15.

https://www.lesechos.fr/industrie-services/services-conseils/la-restitution-des-oeuvres-africaines-affole-le-marche-des-arts-premiers-1261930, Enquête, La restitution d'œuvres d'art africaines affole le marché des arts premiers.

LOI n° 2020-1673 du 24 décembre 2020 relative à la restitution de biens culturels à la République du Bénin et à la République du Sénégal (1), JORF n°0312 du 26 décembre 2020, Texte n°5.

https://www.jeuneafrique.com/542095/politique/pourquoi-lafrique-doit-sunir-pour-demander-la-restitution-des-oeuvres-dart-pillees/, Renner Onana, 14 mars 2018

https://www.jeuneafrique.com/mag/540940/culture/oeuvres-dart-africain-restitution-et-reparation-sont-indissociables/

https://www.monde-diplomatique.fr/2020/08/BAQUE/62067, Philippe Baqué, août 2020, p 14 et 15.

https://www.unesco.org/fr/articles/lhorizon-la-culture-le-socle-du-developpement-durable

https://fr.unesco.org/news/cent-vingt-ministres-reunis-lunesco-appellent-renforcer-politiques-culturelles-societes-plus, Construire la paix dans l'esprit des hommes et des femmes, 19/11/2019.

https://www.unesco.org/fr/articles/lhorizon-la-culture-le-socle-du-developpement-durable, A l'Horizon, la culture, le socle du développement durable, 30 novembre 2012, dernière mise à jour 20avril 2023.

https://fr.unesco.org/news/cent-vingt-ministres-reunis-lunesco-appellent-renforcer-politiques-culturelles-societes-plus, Cent vingt ministres réunis à l'UNESCO appellent à renforcer les politiques culturelles pour des sociétés plus durables, 19/11/2019.

https://www.cairn.info/revue-finance-et-bien-commun-2007-3-page-40.htm, culture africaine et développement : un dialogue nécessaire, Bénéz et Bujo, *Finance & Bien Commun*, 2007/3 (n°28-29), page 40 à 45.

L'Afrique prise au piège, Demba Moussa Dembele, *Relation*, novembre 2006.

https://blog.selfrance.org/madagascar-comprendre-pauvrete, Comprendre la pauvreté à Madagascar,

Afrique : ces « pères de l'indépendance » tous disparus, https://information.tv5monde.com/afrique/afrique-ces-peres-de-l-independance-tous-disparus-413401, 18 juin 2021, mise à jour 24.12.2021 à 12:16, par TV5 MONDE avec AFP.

Ahmed-Baba Miské, La décolonisation de l'Afrique revisitée, *La responsabilité de l'Europe*, éditions Karthala, 2014

http://www.barapoemes.net/archives/2015/02/17/31542764.html, Le bar à poème, Bernard Binlin Dadié (1916-2019) : Nous avons dansé.

https://www.herodote.net/Illusions_et_desillusions_des_independances-synthese-642-347.php, Afrique, Illusion et désillusions des indépendances, Alban Dignat, 2023-02-11.

https://www.oecd.org

https://fr.m.wikipedia.org

https://www.aa.com.tr/fr/afrique/afrique-a-qui-profite-l-aide-publique-au-d%C3%A9veloppement, Nadia Chahed, mise à jour : 10/05/2018.

https://controverses.sciences-po.fr/archive/aidedeveloppement/10.html

https://www.lesechos.fr, L'aide aux pays en développement n'a jamais été aussi généreuse, Richard Hiault.

https://journals.openedition.org/poldev/122, L'aide au développement une fois de plus sous le feu de la critique, Gilbert Carbonnier, p. 141-147.

https://unctad.org/fr/press-material/les-pays-les-plus-pauvres-du-monde-devraient-jouer-un-role-de-premier-plan-et, CNUCED Prospérité pour tous UNCTAD/PRESS/PR/2019/038.

https://unctad.org/publication/least-developed-countries-report-2019, CNUCED, Prospérité pour tous, Le rapport sur les pays les moins avancés 2019. Le présent et l'avenir du financement externe du développement- ancien dépendance, nouveaux défis

https://tchadinfos.com/la-cnuced-conseille-les-pma-de-consacrer-les-financements-exterieurs-aux-priorites/, La CNUCED conseille les PMA de consacrer les financements extérieurs aux priorités, Beramgoto Jr, TchadInfo, publié le 20/11/2019.

https//issafrica.org, Enoch Randy Aikins et Jacobus du Toi Mclachlan, 13 juillet 2022.

https://www.wto.org/french/tratop_f/dda_f/dda_f.htm#:~:text=Le%20Cycle%20de%20Doha,et%20des%20r%C3%A8gles%20commerciales%20r%C3%A9vis%C3%A9es, Le cycle de Doha, Organisation mondiale du commerce.

https://www.glossaire-international.com, Le dico du commerce international

Document d'information Oxfam « L'Afrique et le Cycle de Doha. Un combat pour la sauvegarde du développement ».

https://www.wto.org/french/tratop_f/dda_f/dohaexplained_f.htm, la Déclaration de Doha expliquée, Organisation mondiale du commerce

https://ideas4development.org/quelles-seraient-les-consequences-dun-echec-du-cycle-de-doha/, Jean-Michel Severino, le 30 juillet 2008, mis à jour le 17 juin 2021.

Document d'information Oxfam « L'Afrique et le Cycle de Doha. Un combat pour la sauvegarde du développement ».

Doha : s'agit-il réellement d'un cycle de négociations sur le développement ? Kamal Malhotra, Programme des Nations Unies pour le Développement (PNUD).

https://www.cairn.info/revue-l-economie-politique-2010-1-page-55.htm, Le développement est-il de retour dans le cycle de Doha, *L'économie politique*, 2010/1 (n°45).

https://www.afdb.org/fileadmin/uploads/afdb/documents/knowledge/09484287-fr-the-doha-round-which-way-forward.pdf. Quel avenir pour le cycle de Doha, Stephen Adegoke Olanrewaju.

Blogs.afdb.org/fr, L'État développementaliste en Afrique : faire du neuf avec du vieux ?

https://twitter.com/KemiSeba1/status/1678353528115326976

Définition proposée par le Dictionnaire *Le Robert*.

https://fr.vikidia.org

https://www.banquemondiale.org : « La croissance chinoise, une source d'enseignements pour l'Afrique », 13 janvier 2015.

https://blogs.mediapart.fr/francois-fabregat/blog/210623/afrique-la-future-monnaie-des-brics-une-aubaine-pour-l-afrique#:~:text=membres%20%C3%A0%20venir.-Pourquoi%20les%20BRICS%20ont%2Dils%20pris%20autant%20d'importance%20en,l'%C3%A9conomie%20mondiale%20d%C3%A8s%202024. Afrique-La future monnaie des BRICS : une aubaine pour l'Afrique.

https://www.persee.fr/doc/tiers_0040-7356_1974_num_15_58_2018#, BRICS est un acronyme pour designer un groupe de pays qui se réunissent depuis 2011 (Brésil, Russie, Inde Chine, Afrique du Sud).

https://www.lepoint.fr/afrique/afrique-et-si-la-contribution-de-la-diaspora-etait-trop-sous-estimee-19-11-2021, Blaise Gnimassoun.

https://www.lepoint.fr/afrique/diaspora-l-envie-d-afrique-de-plus-en-plus-forte-26-11-2019. Marlène Panara.

https://www.un.org/africarenewal/fr/a-la-une/l%E2%80%99afrique-fait-appel-%C3%A0-sa-diaspora, L'Afrique fait appel à sa diaspora,Michael Fleshman.

https://www.morganphilips.com/fr-fra/conseils-et-actus/la-diaspora-une-force-en-marche-de-retour-en-afrique

https://www.lemonde.fr/afrique/article/2018/09/21/les-enfants-de-la-diaspora-tentes-par-l-afrique-de-leurs-parents_5358538_3212.html

https://www.lepoint.fr/afrique/afrique-et-si-la-contribution-de-la-diaspora-etait-trop-sous-estimee-19-11-2021, Blaise Gnimassoun.

Afrique : le rôle sous-estimé des femmes dans le développement, https://youmatter.world/fr/afrique-role-femmes-developpement/, Publié le 31 août 2021 sous-estimé des femmes dans le développement

https://www.agenceecofin.com/la-une-de-lhebdo/1110-70025-cinq-grandes-innovations-africaines-qui-peuvent-devenir-mondiales

« Les publicités des ONG et la perpétuation des stéréotypes à propos de l'Afrique, page 10 » Mémoire universitaire du Québec à Montréal, par Benoît Bordeleau février 2009.

https://www.cian-afrique.org/a-propos-du-cian/presentation-du-cian/, Le baromètre Africaleads 2020 des leaders d'opinion en Afrique, dévoilé à l'occasion du 'Forum Afrique' qui s'est tenu le vendredi 7 février 2020 au siège de la Chambre de Commerce et d'Industrie de Paris, pour le compte du Conseil français des Investisseurs en Afrique (CIAN).

https://blogs.mediapart.fr/etiennebilger/blog/130419/100-inventions-faites-par-des-noirs, 100 Inventions faites par des noirs, 13 avr 2019, par Charles Quatre-Sendis.

Blog : le blog de charles quatre-sendis

https://www.dailymotion.com/video/x61hibh

https://issafrica.org, Jakkie Cilliers, 22 mars 2022.

https://issafrica.org/fr/iss-today/lafrique-detient-les-reponses-a-la-crise-energetique-en-europe-liee-a-la-guerre

https://journals.openedition.org/regulation/11606, Chine, Inde : les firmes au cœur de…

https://information.tv5monde.com/afrique/covid-19-pourquoi-l-afrique-est-le-continent-le-moins-touche-par-l-epidemie-384130, Pascal Hérard, mis à jour 24.12.2021.

https://www.slate.fr/story/184329/iles-perles-strategiques-oceans-echiquier-geopolitique-mondial, Les îles, ces perles stratégiques au cœur des océans, Annick Berger, le 23 novembre 2019, mis à jour le 3 août 2020.

Le gaz africain, une alternative aux importations russes pour les Européens ? Par Cyril Bensimon, 15 juin 2022 www://lemonde.fr/

https://www.jeuneafrique.com/1333911/economie/gaz-russe-comment-lafrique-peut-aider-leurope/ Par Marie Toulemonde, 31 mars 2022 « Gaz russe : comment l'Afrique peut aider l'Europe ».

https://afrique.latribune.fr, Economie › Stratégies, 24 mars 2022 — Forum Europe-Afrique : un New Deal pour un business transformateur des économies. Au moment où le monde conjugue plusieurs changements...

https://www.jeuneafrique.com/1284640/politique/quand-le-panafricanisme-devient-sectarisme/ Quand le panafricanisme devient sectarisme, Achille Mbembe, 23 janvier 2022.

https://www.dw.com/fr/panafricanisme-ua-oua/a-65728796, Faut-il repenser le panafricanisme ? Noël Tadégnon, 25/05/2023.

https://www.france24.com/fr/%C3%A9missions/tech-24/20230428-le-prochain-einstein-est-d%C3%A9j%C3%A0-n%C3%A9-et-il-a-de-grandes-chances-d-%C3%AAtre-une-femme-africaine?ref=yt_i

https://www.letemps.ch/opinions/lafrique-tire-parti-detre-desormais-courtisee, Comment l'Afrique tire parti d'être désormais si courtisée, Folashadé Soulé, chercheuse et enseignante à l'université d'Oxford, 28 juillet 2022.

https://afrique.latribune.fr/economie/strategies/2018-07-27/sommet-des-brics-l-afrique-au-coeur-de-la-nouvelle-guerre-commerciale-mondiale-786327.html. Sommet des BRICS : l'Afrique au cœur de la nouvelle guerre commerciale mondiale.

https://www.letemps.ch/opinions/lafrique-ne-veut-plus-saligner-grandes-puissances-soient, L'Afrique ne veut pas s'aligner sur les grandes puissances, quelles qu'elles soient, Robert Dussey, ministre des affaires étrangères du Togo depuis 2013. 27 juillet 2022.

https://afrique.latribune.fr/think-tank/editos/2017-05-22/pourquoi-l-afrique-est-prete-pour-la-4eme-revolution-industrielle-719145.html, Pourquoi l'Afrique est prête pour la 4 ème révolution industrielle, Abdelmalek Alaoui, 22 mai 2017.

https://journals.openedition.org/regulation/11606, Chine, Inde : les firmes au cœur de l'émergence, Julien Vercueil, p. 1-10.

Journaux et revues

Olivier Faye, Face aux crises, Macron affiche son pessimisme, *Le Monde*, vendredi 26 août 2022.

GEO Histoire, L'Afrique au temps des colonies (n°24).

Jeune Afrique n°3095, décembre 2020. Paul Kagamé, Président du Rwanda le « bosse ».

Jeune Afrique n°3095, décembre 2020. Ces milliardaires qui veulent guérir l'Afrique.

Le Monde Afrique, Entreprises : La France à la reconquête de l'Afrique, Par Marie de Vergès, Publié le 12 janvier 2017.

L'économie politique 2010/3 N°47, page 91 à 103.

Revue Trimestrielle *Géopolitique africaine*, n° 50, mars 2014.

L'Europe et l'Afrique : un futur commun à construire, revue trimestrielle *Géopolitique africaine*, n° 50, mars 2014.

TABLE DES MATIÈRES

Préface 7

Prologue : La naissance de l'idée de cet ouvrage 11

Introduction 21

CHAPITRE 1

L'IMPÉRIALISME COLONIAL ET SES EMPREINTES DANS L'IMAGINAIRE AFRICAIN : ENJEUX ET STRATÉGIES DE RÉSISTANCE DES PEUPLES NOIRS ..29

1.1. Esprit du colonialisme : rappel historique de la ruée vers l'Afrique 29

1.2. L'héritage colonial et ses empreintes 36

1.3. La Conférence de Berlin : la source du mal africain 38

CHAPITRE 2

éDUCATION ADAPTéE POUR UNE AFRIQUE PROSPèRE 47

2.1. De l'éducation précoloniale à l'éducation postcoloniale 47

2.2. L'école originelle africaine...49

2.3. L'impact de l'éducation coloniale en Afrique francophone 53

2.4. Avantages et inconvénients de l'enseignement pendant la colonisation..55

2.5. Corrélation entre l'éducation et l'emploi dans l'Afrique postcoloniale 58

2.6. Perspectives du système éducatif dans les pays francophones : de mal en pis 69

2.7. Penser l'éducation autrement et agir efficacement 73

2.8. La nouvelle école africaine et son apport 76

CHAPITRE 3

IMPACT DE LA CULTURE AFRICAINE FACE AUX GRANDES MUTATIONS 85

Assimilation-acculturation-revalorisation de la culture africaine 85

3.1. Le concept originel de la culture africaine et son impact 86

3.2. L'éveil de la culture et son intérêt 95

3.3. Pourquoi la restitution des œuvres d'art africaines fait-elle polémique ? 102

3.5. La culture à la rescousse du développement en Afrique 118

Chapitre 4

ESSOR DE L'AFRIQUE ET FIN DES OBSTACLES GéOPOLITIQUES DE DéVELOPPEMENT 125

4.1. Pour une Afrique innovante et inspirante 125

4.2. L'échec de la gestion des indépendances de l'Afrique 131

4.3. La leçon tirée de René Dumont et de la mondialisation 147

4.4. Les causes de la marginalisation de l'Afrique 152

4.5. La mise en échec du cycle de Doha et ses conséquences pour l'Afrique....155

4.6. La nouvelle place de l'Afrique dans le monde multipolaire....162

Chapitre 5

LE SURSAUT NÉOPANAFRICAIN, UN ESPOIR POUR L'AVENIR....173

5.1. Déconstruction des mythes coloniaux et néocoloniaux....173

5.2. La création de la nouvelle relation France-Afrique....180

5.3. Des discours et des promesses des présidents français....184

5.4. Vision stratégique d'une nouvelle Afrique....187

5.5. Pose des jalons d'une ère nouvelle....192

5.6. Le modèle africain de développement et le maintien de sa souveraineté....194

5.7. Des opportunités de développement en Afrique....201

5.8. Le rôle de la diaspora dans la construction de la nouvelle Afrique....206

5.9. L'apport des femmes africaines dans l'Afrique du troisième millénaire....213

5.10. Le rôle des NTIC dans la conscientisation des Africains....217

5.11. Pour une gouvernance au service de l'innovation....228

CHAPITRE 6

L'AFRIQUE DU TROISIÈME MILLÉNAIRE....231

6.1. Vers une relation de partenariat autonomisant pour le continent africain 231

6.2. Le rôle des auteurs et médias africains pour redorer l'image de l'Afrique 237

CONCLUSION 243

Remerciements 251

Bibliographie 255

Table des matières 273

Structures éditoriales du groupe L'Harmattan

L'Harmattan Italie
Via degli Artisti, 15
10124 Torino
harmattan.italia@gmail.com

L'Harmattan Hongrie
Kossuth l. u. 14-16.
1053 Budapest
harmattan@harmattan.hu

L'Harmattan Sénégal
10 VDN en face Mermoz
BP 45034 Dakar-Fann
senharmattan@gmail.com

L'Harmattan Cameroun
TSINGA/FECAFOOT
BP 11486 Yaoundé
inkoukam@gmail.com

L'Harmattan Burkina Faso
Achille Somé – tengnule@hotmail.fr

L'Harmattan Guinée
Almamya, rue KA 028 OKB Agency
BP 3470 Conakry
harmattanguinee@yahoo.fr

L'Harmattan RDC
185, avenue Nyangwe
Commune de Lingwala – Kinshasa
matangilamusadila@yahoo.fr

L'Harmattan Congo
67, boulevard Denis-Sassou-N'Guesso
BP 2874 Brazzaville
harmattan.congo@yahoo.fr

L'Harmattan Mali
Sirakoro-Meguetana V31
Bamako
syllaka@yahoo.fr

L'Harmattan Togo
Djidjole – Lomé
Maison Amela
face EPP BATOME
ddamela@aol.com

L'Harmattan Côte d'Ivoire
Résidence Karl – Cité des Arts
Abidjan-Cocody
03 BP 1588 Abidjan
espace_harmattan.ci@hotmail.fr

L'Harmattan Algérie
22, rue Moulay-Mohamed
31000 Oran
info2@harmattan-algerie.com

L'Harmattan Maroc
5, rue Ferrane-Kouicha, Talaâ-Elkbira
Chrableyine, Fès-Médine
30000 Fès
harmattan.maroc@gmail.com

Nos librairies en France

Librairie internationale
16, rue des Écoles – 75005 Paris
librairie.internationale@harmattan.fr
01 40 46 79 11
www.librairieharmattan.com

Librairie l'Espace Harmattan
21 bis, rue des Écoles – 75005 paris
librairie.espace@harmattan.fr
01 43 29 49 42

Lib. sciences humaines & histoire
21, rue des Écoles – 75005 paris
librairie.sh@harmattan.fr
01 46 34 13 71
www.librairieharmattansh.com

Lib. Méditerranée & Moyen-Orient
7, rue des Carmes – 75005 Paris
librairie.mediterranee@harmattan.fr
01 43 29 71 15

Librairie Le Lucernaire
53, rue Notre-Dame-des-Champs – 75006 Paris
librairie@lucernaire.fr
01 42 22 67 13

www.ingramcontent.com/pod-product-compliance
Lightning Source LLC
La Vergne TN
LVHW011306061026
849535LV00005B/1425
9782336442761